最精英的团队准则

墨　非◎编著

打造精英团队，要靠这些准则

中国华侨出版社

图书在版编目（CIP）数据

最精英的团队准则 / 墨非编著. —— 北京：中国华
侨出版社，2015. 11
　　ISBN 978-7-5113-5813-4

Ⅰ. ①最… Ⅱ. ①墨… Ⅲ. ①企业管理－组织管理学 Ⅳ. ①F272. 9

中国版本图书馆 CIP 数据核字（2015）第 290079 号

● **最精英的团队准则**

编　著 / 墨　非		
责任编辑 / 文　蕾		
责任校对 / 王京燕		
装帧设计 / 环球互动		
经　销 / 新华书店		
开　本 / 710 毫米×1000 毫米 1/16　印张 /19　字数 /272 千字		
印　刷 / 北京柯蓝博泰印务有限公司		
版　次 / 2016 年 2 月第 1 版　2016 年 2 月第 1 次印刷		
书　号 / ISBN 978-7-5113-5813-4		
定　价 / 36.00 元		

中国华侨出版社　北京市朝阳区静安里 26 号通成达大厦 3 层　邮编：100028
法律顾问：陈鹰律师事务所　　　　编辑部：(010) 64443056　　64443979
发行部：(010) 64443051　　　　　传　真：(010) 64439708
网　址：www.oveaschin.com　　　E-mail：oveaschin@sina.com

序1 团队的成功才是真正的成功

大多数企业高层领导者都提倡团队精神，毕竟个人再强也比不上团队联合起来的力量强大，因此团队的成功才是企业的成功。一个优秀的团队并不是因为吸纳了一位光芒万丈的员工而变得卓尔不凡，而是充分调动起了所有成员的力量，使集体的智慧和才干发挥出了最大的功效。比如日本企业的精工制造是全体员工共同努力的成果，它绝不是某个精英人物个人的功劳。

团队不是劳动者聚集在一起工作的集团，它是由一些才能优化互补、协作密切、在同一目标的指导下共同奋斗的人员的集合，团队讲求的是集合效应，而非个人的明星效应，领导者如果没有意识到这一点，就会使自己的团队变成一个毫无战斗力的松散组织，团队成员即使能力再出众，倘若都急于表现自己，不肯与整个团队融合成一个命运共同体，不愿和自己所在的团队同呼吸共命运，那么整个团队就无法凝聚成一股力量，由于能量过于发散，团队就没有希望取得成功。

"经营之神"松下幸之助早在1945年就提出了有关团队凝合力的先进思想，他指出公司务必要使全体员工都发扬勤奋精神，同时不断向员工灌输"全员经营"、"群智经营"的理念。"全员经营"和"群智经营"指的是公司要把团队中所有成员的智慧、能力和公司资本融于一体，形成一种综合力量和竞争实力。

松下幸之助十分注重团队精神的塑造，为了打造出一支具有高度凝聚力的铁军队伍，直至20世纪60年代，每年正月的一天，他还亲自率领公司所有员工统一戴上头巾、整齐地穿上武士上衣，浩浩荡荡地挥舞着旗帜送货。虽然这只是一件小事，但却给每位员工带来了心灵深处的震撼，当数百辆货车声势浩大地开出厂区，每位员工都因为身为一名松下电器的工作者而倍感骄傲和自豪，这个小小的举措极大地凝聚了人心，使松下电器的所有员工结成了一个密不可分的整体，提高了整个团队的战斗力。

松下电器的成功是整个团队的成功，它不是松下幸之助仅凭一己之力促成的，个人的力量是有限的，团队的力量才是无穷的，发挥一己之力，就算鞠躬尽瘁，也不能带领企业走向光明的未来，只有促成团队上下一心、团结协作，调动集体的才智和力量，才能促成能量的大爆发，使企业的效益蒸蒸日上，把公司引向无限美好的明天。

序2 什么样的团队才是"精英团队"

市场竞争是无比激烈和残酷的，遵循的是达尔文进化论优胜劣汰的法则，一个企业想要谋求生存并获得长远发展，不仅要与时俱进，具有契合时代发展的先进理念，而且还要能为市场提供优质的产品和服务，更为重要的是拥有一支上下同心的团队，全体成员能够一往无前地执行企业的任务目标。团队是企业屹立于商业之林最为关键的一环，没有优质的团队，企业就不可能在市场上赢得一席之地，想要发展壮大更是无从谈起。毋庸置疑，团队是企业赢得市场的制胜法宝，那么，什么样的团队才能称得上是不可战胜的精英团队呢？

一般而言，一支所向披靡的精英团队通常都具有以下特质：

1. 具有明确清晰的团队目标

目标具有导向作用，它犹如茫茫海域上的灯塔，可以引领船只冲破迷雾沿着正确的航向行驶；它又像夜空中明亮的北极星，可以为在黑暗中探索的队伍指明方向，一个团队有了清晰和明确的团队目标，就不会漫无目的地乱走，顺利到达理想的目的地。团队目标不是一个响亮的口号，也不是一个模糊的愿景，它必须是明确和具体的，又必须切合实际并具有可行性。团队目标模糊就会让员工变得盲目和无所适从，团队目标如果让人感到望尘莫及，就会让员工失去实践它的信心。因此，具有良好导向作用的团队目标，既是明晰的又是可实现的，它能引导团队在达成企业目标的同时为企业构筑起光辉的未来。

2. 具有强大的凝聚力

团队需要精英人物，但是单打独斗的个人英雄主义时代早已不复存在了，任何一个能力出众的精英人物如果脱离了团队，会变成无源之水、无本之木，发挥不了多大的作用。当代社会，绝大多数工作都需要团队合作才能完成，而决定团队绩效的关键因素在于团队凝聚力的强弱，没有凝聚力的团队就像一盘散沙，每个人各行其是，就算团队内部个个都是精英，但力量过于分散，不能形成一股合力，也不可能顺利地达成组织目标。而具有强大凝聚力的团队，即使个体都不是十分强大，但是聚合到一起就会变得不可战胜，这就是"聚沙成塔，聚水成涓"的道理。

3. 主动积极，运作高效

团队绩效关乎企业命运，企业是营利性组织，必然非常看重效益，高效的团队才能在商业竞争中占据绝对优势，每一个团队的领导者无一不苦心孤诣地致力于提高自己团队的绩效。团队绩效高低不是由团队领导者一个人决定的，它是由团队的组织细胞——每一位员工决定的，员工工作积极性高，能够主动高效地完成工作，并具有团队合作精神，团队的整体绩效水平就高。

4. 善于学习，敢于创新

我们处于知识信息迅速膨胀的时代，知识经济时代已然到来，企业要想跟上时代的步伐，就必须走上不断学习和不断充电的快车道，止步不前就会被市场无情淘汰。多数知名企业旗下的团队都是一个善于学习的团队，这样的团队如饥似渴地汲取新知识、新观念、新思想，敢于开拓创新，面对错综复杂的市场环境，能够用新思路、新眼光来看待问题，进而走出属于自己特色的道路，创建独树一帜的产品品牌，成为业界的佼佼者。

5. 追求卓越

澳柯玛有一句流传甚广的广告语——没有最好，只有更好，体现的就是澳柯玛追求卓越的执着精神。一个团队只有愿意精益求精，致力于把工作做到极致才能为市场提供一流的产品和服务，才能从众多的竞争者中脱颖而出，成为最终的赢家。甘于平庸就会永远平庸，拥有强烈的进取心、追求卓越的团队才能一鸣惊人，成为无比耀眼的精英团队。

精英团队和普通团队是截然不同的，怎样把一支平庸的团队打造成高素质的精英团队，这是困扰很多团队带头人的难题，如果你是一位企业的领袖或者是一名中层管理者，致力于整顿自己手下的团队，想要自己的团队发生脱胎换骨的可喜变化，本书将为你指明方向，帮助你解除心中的疑惑，通过为你提供一系列切实可行的解决方案，让你在团队管理工作中避开误区，少走弯路，找到更科学的解决之道。本书的最大特点是实用性强，手把手地教给你打造高效团队的方法，是企业管理人员提高自己带队水平和管理水平的优选读本。

目录

第一章 治兵先治"王"，正人先正己
——用强大领导力打造一支打不垮、挖不走的铁血团队

第二章 用对制度管对人
——制度才是管理制胜的王道

第三章　用真心换忠诚，管人就是管心
——高效管理从心开始

第四章　提升团队的凝聚力
——把"散沙"团队锻造成精锐王牌军

第五章 "激励"这件事非常重要
——激发员工热情，铸就热血团队

第六章　赢在沟通
——没有沟通就没有效能

 第七章　你必须要懂得团队心理
——运用心理学强化团队管理

第八章　与下属相处讲艺术
——管理"非常"下属有妙招

第九章　消除怨气与矛盾
——消灭吸走团队正能量的"黑洞"

第十章　掌控情商的秘密武器
　　　　　——做聪明舵手，建高效团队

治兵先治"王"，正人先正己

——用强大领导力打造一支打不垮、挖不走的铁血团队

所谓"兵熊熊一个，将熊熊一窝"、"强将手下无弱兵"，一个团队战斗力的强弱，主要取决于团队带头人领导力的强弱，一个训练有素、不可抗击的团队必有一个优秀的将帅带领，而任何溃不成军的松散队伍几乎都是因为拥有一个昏庸无能的领导人。所以要治理团队，团队领导人必须躬身自省，因为治兵只有从治"王"开始才会有效果。

精英团队的领导者必然要有雄狮一样的气魄和强大的领导力，既精明强干、富有激情，具有领袖气质，又极具亲和力，拥有令人崇敬的人格魅力，能让团队中的全体成员忠心地追随，并能以身作则，为员工树立榜样，不是凭借权力而是凭借个人魅力和领导力来影响员工的行为，从而打造出一支打不垮、挖不走的铁血团队。

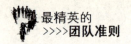
准则 1. 充实自己，培养领导者的特质

有的团队麾下不缺精兵强将，可是战斗力却一点也不强，这是为什么呢？身为管理者，要弄清这个问题，首先就当从"反思自我"开始。首先要反思自己是一只"绵羊"还是一头"狮子"。

管理中，有一个经典论断是说：一头绵羊带领的一群狮子，敌不过一头狮子带领的一群绵羊。就是说，在正常的条件下，狮子是不甘于被绵羊带领的，在团队中，如果管理者是一头"绵羊"，那么即便下属个个能干，也可能会因为方向或决策性的错误而将团队推入万劫不复的境地。即便是在顺境中，这样的团队也会因为领导力的缺乏而难创造出良好的业绩来。可以说，这样的团队从存在伊始便是不合理的，这也是造成上述两个管理难题的直接原因。

那么，判断自己是"绵羊"还是"狮子"的主要标准是什么呢？

哈佛管理课上曾流传过这样一个经典故事：

一位叫贝格的农场主，为了解决一片牧场中草皮过于茂盛又无暇修剪的难题，就从朋友的牧场里买来了两头羊。其中一头体格健壮，农场主就叫它勃伦，另一头比较瘦小，叫文森。

刚到农场，勃伦和文森均被关在笼子里，笼子是用钢筋焊的。第一天，勃伦不停地撞击钢筋栏杆，直到晚上筋疲力尽了，才稍稍收敛。到四天的时候，它才逐渐地安静下来。而文森，则是在起初撞了几次后便伏了下来，从此再也没撞过。

过了几天后，勃伦和文森开始被散放在外面，大狼狗波迪负责看护它们，波迪的个头比它们小很多，但却异常地凶悍，总是喜欢追着勃伦和文森玩。起初，勃伦和文森只顾埋头四窜，直到有一次，文森停下来便朝波迪冲来的方向使劲地顶了回去，波迪便立即停了下来，与文森对望一会儿后便悻悻地走开了。于是，勃伦和文森发现，波迪看上去也不怎么可怕，经历了这件事后，波迪从此再也不敢冲撞文森了，只是远远地看着它，而照样找机会冲撞看上去强悍无比的勃伦。

　　勃伦和文森对事情的反应也是不同的。农夫第一次喂它们吃草，文森犹豫了一会儿，过来闻了闻，就吃了。而勃伦则看到文森吃了，闻都不闻便开始吃了；将它们同时拴在链子上，有人靠近时，文森从起初的抵制然后便渐渐地接受，而勃伦则一直都是死命地往后躲。

　　渐渐地，农场主便发现，健壮的勃伦总是跟在瘦小的文森的身后，文森去哪里，勃伦便跟到哪里。每到一处，先吃草的一定是文森。显然，文森已经具备了一个领头羊的素质了，于是便又购买了一些羊，让文森做头领，很容易解决了草皮修剪的问题。

　　瘦小的文森之所以能成为领头羊，关键问题是它具备了领导者的特质，也就是说，在一个团队中，它具备做"狮子"的基本素质。具体表现为：

　　1. 冷静和准确的判断能力

　　当面对自己所不熟悉的环境，动物的本能便是慌乱和不安，在这一点上勃伦和文森并无本质区别。但是面对钢筋笼子时，文森则有优于勃伦的冷静以及准确的判断力。

　　在现实中，团队所要面对的环境极为复杂，这就要求管理者必须具有优良的心理素质与准确的判断能力，正确的方向和航道是团队以及企业存活的基础。试想，一个目标不明确或方向错误的团队如何能生存和发展壮大呢？而一旦因为一点风浪，舵手便慌了手脚不知所措，或者盲目判断，驶向错误的方向，那么，整个组织离覆灭也就不远了。

　　2. 勇于接受挑战与极强的反抗精神

　　面对狼狗的冲撞，文森从起初逃窜到最终反抗体现了一个管理者极为重要的一点特质：勇于挑战与奋力地反抗精神。

　　在一个团队中，一个没有挑战精神与反抗精神的人不适合做领导的，他不具备做"狮子"的资格。

　　3. 创新与开拓能力

　　成为领导也许只是一瞬间，但被团队成员认可无疑是一个过程。文森勇于吃未吃过的草，于是勃伦不得不遵从甚至愿意遵从文森，因为遵从一

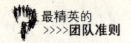

个自己所认可的，比自己更具纳新和开拓能力的领导要比自己不知所措可靠得多。

4. 善于权衡利弊和善于交际

文森对不怀好意的波迪显示了强硬的一面，赶走了敌人，但对善待它的农夫则表现出了妥协，赢得了信任。可见，对于一个管理者而言，懂得权衡利弊是极为重要的一个方面。

任何一个团队都是依靠与外界沟通和交际为组织赢得利益的。在面对对手时，或者强硬，或者妥协，都必须在领导的权衡下做决定。一个团队如果该强硬的没有强硬，该妥协的没有妥协，不仅会影响组织的利益，甚至还会影响组织的存亡。所以，身为一个团队的领导必须要懂得权衡利弊和善于交际。

5. 把握机遇

俗话说，时势造英雄。勃伦和文森在原来的羊群中都不是领头羊，而如果农夫没把它们从羊群中带出来，文森到死都不可能成为领头羊。为此，文森善于抓取机遇，拥有非凡的领导才能和素质，成为领导者。可见，善于把握机遇是管理者所必不可少的特质。

6. 良好的情绪管理能力

情绪管理能力即为情商，它比智商更为重要。一个人的情商取决于他的心态，不同的心态就会产生不同的情绪，不同的情绪在处理问题时，就能够产生出不同的结果来。在挣脱笼子时，文森比勃伦拥有更好的情绪控制能力，为此，造成了它们最终不同的地位。

关于情绪管理，歌德曾说："谁不能主宰自己，谁就永远是一个奴隶。"主宰自己，主要指主宰自己的情绪，这是管理者所必备的能力。可以试想：你早上上班，如果你总是一脸怒气，对谁都是阴着脸，其他的同事一定会想："是不是和老婆吵架了，或者是遇到什么不顺心的事了？"有了诸如此类的心理暗示，谁还敢与你说话呢？工作中出现问题，谁还敢去向你请示呢？久而久之，大家就对你产生畏惧感，做事畏手畏脚，有了问题，推卸责任，生怕惹你恼怒，那么，这样的团队怎么做出好的业绩来！

一个人不成功，并非是他缺乏机遇，更不是因为他资历浅薄，更不是他能力不行，而是他没能够掌握好自己的情绪，喜怒形于色，不能很好地将工作和生活分开来。连自己个人的情绪都管理不好，如何去管理别人，甚至带好一个团队呢？

总之，身为管理者，如果不具备这些特性，那就说明自己在团队中不是"狮子"，那么，从现在就开始查漏补缺，充实自己，努力将自己训练成一头强悍的合格的狮子，它是打造一个精英团队的基础，也是一个必备的前提条件。

准则 2. 用"强者"气质，打造铁血团队

身为领导，你是否觉得自己的团队总是暮气沉沉，队员身上都缺乏一种朝气蓬勃的精神面貌？你是否觉得自己的团队缺乏创新力和市场竞争力？你是否觉得自己和下属的自信心都在一点点地流失，团队战斗力也在逐渐地变弱？

其实，团队出现上述问题，主要是因为团队内部缺乏一种"强者"的气质。

拥有"强者"气质的团队总是表现出一种朝气蓬勃的面貌。一个团队需要年轻人的冲劲、中年人的稳健、老年人的经验，但是在精神状态上只需要朝气。暮气沉沉的团队是没有创新力和市场竞争力的。朝气蓬勃代表着不迷信权威，勇于进取，敢于探索，永不放弃，敢于突破。朝气蓬勃也代表着事事追求完美，拒绝平庸，拒绝得过且过。朝气蓬勃也代表着目光远大，着眼未来，潜力十足。可以说，一支拥有"强者"气质的团队是战无不胜的。而一个团队"强者"气质的缺乏主要是因为领导者造成的。

不可否认，与人一样，每个团队都有属于自己的独特的精神气质，而且这种气质一旦形成，便在短时间内不会轻易改变。就像谈及巴西足球队，人们第一个想到的词便是"激情"，后来欧洲许多踢球的巴西运动员

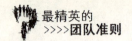
进入国家队后，又增添了严谨、硬朗的元素，新的主教练也会将自己的思想与气质注入这支团队，但无论怎样，激情四射的进攻足球还是巴西队的主流，几十年来，它已经成为巴西队的精神文化符号，让巴西队员赢得了一场又一场的胜利。

团队气质的形成受多方面因素的影响。两个不同的团队就有两种不同的气质，团队成员的学历结构、年龄结构、性别比例等对团队气质的形成有直接的影响。但是对团队气质影响最大的还是团队创始人，包括核心成员的性格影响。正所谓"兵熊熊一个，将熊熊一窝"，《亮剑》中李云龙就是用他那种"明知不敌，也要敢于亮剑"的"强者"心态把一支打了败仗抬不起头的团队最终变成了嗷嗷叫的"野狼团"。一个敢于"亮剑"的强者能使对手生畏，让自己的队员充满信心。一个具有强者心态的领导能带领一个团队无所畏惧，勇往直前，创造出一个个的传奇。

所以说，如果你觉得自己的团队总是暮气沉沉，缺乏朝气蓬勃的精神，那就先从自身找原因吧，扪心自问：我自己是一个朝气蓬勃的，富有激情的"强者"气质领导者吗？

俗话说，不想当将军的士兵不是好士兵。那些缺乏"强者"气质的管理者，就注定不能带领团队取得成功。因此，管理者要从自己当上"王"的那一天起就树立"永做第一，不抛弃，不放弃"的强者心态和强烈欲望，这种积极的心态和精神状态可以促使自己带领全体员工去努力地奋斗，并最终成为真正的强者。

其实，古今中外，那些成功的团队管理者，都是怀揣着一颗积极主动的心去做好每一件事情，并将自己的"强者"心态融入团队中，形成一种强大的精神气质，引领和打造了一支支"嗷嗷叫"的团队。

团队领导要想使自己的企业在强手如林的市场中站稳脚跟，就必须要具有"永做第一，不抛弃，不放弃"的精神气质，然后带领自己的团队不断向行业的第一位置迈进。对于那些发展中的企业，管理者要敢于与比自己强大的对手相比肩，永远找比自己更强大的对手，这样才能使企业在发展的道路上越走越远。

商场的严酷性比战场更是有过之而无不及，企业一时间的相对停滞也就意味着绝对的大步倒退。因此，管理者的心态与企业的命运是息息相关的。在竞争异常激烈的市场中，要使自己的企业能够健康发展，管理者就务必要勇于竞争，善于竞争，同时也要吸收各方面的智慧，以丰富自己，自强不息，永争第一。

准则3. 点燃团队"激情"，让每个队员都熊熊"燃烧"

一个拥有强大战斗力的团队，一定是富有激情的。它能让每个队员都充满积极向上的气息，无论在什么样的境遇下，都能以一颗赤子之心，焕发出强大的活力，完成工作任务。它是一股强大的精神力量，能够补充队员的精力，不断为队员充电，并形成一种坚强的个性，激发队员的潜能，让每个人都能充分发挥自身的优势和潜力去应对自己的工作，最终取得不凡的成就。它是永葆团队活力和创造力的重要方法。

所以，身为管理者，要让你的团队充满活力，让每个队员都像熊熊燃烧的大火一般在企业中释放能量，就要先点燃团队的激情，然后再将这种激情永续不断地传递下去。这是打造精英团队的一个重要方法。

关于此，我们先看看微软公司前首席执行官兼总裁史蒂夫·鲍尔默是如何做的吧！

史蒂夫·鲍尔默对微软公司的影响巨大。如果说盖茨是微软的技术领袖，那鲍尔默则无疑是精神领袖；盖茨是大脑，那鲍尔默就是心脏。其实，他带领团队创造奇迹的方法很简单，便是持续不断地给团队注入激情。

其实，鲍尔默本身就是一个对工作富有热情和激情的人，他的这种状态也影响和感染着微软员工。同时，在带领团队过程中，他已将传递激情变成了一种习惯。他的一句话，一个充满激情的动作，都会使员工受到很大的激励。

鲍尔默还在求学时代，就是一个非常富有激情的人。他当初是哈佛大

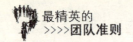
学足球队的啦啦队队长，他有能力让全场的人热血沸腾。一种对事业的激情，让他把这种能力发挥到了微软的管理上来，使微软的员工在开拓市场时更加团结、更加投入。鲍尔默说："好的统帅要懂得控制比赛的节奏和进程，还要懂得如何激发团队的斗志——你要用自己的激情去点燃他们。"他用激情去激发每个队员的忠诚和尊敬。

　　他曾说："我是天生激情派。我认为，激情对开辟企业是一种非常需要的素质，不仅仅是'我自己有激情，我的管理是让我周围的人都有激情'。激情不是瞬间的一个状态，而是一种文化。"而他传递激情的一个秘诀，就是"每个员工都是我的客户。我们管理层为员工提供一流的服务，员工为客户提供一流的服务，这就是整体的管理理念所在"。

　　鲍尔默可以使一些讨厌计算机的人集中精力去编程序代码，只要鲍尔默走进一个部门，这个部门的气氛就会升温，全体员工便像吃了兴奋剂似的，拼命为公司工作。鲍尔默的这种极具感染力的激情，让他极富个人魅力，这种魅力又增加了他的亲和力和感召力，他能鼓舞普通员工无怨无悔从早干到深夜。虽然他不精通软件技术，但却能用他的激情感染员工，率领员工开拓市场。

　　曾经有一个在微软做过六年的产品推销经理说："鲍尔默充满激情，富于感染力。除非是死人，否则只要与他在一起，就不可能不被他感染。"

　　鲍尔默经常在会上手舞足蹈、声情并茂，他的眼睛和光头放射着光芒。无论是在公共场合发言，还是平时的会谈，或者给员工讲话，鲍尔默总是习惯用一只攥紧的拳头不停地击打另一只，并总以一种高昂的语调爆破出来，如他在一次大会上就曾连声高喊："Windows！Windows！！Windows！！！"非常具有震撼力。甚至在1991年的一次会议上，因为叫喊得太猛，喊坏了嗓子，最后不得不上医院动手术。

　　在微软一次关于Net计划的会议上，被汗水浸透全身的鲍尔默更是以传教士的热情向开发人员高唱Net赞歌，其提到的Net不少于20次。鲍尔默把这次会议进行了网络直播，让更多的员工被他的激情所感染。

　　鲍尔默在推广微软的Net互联网服务技术时，还制作了一段视频，在网上广为传播。在那段录影中，鲍尔默用他迷人的嗓音，充满激情地在微软大会讲台上反复呼喊着"开发者"多达 14 次以上。

鲍尔默在 1994 年的一次微软公司大会上，用他那无与伦比的大嗓门重复着一个词："市场！市场！！市场！！！"停顿了一下，他又说："原因只有一个，如果你占有市场份额，你实际上就使对手们，"说到这里，他用手扼住自己的咽喉，作挣扎状，再接着说，"只剩下吸入维持生存的氧气的能力。而我们需维持的就是让对手们奄奄一息。"在微软，没有人拥有比鲍尔默更激情澎湃的煽动能力，没有人比他更能感染员工，他的演讲总像沸腾的岩浆，点燃着员工的工作激情。

微软的员工早已对鲍尔默的激情习以为常，但每一个面对他的员工仍然会热血沸腾。鲍尔默的热情和执着使他成为微软内部的鼓舞者。

凭借他的激情，鲍尔默感染着微软的全体员工，为盖茨撑着一片天，从 16 名员工，壮大到六万名。他的"煽情"对微软的成功来说是至关重要的，他自己则成了激情演讲者的代名词，形成了一套鲍尔默特色的管理方法。

由此可见，点燃团队的激情，将激情传递到自己的团队中去，并让团队激情变为实干精神，是领导者的必备技能。对于管理者来说，只有将激情传递给你的团队，激情才能转化为团队成员的内在驱动力，并为企业释放出最大的能量。

那么，身为管理者，如何才能点燃团队激情，并持续不断地将激情传递给你的团队呢？你可以从以下几个方面做起：

1. 充满激情的口头鼓动，这是一种最直接最有成效的方法。要明白，一次充满激情的口头鼓动不难，重要的是要将它持续不断地坚持下去，并且保证每一次都能把奋进精神引领到员工的内心世界。如果你做到了这一点，那么，就成功了一半。

2. 不断地向员工展示企业发展的愿景。深层次的使命感、理想、精神动力的追求，最能够激发出人的激情来。管理者如果让员工认同企业发展愿景，就能激动人心，将自己的激情传递到团队成员当中去。

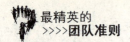
3. 合理引导队员的兴趣。要知道，兴趣最能让人产生激情，一个管理者能对企业产生热爱和兴趣，那么他就会富有激情。同样地，如果你能让队员对工作充满兴趣，那员工也会富有激情地投入工作。

4. 加大员工的个人发展空间。如果个人在企业中有极好的舞台，有施展的空间，就能让员工充分感受到领导的激情，容易激发起他们的上进心，进而表现为个人的激情。

5. 给予适当的物质利益。当完成某件事可能给员工个人带来物质利益时，领导者也能将激情传递给员工。

总之，激情对团队的成功极为重要，充满激情的管理方式，会给团队注入一种强大的精神力，让每个队员都能从内在形成一种强大的驱动力，是企业不断前进的强大动力。

准则 4. 让员工守着"梦想板"，不断激发团队"斗志"

《孙子兵法·谋攻篇》曰："上下同欲者胜。"《黄石公三略·上略》说："与众同好靡不成，与众同恶靡不倾。"这些讲的都是上下一心，势必士气旺盛，众志成城，打仗时个人奋力向前，军队就会攻无不克、战无不胜。这种"上下同欲"的原则，同样也适用于激励团队队员。

身为管理者，要让你的团队出现"上下同欲"的局面，一个最为直接且行之有效的方法便是将员工的"目标可视化"。也就是说，管理者要将员工在企业中要实现的个人目标转化为他们的梦想，让这个"梦想"去激发他们的斗志，从而从根本上提升整个团队的战斗力。

其实，在团队中，每个队员都或多或少有所期望，但是这种期望并没有形成一种驱动力，就如同每个人都希望拥有漂亮的房子却没有设计蓝图一样。因此，成功的管理者就要发掘员工的期望，并将他们的期望变成具体的可实施的目标，并给员工设计"梦想板"，而一旦这个具体的目标或理想生动且鲜明地被体现出来，员工就会在思想上产生一种共鸣，就会毫不犹豫地追随你。形象地说，管理者利用明确而具体的目标或梦想激励员工，就是充当一个建筑师的角色，"建筑师"把自己的想法具体地表现在蓝图上，让"建筑"的形象生动鲜明地体现出来，以此激发员工为之努力工作。

要想成功地运用"可视化目标"激发员工斗志，管理者需要注意的一点就是能够将员工所期待的"未来"涂上鲜艳的色彩，同时，也要对实现目标的过程进行规划。在实施激励的过程中，应该避免只是空谈目标而在日常工作中将其弃之一边的情形发生。若要把团队目标真正地建立起来，也将把崇高远大的理想传达到员工那里，管理者再通过行之有效的沟通，让每个员工都明白自己所做的工作，对于实现团队的宏伟目标极为重要。从而引发员工的责任感和主动意识，进而打造一种时刻充满强大战斗力的精英团队。

美国大陆航空公司为了彻底改变昔日因航班误点而每月损失高达500万美元的经营窘境，管理者戈登·贝休恩便抛出了"重奖按时着陆"的激励举措，即为如果每个月的按时率均达到国内同行的前五名，公司将给每位员工加薪65美元，以资鼓励。

正是在这一看得见、摸得着的目标激励下，全体员工才心往一处想、劲儿往一处使，终于在短短的两个月内，使航班着陆按时率多年来首次达到同行业的第四名。戈登·贝休恩爽快地践行了自己的诺言，拿出260万美元给每位员工加薪65美元，并发表了热情洋溢的即席演讲——"表面上看，我们为员工加薪花去了260万美元，但相对于月均耗费500万美元来说，我们却节省了无效开支240万美元。也就是说，我们通过花钱来省钱，最终达到了获利的目的。在此，我再次重申一下我们的'目标激励原则'：达到目标者，可'品尝'奖励；未达到目标者，必'吞咽'罚款。只有这样奖罚严明，才能使勤奋者更勤奋，使懒惰者变勤奋。"

戈登·贝休恩运用这一看得见、摸得着的目标，激发了员工的工作热情，最终实现了整个团队的目标，可谓充满了管理的智慧。

身为管理者，给员工设计可视化"梦想"或"目标"时，应该注意以

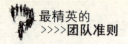
下几点：

1. 管理者该是一个有魅力的人

一个缺乏魅力的管理者，因为总是担心目标不能实现，所以也很难展示出令员工心动的愿景来。下属对这样的管理者，不会抱有什么信心。工作场所像片沙漠，大家哪有高昂的斗志，如此情况下，就算是微不足道的目标也难以实现。

2. 保证"梦想"或"目标"要有明确和具体的实施步骤

如果仅有伟大的愿景，没有具体和明确地规划出实施过程，也会让大家失去信心。所以，规划愿景的同时，还必须要规划出实施愿景的过程。这是一个必须的过程。

3. 团队队员的目标要接近现实

也就是说，给每个队员制定目标时，目标不要太大、不切实际，要有通过努力可以实现的极大可能性，如此才能激发起员工的兴趣。同时，目标也不能太小，让员工觉得没有意义。

总之，管理者通过塑造一个可视化目标，是引发团队成员工作积极性和工作动力的最直接且行之有效的方法之一，也是激发团队强大战斗力的一个有效的方法。

准则 5. "追随力"就是要让员工觉得跟着你有奔头

身为管理者，面对团队中频频流失或跳槽的队员，除了薪资、工作环境以及员工个人原因等外界因素外，与你自己也是脱不了干系的。可身为领导，如何才能通过提升自我"追随力"来减少员工的流失？

身为领导，是有着诸多追随者的人。有魅力的人才有追随者，有追随者的人才能成为杰出的将帅。一个有人格魅力的将帅，能够在权力运用时，让自己产生亲和力、凝聚力和感召力，使下属心甘情愿地努力奋斗，为实现既定目标而兢兢业业，如此才能打造出一支"挖不走"的精英团队。

领导魅力和一般人际交往中所体现的个人魅力有所不同，因为这种魅力或吸引力是由管理者发出的。通过这种魅力，管理者把大家吸引到自己的战略与计划、理想与目标中来。而人们之所以能全力奉献，并不因为他是管理者，而是因为他勾画的这一理想本身具有吸引力。单凭人际关系，或者单凭管理者本身的权力和地位，是不能做到这一点的。

魅力，是现在人们评价一个人是否值得欣赏和喜欢常用的词。通俗且形象地说，魅力就是一种美。这种美涵盖内外两个方面，外在来看，衣着打扮、言行举止可给人以一种外在的美感；内在则是个性品质优良，让人情不自禁地希望与之靠近。如果一个人只是外表光鲜亮丽，那么就好比纸糊的灯笼，经看不经用，仅能光耀一时，但难以持久。

所以，要想成为一个有魅力的将帅型人才，既要考虑外在美，更要注重内在美。而实际上，魅力从其本质上讲，就是一种有内涵的美丽。如果说，外在美就像一朵花，需要认真地看，那么，内在美就像一杯茶，需要仔细地品才行。

所谓领导力也就是指获得追随者的能力。简言之就是，有魅力的人才有追随者，有追随者的人才能成为杰出的将帅。

作为迪斯尼公司的创建者，沃尔特·迪斯尼无疑是杰出的，他是迪斯尼的精神领袖。

沃尔特是一个有着非凡想象力的人，也是个敢于承担风险的人，而且他更有能力让自己的下属最大限度地挖掘他们的潜力。

同时，沃尔特还是一个毫无老板架子、十分平易近人的人。他告诉员工们，不必称呼自己老板，直接叫他"沃尔特"就行。对于员工的工作时间，他也不会硬性规定，允许他们灵活掌握，并且会尽己所能地为员工提供好的设备和材料，为他们营造一个获得支持和鼓励，但又毫不松懈的创作环境。

在管理过程中，沃尔特显现了天才团队中管理者的一项特质：他不会在下属们正解决困难和问题的时候进去参与，而是当他们已经解决了大部

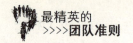
分问题时才介入，来肯定他们的工作，或者给他们提出要求，让他们把工作做得完美。

无疑，沃尔特的做法是明智的，他用这种"松紧"适度的管理方式，让下属们产生了自主感，于是他们的潜力也得以最充分的发挥。

在一本关于迪斯尼公司的小传中，有位动画家这样提到：你可以忙碌一整天，当工作结束，你审视自己的成果时，结果把它们扔到了垃圾桶。你不会有一丝遗憾和不安，也不会有人来责怪你工作没成效。如果没有如此反复和不断否定自己的工作过程，反而会有人奇怪。迪斯尼所创造出来的艺术形象，都是在这种反复和否定中产生的。

从最后这段话中，我们就可以读出迪斯尼发展壮大、深受人们喜爱的一大因素，那就是管理者给员工们创造了利于他们创作的良好环境。而这种环境的创设均是建立在沃尔特强大的个人魅力基础之上的。换句话说，正是由于沃尔特超强的人格魅力，才使迪斯尼创造出了一个个非凡的艺术形象，让它们得到了全世界人们的接受和喜爱。

或许你会觉得，人格魅力这个东西有点玄乎，不像一件物品那样看得到、摸得着，想让自己成为一个有人格魅力的管理者有点无从下手。

别急，我们今天就告诉你方法，让你向一个具备人格魅力的将帅型人才进军：

1. 勾画理想，让团队成员有奔头

一个有魅力的领导，不但应该有运筹帷幄、决胜千里的本领，还应该是团队蓝图的设计师，能为所有员工勾画理想，为团队成员指明未来发展方向。试想一下，如果员工觉得留在现有团队里不能实现自己的人生理想，前途一片茫然，怎么会有奔头呢？领导者要让员工热血沸腾、忠心追随自己，就必须为全体员工构建理想的蓝本，让每一位员工觉得实现团队理想后便实现了自己的人生价值。

2. 在工作中给予下属必要的帮助和指导

领导者不能只关心团队的业绩，而忽视下属的成长，团队的工作离不开下属的支持，领导者不重视下属，就不会有忠实的追随者。领导者若能在实际工作中给予下属适当的指导和点播,促成他们的进步和成长,就能获得下属的拥护,同时还能带来团队业绩的提升。

3. 做个心胸宽广、令人钦佩的领导

心胸宽广的领导能包容员工的错误和缺点,同时善于发现员工的潜能和优点,非常关心员工的发展前途,他们乐于栽培有能力的员工,并给予其充分的成长空间,跟着这样的领导工作,自然会觉得有奔头。

4. 为人真诚,表里如一

真诚是人类各项品质中最为大众所喜爱和重视的宝贵品质,一个有人格魅力的领导一定是真诚的,他能够做到言行一致、表里如一,处事不虚伪,从不运用任何卑劣的手段,员工听此类领导的教诲会有一种如沐春风之感,也会以成为他的部署为荣,因为崇拜和喜爱自己的领导,自然不愿意离弃团队,所以从某种程度上说,团队的稳定性和领导的魅力指数是正相关的关系。

准则 6. 做"水泥",把优秀人才黏合起来

优秀人才通常都会流向实力雄厚、规模较大的知名企业,人才扎堆现象屡见不鲜,那么对于创立之初的中小企业而言究竟该依赖什么手段吸引人才和聚拢人才呢?众所周知,凝聚人才是企业发展的重中之重,但是如果企业不具备吸引人才的实力,该怎么办呢?答案是依赖领导者的领导力。

我们可以看到很多公司因为领导得力而振兴,也有无数的公司因为领导不力而衰败、破产,从某种意义上说,领导力就是生产力。具有卓越领导力的人,天然散发着无可抗拒的领袖魅力,能使不同身份、不同行业背景、性格迥异的人才归于自己的旗下,为了共同的目标而释放出自己全部的热量,促使企业由弱变强,不断发展壮大,直至缔造出一个商业奇迹。

俞敏洪在创业之初,为了给公司招揽人才,远赴海外说服昔日好友徐

小平、王强、包一凡、钱永强放弃国外的优越生活，跟随自己回国创业。这批个性桀骜不驯的海归把国际的先进理念和教学方法带到了新东方，为新东方的茁壮发展注入了新鲜血液和蓬勃的生命力。

俞敏洪在邀请朋友们加盟新东方时，他们大多数人经过多年打拼早已事业有成。徐小平曾在美国和加拿大留学，当时在温哥华已经有了不错的办公室和舒适优雅的大房子；王强已在美国站稳了脚跟，成为了贝尔实验室的高级电脑工程师；哲学家包一凡拿到了 MBA 的学位，成为了美国通用汽车公司的会计师……这些人无疑都是响当当的人物，俞敏洪把他们"聚"在一起不但使他们之间擦出了奇异的火花，还给新东方带来了巨大的轰动效应。那么俞敏洪是用什么方法成功说服朋友们放弃海外的一切，追随自己加入新东方的呢？

1995 年圣诞夜前夕，俞敏洪亲自驾车拜访王强。当天，美国降下了一场罕见的特大暴风雪，俞敏洪不顾恶劣的天气，驱车八小时顶着大雪赶到了王强的家里，那时已经是深夜了。俞敏洪在王强家住了几天，故友久别重逢，千言万语都道不尽往昔的情谊，然而觥筹交错间两个人聊来聊去都是一个主题——新东方。俞敏洪兴致勃勃地谈起了一千多人的大讲堂，勾起了王强重执教鞭的愿望，多年来他一直从事枯燥的研究工作，俞敏洪的邀请重新点燃了他教书育人的梦想。普林斯顿大学中很多留学生都是新东方培育出来的学生，这所大学可是世界上最为知名的学府之一，王强最终决定放弃美国年薪六万美元的工作，加盟新东方，他说："在国外是为了活着而工作，回到国内则是为了工作而生活。"

为了聚集人才，俞敏洪来到加拿大的温哥华拜访故友徐小平，徐小平在加拿大生活差不多有十个年头了，过得富足而惬意。两位老友相聚之后，啜饮着老黄酒畅谈了四天四夜，俞敏洪谈起近些年来国内的变化以及社会发展给中国人带来的大好机遇，又自豪地说起了自己创业的经历。徐小平听得热血沸腾，他觉得新东方俨然就是一个奇迹，自己在国外拼搏数年追求的成功，却让俞敏洪在中国实现了。最后徐小平举起酒杯对俞敏洪说："哥们儿，我跟你回去！冲你那一千人的大课堂，我也要回国做事！"

领导力有多大，企业的发展就会有多大，对于一个领导者而言，想要招募到企业所需的人才，不能仅仅依靠财富，还要倚赖梦想等其他因素。俞敏洪点燃了人才心中的梦想，成功地使不同个性的优秀人才团结起来，不断地推动新东方的发展。他深深地感到因为招募到了一大批出色的精英人物，新东方明显进步了，他曾不无感慨地说，如果没有这些人才，新东方可能到今天还只是个名不见经传的培训学校。从俞敏洪身上，我们可以看到卓越领导力的魔力，那么作为领导者该如何凭借自己的领导力将优秀人才聚合起来呢？

1. 领导者必须是一个出色的造梦大师，能为人才勾画企业未来愿景

领导者要有造梦的能力，让优秀员工看到企业美好的愿景，激起他们对梦想的渴望，从而吸引他们加盟自己的团队，为了企业更加辉煌的明天而奉献自己的热血和才华。领导者要把公司的愿景深植于优秀人才的心中，让他们为了把愿景变成现实而团结奋斗，这时领导者就要担纲水泥的角色，将公司里的精英人物黏合起来，共筑理想王国。

2. 领导者必须有激情，并用激情感染人才

人才拥有激情才能让自己熊熊燃烧，哥伦布能完成航海壮举，靠的便是探索未知疆域的热血激情，激情鼓舞着他和水手们战胜了无数的挑战。领导者要建设一支卓越的精英团队，必须得燃起优秀人才内心的火焰，让他们对工作充满激情，而这一切的前提领导者自己必须是一个激情昂扬、活力四射的人物，没有激情的领导者成为不了出色的领导者。领导者激情饱满时，浑身上下就能散发出一种灼热的光芒，优秀员工被这种激情的光芒所打动，会自愿并肩与之奋斗。因此有激情的领导者更容易使各色人才团结在自己周围，热血激昂地开创大业。

3. 领导者必须有鲜明的性格和人格魅力

像白开水一样，没有性格，没有人格魅力，那么所有的关键特质都是零。领导者的个性决定他的领导风格，其人格特质和个人品质在领导力方面发挥着非常重要的作用。乔布斯为什么能为苹果公司聚拢那么多技术奇才，拿破仑又凭借什么让百万士兵为自己誓死效力？我们不难发现的一个

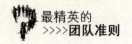
事实便是，他们都是个性鲜明、富有人格魅力的人。团队领导者聚合人才，必须依赖自己的人格魅力，人才最初可能对公司没有太大兴趣，但是如果对领导者佩服得五体投地，自然极有可能产生加盟公司的热望，因此人格魅力也是领导者聚拢人才不可或缺的黏合剂。

准则 7. 用慧眼，发掘每一个团队成员的特长

每个领导者都希望自己的团队成员个个是精英，然而这是十分不现实的，普通的员工永远是占大多数，领导者又该怎样把由平凡的员工组成的队伍打造成不凡的王牌之军呢？答案就是发掘每位团队成员的特长，让所有人各展所长，在合适的工作岗位上做出不平凡的业绩。

在管理学中，有一句至理名言：没有平庸的人，只有平庸的管理。每个员工都有自己的长处，高明的领导都有一双慧眼，能从平凡的员工身上看到闪光点，并懂得开发员工的价值，使他们的潜能为企业所用。而平庸的领导在识人方面则处于眼盲状态，一心认为自己是整个团队中最卓越的人物，而团队中的所有成员个个都平庸得无可救药。

曾有一位香港企业家把管理人员划分为三个层次，第一个层次的管理人员属于不折不扣的商人，只关心生意和利润，别无他求；第二个层次的管理人员是企业家，这类人注重实干，并拥有一份实业；第三个层次的管理人员是组织者，他们善于发掘每个人的特长，在择人和用人时能把合适的人安排到合适的工作岗位上去，让每位员工都发挥出自己最高的工作水平。

许多主管常犯的错误便是总喜欢盯着员工的短处不放，而对员工的长处却视而不见。我们知道人人都有缺点，领导者不能强求员工成为无可指责的完人，因为这样的人在世界上是不存在的。经常指责员工的短处并不能让他们更快地取得进步，反而会打击他们工作的积极性，这种做法对于团队建设是一点好处都没有的。领导者不但应该教给员工扬长避短的工作方法，还要懂得欣赏员工身上的长处，并充分利用他们的长处，使之转化

为巨大的能量。

　　杨霖是一家电子公司营销部的主管，负责管理上百名销售员。这支销售队伍来自全国各地，年龄差异较大，每个人经历不同，秉性也不一样，总之各有各的特点。在别人看来，这支队伍就像一个杂牌军，很难被训练成战斗力强、步调统一的正规军。杨霖却不这么想，他觉得每个人身上都有值得令人钦佩和欣赏的优点，他们的优点是公司的宝贵资源，将成为企业不断向前发展的动力。

　　杨霖有不少出任业务主管的朋友，他们常常抱怨："为什么员工有那么多毛病，恐怕拿放大镜也没法在他们身上发现一点优点。"以前杨霖也有同感，总认为员工问题多多，简直没有可取之处，后来他才发现并不是员工毛病多优点少，而是因为他总喜欢用放大镜看员工的缺点，却常用显微镜去看员工的优点。

　　杨霖曾面试过一名叫陈宇的应试者，翻看了他的简历后，杨霖对他的印象用两个字就足以概括了——平庸。杨霖觉得像陈宇这样毫无特长的人根本不具备竞争力，显然陈宇之前发展得也很不顺利，因为他的双眼里没有闪现出自信的火花，而现在的很多年轻人都已经自信到了自负的地步。不过陈宇的简历也不是完全没有独特之处，原来他高中复读了四年，如果是其他的主管注意到这样的信息，一定会怀疑他的智商，但是杨霖却认为一个能坚持复读四年的人身上一定潜藏着一股不可小觑的力量，若是没有顽强的毅力他是不可能坚持下来的，尤其是在别人的怀疑和嘲笑中，这个叫陈宇的年轻人，或许没有很高的智商，但是情商和抗挫折的能力却不是常人比得了的。

　　杨霖不由得对陈宇产生了钦佩之情，便对他说："你坚持复读了四年，终于考上了理想的大学，我很佩服你的毅力和顽强的精神，就凭这股韧劲，我相信你日后做什么事情都能做成。"陈宇听完这席话，精神为之一振，大概是之前从没有人会这样欣赏他。

　　陈宇进入公司后，果然没有辜负杨霖的期望，他比任何员工都能吃苦，而且做什么事情都能坚持到底。杨霖把一些最难被打动的大客户都交

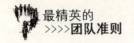
给了他，半年之后他成功使这些大客户签了单，还开发了几个有价值的新客户。其实陈宇并没有什么成功秘诀，就是乐于坚持不懈地跟固执的客户沟通，很多客户都是因为看到了他的诚意，并被他身上的韧劲和坚持到底的精神打动，才对其所在的公司产生了兴趣和信任感。

接下来的两年时间里，陈宇工作起来更加卖力，销售业绩节节上升，业务能力不断提高，后来晋升为分公司的副总经理。陈宇非常感谢杨霖的知遇之恩，并表示日后在建设团队时也要成为一名善于挖掘和欣赏员工优点的领导者。

优秀的领导者都具有一个共同的特点，那便是善于发现员工的特长，使其在匹配的工作岗位上充分发挥自己的才干，将其自身的长处转化成实际的业绩。这无疑是一个双赢的结局，员工能心情愉快地从事自己擅长的工作，遇到的阻力较小，更容易做出成绩；领导者因为独具慧眼，把每一位员工都安排到了最适合他们的岗位上，使人力资源得到最优整合，提高了团队的整体绩效。当然，一切都要从正确认识每位团队成员的优势开始，那么作为领导者应该怎样去发掘普通员工的优点呢？

1. 相信每位员工都有长处，无论他的岗位是多么平凡

领导者要么认为自己手下的员工满身缺点、一无是处，要么认定员工就算没有什么恼人的缺点，也不可能有什么值得自己刮目相看的优点。而事实上，每位员工都是有优点的，只是领导者不善于观察罢了。有的员工虽然表面上看来并没有什么亮点，但是这并不意味着他们没有任何可取之处。

领导者需要对员工有一个较为客观的认识，排除自己的主观想象，主动认识员工的优势，不要把普通员工统统视为庸才，而要不遗余力地消除自己的偏见，多花些精力去了解员工的长处。

2. 关注员工现有的优势

相较于那些认定员工朽木不可雕的领导者而言，懂得挖掘员工潜能的领导者显然更为英明，但是要注意的是，在挖掘他们潜能的过程中，不要忽视了他们现有的优势。毕竟未开发的潜能是短期内不可能兑现的财富，

属于远期支票，而现有的优势却是实实在在的资本，因此这种优势是不能忽略的。

领导者只要是愿意深入观察和了解团队成员，不可能发现不了他们的优势，再平庸的人也有自己所擅长的事，即使他的专长暂时和所从事的工作无关，也可以为公司所用。比如有的员工技能一般，但是非常善于化解人际纠纷，把这样的员工安排在人事部门工作，可以协助领导者切实处理很多团队内部的难题；有的员工做事死板、灵活性差，但是办事严谨，无论做什么事情都比较到位，这样的员工非常适合数据统计工作，因为他核实的数据十分可靠，不会出现误差。利用员工的长处来展开工作，而非无休止地抨击他们的短处，整个团队的状态就会焕然一新。

3. 换一种眼光来看待员工的缺点

有人曾说，垃圾是放错了地方的珍宝，那么在职场上，不合格的员工便是放错了位置的人才，其实优点和缺点都是相对的，有时员工身上的弱点也能转变成一种优势，关键在于你是否懂得利用它。比如一个员工非常喜欢计较，总是关注细枝末节，这样的人常被琐事牵绊住，或许成不了大器，但是却有可能成为一名出色的财务人员，因为财务工作要求的便是细心、耐心，尤其是对于细节的关注，只有具备这样的素质，才能把企业的账务工作做得毫厘不差；有的员工喜欢鸡蛋里挑骨头，和团队中的其他成员合不来，多数领导者会把这样的员工当成讨厌的刺儿头，但是换个角度来看，他实则是质检员的最佳人选，这么挑剔的人，一定容不得不合格产品过关，经他检验过的产品质量一定是可靠的。

4. 鼓励员工尝试创新，开发他们的潜能

杰克·韦尔奇曾经说过："要相信，员工的潜能绝对超乎你的想象，只要你肯挖掘，你就会得到一笔惊人的财富。"其实每个人都是有待开发的金矿，只不过大多数人的潜能都被埋没了，没有被有效开发出来罢了。挖掘员工的潜能并不是一件简单的事情，有时领导者并不能发现员工的潜质，那么就要鼓励员工自己开发潜能，千万不要阻止他们自我开发的意愿，而要在日常工作中鼓励他们对本职工作进行创新和改进，包容他们在

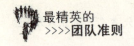

尝试过程中犯下的错误，激励员工采用新方法和新手段来改善工作，充分调动起其工作的积极性，给予其开发自己潜在优势的机会。

准则 8. 确立你"威尔不怒、亲而敬之"的个人威信

　　一个深受下属拥护和爱戴的领导，必然是既有威仪又平易近人的。可是过于威严，就会让员工产生畏惧心理，失去亲和力；过于平易近人，又容易失去威信，领导者如何在不影响个人威信的前提下，使两者达成完美的平衡呢？

　　其实威严和和蔼可亲并不矛盾，只是有的领导常常顾此失彼，为了确立威信，经常对员工疾言厉色，动辄采用大棒政策，以为无可争辩的话语权和铁腕之风可以帮自己树立权威，这样做的后果是威慑力确实建立起来了，但是和员工的矛盾却越来越深，员工或许基于畏惮心理被动地配合其工作，然而却不愿意尽心竭力，工作效率是没有保障的；有的领导则非常具有平民风范，常和员工打成一片，层级之间界限模糊，当然，这样的领导人气很高，但是号召力却很差，因为他对自己的角色定位错误，员工把他当成了自己人，早忘记了他作为领导者的身份，其恭敬程度也会减分。

　　在企业组织里，我们看到有的领导经常发怒发威，搞得员工整天提心吊胆；有的领导整日笑眯眯的，说话也是和风细雨式的，对员工的过错采取包容态度，有时甚至是纵容员工的不当行为。这两类领导其实都是不称职的。有威严没有亲和力，或者只有亲和力却缺乏威严，都是管理的大忌。强权领导必然让人反感，软弱的领导根本就没有领导力。　个出色的领导者应该是不怒自威，既让人敬畏令人不敢造次，又能和颜悦色地和下属和平相处，给人以亲切愉悦之感。

　　《亮剑》中的李云龙就是一位既有威信又平易近人的领导者。他身为团长，在战场上具有极强的号召力和感召力，用他自己的话说就是"枪炮一响，全团上下都得听我的"。在执行任务的过程中，他说一不二，下达

了指令士兵们必须按照命令行事，没有任何人可以例外，就连对待老战友孔捷，他也绝不容情。他曾经在战斗中毫不客气地警告孔捷，他是独立团的团长，在沙场上全团都要听他号令。

在生活中，李云龙却从不摆将帅的架子，非常体恤下属，待人平和宽容，有一次李云龙发现警卫员偷酒吃，只是说了他两句，并没有深究。正是因为李云龙平时既有威仪又待人友善、平易近人，才赢得了独立团所有士兵的尊重和敬爱。他所带的队伍既有统一的战斗意志，又有良好的团队合作精神，成为了一支打不垮的精锐部队。既有将帅之风又不乏平民精神的李云龙带出的独立团历经战争的残酷洗礼，仍然斗志昂扬，书写出了属于自己的军事传奇。

一个出众的领导者绝不会把自己的威信建立在对员工的威慑或拉拢的基础上，而是建立在自己综合实力的基础上。有实力的领导者不需要靠惩罚员工或者讨好员工来使整个团队服从自己，而是凭借自己自身的魅力去影响人和引导人。如果你想成为一个威而不怒，让所有员工都敬爱和拥戴的领导，必须具备与领导素质相关的硬实力和软实力，那么硬实力和软实力都包括哪些方面呢？

领导者应具备的硬实力包括：

1. 超强的工作能力和过硬的本领

俗话说，严师出高徒，强将手下无弱兵，领导者要求员工做到的事首先自己一定要做到，如果自己能力不足，不能把本职工作做到位，又何谈服众呢？倘若领导者的能力受到下属广泛质疑，那么他就算被授予了很大的权力，威信也会大打折扣，威信并不等于权力，能力得不到下属认可，即使拥有再大的权力也不可能让人从内心深处感到敬服。

2. 说话办事要雷厉风行，行事要果断

一个办事拖拖拉拉，说话啰啰嗦嗦，做事又犹豫不决的领导是很难在下属心目中树立威信的。这样的领导往往给人以难当大任之感，毫无领袖魅力，员工在这样的领导手下办事常常心里没底，在这样的团队里工作也会感到毫无发展前途，所以不可能由衷地敬服领导，而只会将其视作一只

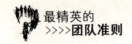
不合格的领头羊。

领导者说话办事风格必须给人留下干练的印象，做事不能优柔寡断，善于决断、雷厉风行的领导才更容易树立威望，因为凡成大事者无疑都具备领袖风采，如果你还不具备这样的素质，那么就务必把自己训练成这样的人，因为这是一个合格的领导者必备的重要品质之一。

3. 有胆略，并具有强有力的意志力

一个意志薄弱、胆小怕事的领导者是不可能具有领导力的，想要让自己的团队不被任何困难击垮，自己就必须具备打不垮的精神，把自己修炼成一颗砸不碎、锤不扁的响当当的铜豌豆，只有这样才能为团队做出表率，赋予员工坚强、勇敢、抗压耐挫的可贵品质，成为大家心目中的榜样。威信的大小未必和职务的高低成正比，领导者无论是身处中层还是高层，谁能成为员工的榜样谁就更有威信，而不被员工认可的人即使集所有的大权于一身，也不可能获得威信力。

领导者应具备的软实力包括：

1. 平易近人，不霸道不狂傲

锋芒毕露、咄咄逼人的领导者只是会让员工害怕，害怕不等于敬畏，霸气只会让员工处于敢怒不敢言的消极状态，对提升自己的威信并没有什么实质性的帮助。不少领导者平时非常霸道，喜欢劈头盖脸地大骂员工，制定了各种严厉的处罚措施，长期"以罚代管"，把团队的成绩归功于自己，傲气十足，又惯于对员工指手画脚，这样的领导者常被员工视作残酷的暴君，没有一点人格魅力和亲和力，当然也不会有人心甘情愿地追随。

成功的领导者应当是和蔼可亲的，他们从不对下属乱发脾气，能够理性地克制自己的情绪，既不狂妄也不霸道，而且从不把自己手中的权力当成打压员工的工具，能够和善地尊重和对待每一位员工，并懂得设身处地地为员工着想，即使在批评教育员工时也能让人心悦诚服，这样的领导者才是员工喜欢和敬畏的人。

2. 能主动承担下属因为客观原因造成的过失

很多领导者常对下属强调他不想听任何理由，工作中无论是主观原因还是客观原因导致失误都是不可原谅的，即使是出现了不可抗力他也不允许员工辩解，因为在他眼里任何的辩解都是借口，一切的理由都不是理由，犯了错必须承担责任，然后心甘情愿地受惩戒。这样的领导显然是不近人情的，在下属眼里是个不折不扣的冷血悍将，威风凛凛的外表下潜藏着一颗冷酷无情的心，谁又愿意亲近和拥戴这样的领导者呢？

一名出色的领导者应该懂得理解下属，了解下属工作中出现的困难，并在下属由于客观原因而犯下过错时主动承担责任。这个观点听起来似乎不可思议，领导者为什么要为下属的过错承担责任呢？难道仅仅是为了充当老好人吗？当然不是。首先，作为一名管理人员，对下属就有监管的责任，下属犯错代表自己监管不力，所以承担部分责任本来就是合情合理的。其次，员工若是因为客观原因犯错，领导者应予以谅解，如若能主动担起责任，必然会让下属产生钦佩和感激之情，日后会以更出色的业绩加以回报，其在下属心目中的地位也会大为提升，甚至可能达到不可撼动的地步。

3. 处事要公正公平，为人要正直

领导者想要树立威信，让员工既尊敬自己又心甘情愿地服从自己，就必须为员工创建一个公平公正的环境，在工作中不搞任何的暗箱操作，给予所有员工提供一个平等的竞争平台，而要做到这一切的前提是领导者必须为人正直，领导者只有为人正派、光明磊落，才能立足本职工作，为团队树立良好的风气，成为员工信赖和尊敬的灵魂人物。

准则 9. 宽严相济，确立领导的形象

领导者管理过于宽松，员工就会工作懈怠，领导力也会有所削弱；纪律过于严明，又会让员工觉得透不过气来，使上下级之间产生隔阂和怨恨，那么领导者该如何确立自己的领导形象才恰当呢？是作为好说话的领导还是铁面无情的判官呢？

宽与严表面看来是一对矛盾体，其实却是辩证统一的关系，两者之间相辅相成，领导者只有采用宽严相济的方式管理下属才能使其按照自己的意图行事。宽与严的关系就像柔与刚，两者结合起来才能发挥协同作用。从心理学角度讲，它会带给人截然不同的感受，前者令人轻松愉悦，后者令人备感压力；从领导艺术层面上讲，它是一种十分有效的管理方法，领导如能娴熟地驾驭刚柔并济的领导艺术，就能塑造好自己的领导形象。

在管理员工的过程中，过严或过宽、过于强硬或是过于柔和，都是不妥当的，最高明的做法是严中有宽、刚柔相济、恩威并举。领导者在必要时要善于说"硬话"，在原则性的问题上绝不能出现任何退让，比如员工故意违纪或者推卸责任，领导者都要严肃地表明自己的立场，该发威时就得发威，否则没有人会遵守自己的指令；再比如某些员工喜欢制造事端，在团队内部搞分裂，这时领导者必须坚定地站在风口浪尖上，立即介入风暴中心，果断地处置破坏分子，绝不能任由某些别有用心的员工侵害团队的利益。

领导者在约束员工时，需要注意的是要做到以理服人，而不是以权势压人，不要给下属留下冷酷无情的印象。有时领导者过于在意确立自己的权威，把自己塑造成了时常咆哮的狮王的形象，一旦对员工有些许不满意，就忍不住怒吼起来，但凡员工有一点错误立即受到最严厉的惩处，以为这样就会让员工服服帖帖地为公司服务。不少领导认为毫不留情地处理一名犯错误的员工，就会在其他员工心里形成威慑，犯错误的人就会越来越少。殊不知，这样做会极大地挫伤员工工作的积极性，因为在恐惧和压抑的气氛中工作的员工是不可能把工作做得尽善尽美的。

领导者的工作不是制造恐惧，而是收服人心，而收服人心的前提便是让员工喜欢自己而不是惧怕自己。优秀的领导并不应该以威慑力来衡量自己的影响力，而应以员工对自己的认可度来评价自己的管理工作。只会发狠话的领导是无比失败的，能让员工从情感上和主观意愿上追随和服从自己而不是被迫顺从自己的领导才是真正有领导力的领导。这样的领导不但有硬派的风格，还乐于为员工创建一个相对宽松的工作环境，平时宽以待人，讲话态度诚恳、语气平和、娓娓道来，即使在指出员工过错时也能做到以情动人、以德服人，员工听完他的一席话后就像吃了一枚裹着糖浆的药丸，并不感到苦涩，心情也分外舒畅，乐于日后以更出色的业绩来回报领导的宽容。

希尔顿饭店能成为无数商业巨子和政要名流争相下榻的一流饭店，自然离不开其高品质的服务和一流的商业运营模式，但是一个最不应该被忽略的重要成功秘诀之一便是希尔顿本人卓越的领导艺术。

希尔顿对待顾客一直遵循着"和气为贵，顾客至上"的经营理念，关心每一位顾客的感受，务必让他们享受到物超所值的优质服务。"善待下级"是希尔顿的管理方式，对待所有员工他都能做到宽严有道，从不对任何人吹毛求疵，也不求全责备，能宽容地原谅犯错误的下属。他坚持认为，只要高层领导能做出正确的决策，员工犯下无损大局的小错误完全是可以原谅的，假如一味地责备和责罚员工，苛刻地对待他们，就会使得人人自危，人心出了问题，就会动摇企业的根基。

希尔顿的领导理念在其日后的管理工作中得到了有效的验证，他对员工宽容相济的管理方法极大地增强了员工工作的积极性和自主性，促进了希尔顿饭店王国的蓬勃发展。希尔顿认为兢兢业业地为企业工作，就必须充分地尊重每一位员工，让员工认识到工作的价值以及自己的重要性，而不是把他们当成谋求利润的仆人，他曾经对员工说："希尔顿饭店的好名声全靠你们创造，因为你们是用干净毛巾、肥皂、地板和笑脸去迎接旅客的。"

希尔顿奋斗了60个春秋，一手打造了饭店王国，缔造了不朽的商业传奇。他之所以能成功书写商业神话，一个极为重要的原因是他懂得如何去领导人而不是单纯地管理人，真正地激发出了员工的工作热情，使每个人的能力得到了最大的发挥，与其说他是个能够熟练运用管理技巧的成功商人，不如说他是个懂得如何赢得人心的杰出领导者。

领导人和管教人是两个层次的概念，纪律严明本是无可厚非的，但是如果态度过于决绝和粗暴，经常性对员工滥施压力，就会出现各种负面效

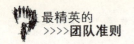
应。希尔顿的领导之道是非常值得广大企业家和领导者借鉴和学习的。领导者在一些原则性的问题上，可以扮演法官的角色，不妥协，不退让，严格执行制度上的指令，但是对于那些犯下非原则性错误的员工，如果再扮演铁面无情的法官的角色显然就非常不合适了，企业也是应该讲人情的，领导者应该具有容人之失的度量，以润物细无声的方式教育员工，帮助他们进步和成长。宽严相济不仅是一门管理技巧，更是一种十分奏效的领导艺术，那么领导者在具体的管理工作中应该如何平衡宽与严的关系呢？

1. 在实施过程中，要妥善处理好宽与严的关系

什么时候应当对员工宽大处理、什么时候应当对其严格惩处，是应当有依据的，凡事都应从大局出发，而不能感情用事，只要是违背公司整体利益的行为都应该严格处理，毫无原则的让步是一个领导缺乏魄力的表现，宽容也是要有限度的。对于员工在细枝末节上犯下的小错误，领导应该有意识地做出让步，原谅员工的无心之失，让员工自觉地弥补自身的过错，语气柔和地和他们沟通，切忌使用刺耳的话语伤害员工的感情。

2. 要准确拿捏好宽与严的度

严明要有成效，如果缺乏力度，严就失去了分量，但是如果力度过大，杀伤性过强，就会出现相反的效果，引起员工的怨恨和抵触情绪。领导者在对待员工的态度上不能过于强硬，也不能过于软弱，具体的火候还需以实际情况而定。所谓实践出真知，实践才是检验真理的唯一标准，很多事情必须具体问题具体分析。领导者在实行怀柔政策时，自然要宽待员工，这时需要注意的是不能违背企业最基本的原则，也不能有损自身的威信。

3. 要在合适的时间采用合适的政策，而且要有一定的灵活度

无论采用宽的政策还是严的政策，都必须注意时间性。时机不成熟时，无论你采用哪种政策都不会收到满意的效果。问题已经出现很久了，时过境迁之后你才去追究责任，想严肃处理，员工自然是难以接受的。所以如果想施用严的政策，必须做到及时，切忌马后炮。宽的政策适合在问题出现时或者员工受到批评后施用，当即原谅员工的过失可以迅速解除他

们的压力，使其快速调整自己的工作状态，同时会对领导的手下留情产生感激之情；批评完员工再去宽慰他们，会在一定程度上缓解他们的不良情绪，改变其对领导者的印象，增强对领导者的好感。

对于员工的处理领导者需要掌握一定的灵活度，可根据他们出发点的不同以及犯错的次数来采取或宽或严的处理方法，无心之失和初犯是可以原谅的，屡教不改和故意扰乱工作理应严肃处理。灵活度在一定情况下也要有限度，对待同一个问题，不能时而宽大处理时而严肃处理，因为这样做会造成管理工作的混乱。

准则 10. 有情有义，把员工当亲人，赢得人心

领导者煞费苦心地想要让整个团队上下一心，为了共同的目标而奋斗，为此做了很多工作，却发现自己的团队人心涣散，员工普遍缺乏积极性和使命感，这是为什么呢？答案是不言而喻的，企业从未赢得过员工的心，那么领导者应该怎样才能赢得人心呢？首先应该学会站在员工的角度反思企业和自身对于员工的态度。

公司在陷入经济困境时，老板希望大家以企业为家，和公司同呼吸共命运，继续坚守在自己的岗位上，帮助公司渡过难关。团队领导者则一遍又一遍地发表演说，强调忠诚度的重要性，希望员工能和企业同舟共济，留守在公司里为了完成团队的目标而努力工作。可是接下来有些领导者所做的事情却让员工感到心寒，制定了一系列有关裁员、削减工资、取消福利等为企业迅速减负的整套方案，于是员工纷纷跳槽离开，留下来的人不是心情慌乱就是消极怠工，企业尚未破产，但是人心已经涣散，继续这样下去，企业恐怕离破产也不远了。

牛顿定律说，力的作用是相互的。老板和团队领导者在强调员工应该以公司为家时，可曾想过自己是否曾把员工当成过家人，是否给予过他们家的关怀和温暖，如果不曾做到过这一点，又凭什么要求员工对企业绝对

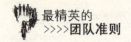
忠诚，把企业当成自己的家？理解和友爱都是双向的，单方面要求员工牺牲自己的利益，却一再把员工当成招之则来挥之则去的牟利工具，是不可能让员工在企业危难之际死心塌地地为自己效力的。

什么样的企业才能使员工乐于死心塌地地效命呢？美国《幸福》杂志列举了员工最愿意全心全意为其工作的100家公司，其都具有共同的四个特征：

1. 员工在公司里能被尊重和平等对待，领导者和员工不是单纯的上下级关系，而是一种友善的朋友关系，同事之间相处融洽，公司像一个大家庭。

2. 公司无微不至地关怀员工，为员工极其家属提供了很多福利，比如建立工厂幼儿园，提供托幼补助和孩子上大学的补助以及老人赡养的补助等，切实为员工解决了很多后顾之忧，使其可以全身心地把精力投放到工作上。

3. 让员工从事有挑战性的工作，让他们充分施展自己所长，并从工作中获得乐趣和成就感。

4. 员工工作出色即能获得丰厚的回报，公司绝不亏待对企业贡献大的员工。

这100家让员工满意度极高的公司，没有把员工单纯地看作花钱雇来的打工者，而是视他们为合作伙伴和家人，对他们的职业生涯、个人生活、情感需要等方面需求考虑得十分周道，这样的企业不可能赢不了员工的心，员工幸福感强烈、满意度高，自然对企业的忠诚度就高。

在国内众多的企业当中，海底捞就属这类。海底捞的很多领导者都把员工视为自己的亲人，在他们需要帮助时及时假以援手，在他们遇到难题时乐于帮忙解决，在日常生活中真诚地关心员工的生活，让大家时刻感受到人间的真情和温暖。

有一次，有一名叫黄金仙的员工生病了，她并没有主动请假，而是坚持上班，领导发现了她的异常立刻安排其他员工为她代班，还特意抽出时间多次来看望她。当天黄金仙发着高烧，回到宿舍后立即蒙头大睡，睡醒之后才发现工会成员守在身旁，并为自己熬好了热腾腾、香喷喷的营养粥，黄金仙喝着适口的热粥，感动得流下了眼泪。店经理专门打电话来询问她的病情，并批准她休假三天。

陈晨大学毕业后，应聘到海底捞工作，刚刚步入社会的他在最初工作时连调料都分不清楚，心里非常有压力。他的上级领导既没有嘲笑他也没有批评他，而是耐心地为他讲解服务程序。陈晨第一天工作就忙中出错，打碎了一只烟灰缸，还弄翻了香菜碟，告诉顾客的菜品名称都是错误的。他感到非常惭愧，领导却鼓励他说，没有人生来是什么都会做的，大家都有一个从不会到会的过程，有什么不懂的问自己或者同事都可以，大家都愿意帮助他。

在领导手把手的教授下，陈晨很快适应了自己的工作岗位，成为了公司的正式员工，他非常感谢领导的耐心教导和真诚的鼓励，丝毫不觉得领导有一点架子，领导对待每位员工既像老师又像朋友，更像家人，这是他乐于留在海底捞工作的根本原因。

美国强生公司认为，企业对每一位员工都富有责任，每位员工都应该被看作有价值的个体，其尊严和价值应该得到尊重和肯定，公司应该带给他们安全感，给予其合理的待遇，保证工作环境的舒适和整洁。企业应该带给员工家的感觉，只有这样员工才能对企业履行对这个大家庭的责任。海底捞无疑做到了这一点，因此它才能从一个不知名的小火锅店发展成全国闻名的连锁企业，分店开遍全国各地，旗下的员工发展到了两万多名，其食品和服务在国内获得了广泛的赞誉。

企业要想做强做大，关键还是在于人的因素，只有对员工有情有义，才能让员工甘愿为企业的发展贡献最大的力量，企业对员工给予必要的关怀和照顾，通常情况下能换来超值回报，企业爱员工如家人，员工才会对公司产生鱼水之情，两者之间的关系才能由纯粹的利益结盟，转化成互相依存的关系，员工才会为了促进企业的长足发展尽心竭力地贡献出自己全部的力量。领导者要想让员工把企业当家，对企业产生归属感，必须做到以下四点：

1. 把员工当作合作伙伴，而不是仆人

员工和企业之间属于劳资关系，即雇佣关系，但是这并不意味着应该

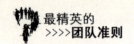
把员工当成低自己一等的仆人。在社会地位上，领导者显然高于普通员工，但是在人格上，双方是完全平等的，即使在工作上存在从属关系，也应该遵循一种合作共赢的模式。领导者只有把员工看成与自己平等的合作伙伴，才能激发员工的主人翁责任感，把公司的事当成自己的事，尽心尽力、尽职尽责地完成团队的任务目标，并把工作视为职责而不仅仅是简单的谋生工具，从而驱动自己为企业创造更大的效益。

2. 多一点人情味，关心员工的工作和生活，设身处地地为员工着想

领导者要关心员工的前途，在工作中为员工提供提升工作技能和业务水平的平台，为员工多安排一些培训活动。零售巨头沃尔玛非常注重对员工的培训，虽然在培训方面公司花费不菲，但是却极大地提升了员工的工作热情，很多基层人员由此脱颖而出，在短短半年之后，就能荣升为经理助理。而一般的零售企业，基层员工即使摸爬滚打多年也未必能有机会走向管理岗位。

生活中，领导者要多给予员工一点温情，如在员工生日当天送上温馨的祝福、员工生病时打电话询问病情，都会让员工的心灵得到极大的抚慰。平时多留意员工情绪的变化，为员工排忧解难，多多体谅员工，为员工提供力所能及的帮助。常言道，一滴水可以折射太阳的光华，有时员工需要的未必是什么大的恩惠，日常的小事和细节往往更容易触动人心，想要赢得员工的心，就应该从小事入手。

3. 对员工多一些欣赏和肯定

美国总统林肯说："人类本质里最殷切的需求是渴望被人肯定。"美国口才学家威廉·詹姆士说："人性最深刻的原则，就是恳求别人对自己加以赏识。"美国钢铁公司首任总裁夏布曾说："促使人将自身能力发展到极限的最好办法，就是赞赏和鼓励。"可见获得认可对于一个人而言是多么重要。员工在为工作付出了巨大的努力之后，当然非常需要上级认可自己的劳动价值，如果领导能真诚慷慨地赞美他的劳动，就能极大地激发其主观能动性，使之转化成工作成果。

总之，领导者只有把员工摆在重要的位置上，对每一位员工都心怀善

意，注重对员工的感情投资，能够真心为员工着想，才能换来员工对团队和企业的忠诚，使他们把全部的热情投身于本职工作当中，把最好的产品和服务提供给市场，为企业在商业社会中赢得一席之地。

准则 11. 喊破嗓子不如做出样子

领导者一声令下是否能一呼百应，不在于音量的高低，喊破嗓子未必就能换来员工的配合，高喊口号远比不上以身作则更具号召力。领导的职责是什么？领即带领，指的是作为一名领导就应该走在团队前面，为员工开好路、带好头；导即是导向，意思是领导应该把自己当成一个航标，对整个团队起到导向作用。领导者只有为所有人做出表率，才能让员工在追随自己的过程中潜移默化地受到良好的影响，整个团队才能弥漫着一股蔚然的新风，呈现出强大的生命力和不衰的战斗力。

孔子曾经说过："其身正，不令而行，其身不正，虽令不从。"说明领导在正人之前必须先正己，正己也就是自我管理的意思。李嘉诚认为，一个好的管理者，首要的任务就是自我管理，领导者只有先管理好自己，才能对下属产生直接的影响。要求员工一定要做到的事，自己首先要做到，空喊一千遍空洞的口号，比不上一个具体的行动更加令人信服。

张瑞敏是我国最为著名的成功企业家之一，他曾被列为全球最受尊敬的 30 位企业家之一，那么他受到员工认可的秘诀又是什么呢？除了他出色的工作能力和巨大的影响力外，他身上一个更为值得称道的闪光点便是以身作则的精神。

张瑞敏意识到企业的发展离不开对学习的重视，那时中国的很多企业家都不肯花太多的工夫学习管理，为了让大家都认识到学习新知识的重要性，他自己先做出了表率，每当看到管理学中有用的章节，他都会把它复印下来，还把自己的见解写在空白处，提出对海尔集团有现实指导意义的结论，然后把资料发放给每一位中高层管理人员，以后大家研习和讨论。

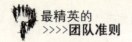
每周六的上午，张瑞敏都定期为公司中高层经理人召开培训会，还要求每个部门的每位员工都要有学习母本，在海尔集团的上上下下掀起了一阵学习热潮。1998年，张瑞敏用《第五项修炼》推动了企业学习型团队的建设，1999年，张瑞敏专门在《海尔人》上开创了一个叫作"事业部长与杜拉克对话"的专栏，号召员工锐意进取、努力学习先进知识，那时的杜拉克在中国并不知名，日后却名满全国，可见海尔在学习方面遥遥领先于其他企业。

张瑞敏鼓励员工创新，又非常重视产品的质量。他在管理模式上的创新或许并非是前无古人后无来者，但都是针对企业当下时弊提出的，针对性强，十分奏效。例如他推行"日清"的工作方法，自己首先做到今日事今日毕，然后要求每位员工每天把手头上的事进行控制和清理。这个方法有效地改变了员工工作拖延、做事无序混乱的不良状态。张瑞敏认为持续创新的观点，对员工影响很大，多年来他在企业管理上的创新，不但影响到了海尔企业的每一位员工，还对整个管理界产生了重大影响。

为了把好质量关，张瑞敏曾带头砸坏了76台外观良好但是质量不合格的冰箱，使"质量第一"的观念深入人心，张瑞敏以实际行动把"质量就是企业生命"的理念灌输给了所有员工，从此海尔只生产优质产品，赢得了市场和顾客的信赖，最终由一家亏损147万的企业转变成了一个营业额超过千亿的集团企业。

俗话说："喊破嗓子，不如做出样子。"领导的言传身教比任何强有力的话语都更能感染员工，领导的所作所为如果能获得员工的认可，就会成为大家争相学习和效仿的榜样，而榜样的力量通常是无穷大的，海尔集团创造的奇迹正说明了这一点。领导者想要带出一个团结上进、永葆青春的队伍，必须身体力行地做出示范，发挥自己的榜样作用，具体应做到以下几点：

1. 说到做到，不做"思想上的巨人，行动上的矮子"

领导者是企业的核心人物，是团队的带头人，所以一定要注意自己对员工的影响。不能只说不做，单方面要求员工按照规定行事，而自己只负责发号施令和思考，从不身体力行地落实到行动上。领导者的行为和做派员工一直都看在眼里，如果领导总喜欢扮演思想家的角色，从不考虑用实际行动来证明自己的观点，那么员工便会认为这样的领导表里不一，当然也不愿意主动配合他的工作，只会表面上应承和附和，实际上根本就没有完全遵守指令，领导的信用破产往往意味着领导力的破产。

2. 领导者要言必行、行必果

制定规则，就必须首先带头遵守规则，想要带动大家努力工作自己首先要有奉献精神，只有这样员工才能遵规守纪，愿意追随领导埋头苦干。表率作用可以产生巨大的影响力，它能在员工心中形成一种无形的感召力，进而转化为积极的行动。

3. 要成为执行的榜样

在日常管理工作中，困扰许多领导者的一大难题就是员工的执行力不足。若要真正解决这一难题，领导者必须带头模范执行、严格执行自己的工作，为全体员工树立标杆，以此产生示范效应。领导者只有让自己变成一个完美的执行者，才能带动员工提升执行力，解决团队执行不力的弊病。

4. 严于律己，率先垂范，提升个人影响力

领导者必须以高标准要求自己，为员工起到率先垂范的作用。领导者的领导力往往是由其榜样作用确立起来的，身先士卒的领导者比善于说教的领导者更具有领导力。领导者只有自己达到了高标准才有资格要求员工，否则员工根本不可能从心里敬服。领导者在号令员工时自己首先要做出样子，不要妄图自己什么都不做，就能轻而易举地遥控员工。影响力不是说出来的，而是做出来的，领导者只有把事情做到位，才能影响员工把工作做到位，从而带领团队迈向一个崭新的台阶。

准则 12. "言行感化"是要讲方法和方式的

身为管理者，你明白"言行感化"是一种强大的精神号召力，于是，工作中你时时注意自己的一言一行，言出必思，事无巨细，事必躬亲，原想给员工做表率，但结果却事与愿违，员工反倒比之前更懒惰和缺乏主动

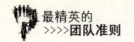

性，本该在其职责内的事，却迟迟不动手。

我们常听到领导者抱怨：现在的员工是越来越难管了。自己亲自出马做了很多事情，本想让员工在自己的带领下更加积极主动地去工作，员工却一点也不买账，常常和领导者斗智斗勇，做事偷工减料，惰性越来越强，连本职工作都干不好，这样的员工不严厉惩处是不行的。

诚然，我们不否认，惰性是人性中的一部分，但是员工懒惰其实是由领导者管理不当造成的。管理员工是要讲究方法和技巧的，领导者管理员工的过程就好比老师教育学生，单靠发火和埋怨是不可能改变他们的精神状态的，世上没有教不好的学生，学生不合格往往是老师失职所致。体罚是不能出成绩的，只有让员工的心灵蒙受感化，他们才能从根本上改变自己的工作态度。

事实上，员工的工作出现问题，多半是心态不佳和沟通出现障碍所致。不可否认，"言行感化"是一种"治心"的好方法，但是，也是需要讲究方式的。"言行感化"并不是指领导者只要保证自己的一言一行合乎规范，就能收获理想的效果，可以顺利感召员工全力以赴地投身于工作，而是说领导者要凭借自身的人格魅力从精神上感化下属，让员工从内心深处对自己产生钦佩之情，从而达到"治心"的目的。

张杰是一家美容产品公司的中层管理者，他发现下属李萌最近经常迟到早退，工作越来越不在状态。起初他感到非常生气，打算和李萌严肃地谈谈，甚至动了开除李萌的念头，但是转念一想，李萌为人稳重踏实，之前工作一直勤勤恳恳，近期表现不佳或许是出现了什么状况，于是打算私下里好好跟李萌谈谈心。

有一天，张杰把李萌叫到了办公室，李萌神色慌张，眼神里透出一丝掩饰不住的疲惫和失落。为了缓和紧张的气氛，张杰微笑着请她坐下，开始时并没有提及她近期工作的问题，而是对她以往的工作进行了肯定，对她的敬业精神和吃苦耐劳的品质表示赞赏。李萌羞愧地低下了头，脸涨得通红，后来终于忍不住插嘴说："张经理，很对不起，我知道我近期的表现非常让你失望。"

张杰语气平和地说："你是公司里的老员工,之前一直表现很出色,近期的工作状态确实有些问题,能告诉我是为什么吗?有什么困难你尽管说出来,只要是我力所能及的我都愿意帮忙。"通过沟通,张杰才明白原来是李萌的丈夫生病住院了,近期李萌一直往返于公司和医院之间,渐感体力不支,早晨起迟了,所以总是迟到,提前早退是为了早点到医院照顾丈夫。

"张经理,你放心,以后我会严格要求自己,不会再迟到了,但是希望你能让我提前一点下班,因为我先生真的很需要我照顾,等到我先生出院了,我会把自己旷工的时间都补上。"李萌诚恳地说。

"李萌,你知道公司最近招了一批新员工,他们会把你们这批有经验的老员工视作榜样,并不是我有意为难你,但是如果连老员工都不遵守公司制度,新员工更不会把公司的规章制度放在眼里了。以后不要再迟到了,我可以特批让你早点下班,但是我需要对全体员工做出交代,你同意吗?"张杰问道。李萌点了点头。

随后张杰在公司例会上,表扬了李萌对公司做出的贡献,并说明了她近期迟到早退的原因,希望大家给予谅解。此后李萌再也没有迟到过,工作状态良好,其他的员工也没有因为攀比李萌而出现迟到早退的现象。大家都十分理解她,还不时向她送上祝福,祝愿她先生早日康复。

一个聪明干练的领导不会在员工刚出现问题时就立即把员工清除出团队,而会想方设法扭转员工的思想和行为,用强大的精神感召力感化问题员工,使其认清自己的错误,改变自己的工作状态,心悦诚服地接受自己的领导。培养一名员工,公司耗费了不少成本,开导和劝诫问题员工,使其继续为企业所用,比直接辞退对公司更为有利。那么在管理工作中,领导者如何才能对下属起到精神感化作用呢?

1. 以德服人、以情感人、以智赢人

员工心目中理想的领导应该是既可敬又可爱的,他应该是一个团队当之无愧的领头人,又是一个富有人格魅力和巨大感染力的精神领袖,据有美好的品格,能做到以德服人而不是以势压人,经常和员工发生情感传递,并且办事公道,管理有方,能让下属心甘情愿地顺服自己。

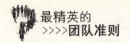
一名出色的领导者的威信80%来自情感，20%来自智慧，只有失败的领导者才会把威信全部建立在权势上。成功的领导者往往具有化腐朽为神奇的魔力，能够博得员工的好感，并收获他们的友谊，同时又能游刃有余地控制他们身上消极的成分，纠正其不良作风和行为，为团队开创健康的风气，建立良好的秩序。

2. 运用人性管理感化员工

素有"领导力第一大师美誉"的哈佛商学院教授约翰·科特曾经说过："管理者试图控制事物，甚至控制人，但领导者却努力解放人与能量。"意思是管理的最高境界不是控制，而是正确引导，作为领导，不要总是想着怎样去命令和约束员工，而要学会用自身的魅力和影响力来影响员工，运用人性化管理的方式来感染员工，使其感受到自己的善意，愿意用真心来回报。通常情况下善解人意、喜欢用人性化管理的方式引导员工的领导比专横强硬的领导更能赢得人心，其领导力也更强。

3. 用细节言行感化员工

领导者在做员工思想工作时，要善于从细节着手，在员工工作状态出现严重问题或者遇到巨大困难时，一句暖人的话语或者提供一些具体的帮助，都能起到精神感化的作用。细节更容易打动人心，领导者若要真正地感化员工，使自身的言行转化为强大的精神感召力，就必须从细节方面入手去做。

4. 要与员工同甘共苦，做人有担当

每个团队都会遇到各种各样的艰难险阻，作为领导者必须使自己与整个团队成为一个不可分割的整体，与大家同舟共济、同甘共苦，当仁不让地承担起作为核心领导的责任。只有这样才能让团队中的每一位成员从内心深处认可自己的领导力，使自己的言行成为一种强大的精神感召力。

5. 领导有方，让下属信服

领导者若要成功纠正下属的某些行为，必须使其信服自己。一个领导有方的领导者就像太阳，能给团队带来无限的光和热，能够把任何一个问题员工带向正轨，使整个团队健康茁壮地成长。

第二章

用对制度管对人
——制度才是管理制胜的王道

　　团队管理离不开制度，俗话说"无规矩无以成方圆"，没有规章制度，任何工作都会变得混乱无序，整个团队没有了行动的准绳，根本无法正常运行。每个企业都有自己的一套管理制度，制度不健全、不合理、不科学，必然给企业带来种种管理难题，还会影响团队的健康发展。作为团队领导者，想要让企业的目标有序地被执行，就必须致力于不断健全企业的各项制度。

　　有了完备的制度，并不意味着企业的管理水平就会发生质的蜕变，创立制度只是第一步，制度只有落到实处，被不折不扣地颁布和实施才能发挥它的真正效力。管理制度必须是公正和公平的，应该适用于全体员工，任何人都不应享有特权，这样才能被广大员工所接受。我们知道制度具有约束作用，可以抑制那些不利于企业发展的行为，其实制度还具有激励作用，可以引导员工做出符合企业利益的行为。一套好的制度不但能规范员工的行为，还能成为团队制胜的法宝。

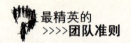
准则 13. 奖要奖得心花放，罚要罚得有力度

绝大多数公司都设立了奖罚制度，然而由于力度不够，执行起来就会不温不火，获奖者没有受到太大的激励，而被罚者觉得无关痛痒，继续我行我素，员工们都对奖罚制度很不感冒，认为自己的行为是否符合公司制度并不重要，受到表彰也没有什么值得骄傲的，触犯制度也没有什么大不了的。长此以往，领导者根本无法约束和引导员工的行为，这显然不是领导者的问题而是制度本身的问题。

一个好的制度，必然具有惩恶扬善的功能，曾经心怀恶念的人由于受到良好的引导，会蜕变成一个好人；而一个不好的制度，却会让美好的人变得颓废和堕落。人天生就有趋利避害的本能，行动的动机无非源自两点，一是追求快乐的体现，一是逃避危险和痛苦。在团队建设中，制度对员工的行为具有约束和疏导作用，它指明了企业鼓励员工做什么、不希望员工做什么。可是有了明文规定就一定奏效吗？显然不是的。奖罚制度是执行中的一把宝剑，把它打磨得足够锋利，它就能削铁成泥，势不可当；把它打磨成一把钝剑，它就会失去所有效力。那么该怎么奖、怎么罚才能让制度发挥最大的效力呢？

所谓重赏之下必有勇夫，丰厚的赏赐当然能诱导别人为自己效力。作为团队领导者，奖励员工一定不能吝啬，要舍得给予他们足够的奖赏，这样才能激发团队成员勇敢地接受富有挑战性的任务，为团度发展做出更大的贡献。奖励要足够慷慨，惩罚也必须做到有力度。

在现代企业之中，员工背离团队利益、触犯公司制度的事情时有发生，有些领导者认为只要批评教育一下或者稍微罚点钱就可以了。对于现代企业而言，商场如战场，如果不能将员工对企业的侵害行为降到最低，日后就会给企业带来巨大的伤害。那么作为团队领导者，该如何制定出有利于企业发展的奖罚制度呢？

1. 奖罚要有力度

制定的规范性要靠重奖重罚来保证,在奖赏员工时一定要给予他足够的奖励刺激,让他感受到自己是被推崇和被赏识的,让其他员工看到行为符合公司期望可以得到什么利益和荣耀;处罚要罚得有力度,要让公司的惩罚条例变成一个无形的电网,令每一个岗位的员工都不敢违规触碰,使其充分明白自己的行为一旦越界,就会受到严厉的惩处。

2. 奖励制度要呈现出阶梯上升趋势,惩罚要一步到位,足够彻底

阶梯式上升奖励,能为员工提供源源不断的动力,越奖越多,自然会让受到鼓励的员工倍加欢喜,而惩罚则要采取截然相反的做法,惩罚措施要一步到位,立即让违反制度的员工意识到事情的严重性,使其不敢再犯同样的错误。

3. 惩戒之后,要及时和员工沟通

惩罚自然会给团队带来阵痛,也容易在团队内部滋生怨气,员工闹情绪就会导致工作效率的降低,这时领导者一定要做好事后沟通的工作,要让受到惩处的员工意识到惩罚制度是对事不对人的,公司惩处的是某些不良行为,惩罚措施都是为了维护集体的利益而设定的,自己对员工本人并无任何偏见,只要能及时纠正自己的不当行为,公司仍会给予受到惩处的员工平等公平的重视。

领导者要向员工讲明惩罚条例的公正性和合理性,让大家明白维护规章制度的重要性,同时要让全体员工明白公司设立惩罚制度并不是为了惩处具体的某个人,而是为了杜绝某些损害公司整体利益的行为,并通过动之以情、晓之以理的方式来获得员工的谅解,化解他们的不满情绪,减轻惩处的阵痛。

准则 14. 无条件地执行,打造"铁军"团队

为什么有的员工总是不能尽心尽力地执行领导者下达的工作任务,缺

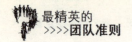
乏"无条件"的意识？为什么有的员工承诺可以百分之百完成任务，工作起来却拖拖拉拉，在截止日期仍没有把该干的工作干好？为什么有的员工总喜欢找各种理由和借口为自己的失误开脱，对工作没有一点责任心？究其深层次的原因都是因为团队中缺乏铁一般的纪律，没有铁一般的纪律，员工就不会无条件服从自己的指挥，在执行过程中要么讨价还价，要么就敷衍了事，面对这一难题领导者应该如何解决呢？

也许西点军校可以给我们完美的答案。西点军校军纪严明，在世界上享有盛誉，它不但培养了无数军事人才，还培养了许多商界精英。在建校后的两百多年间，共培养出一千多位 CEO（首席执行官）、两千多位总裁、五千多位副总裁。在西点军校，长期保留着一个悠久的传统，军官问话，士兵只能有四种回答："报告长官，是"；"报告长官，不是"；"报告长官，不知道"；"报告长官，没有任何借口"。除此之外，士兵不得多说一个字。无条件执行、没有任何借口是西点军校奉行的重要行为准则，它强调每位学员都应该尽最大努力完成任务，无条件服从指挥并完成任务，不给自己寻找任何理由。

在生死攸关的战场上，士兵们不折不扣地执行指挥官的正确命令，才能为自己的军队赢得一线生机，士兵对任务推诿或者找借口不服从指令，就有可能导致一个军队的全军覆没，甚至一个国家的灭亡，从这一点上我们不难看出士兵们有效执行命令是多么重要。即使在和平时代，西点军校的军规也同样适用于现代企业管理，残酷的商业竞争早已把大大小小的企业推到了战场的前沿，如果公司的领导者不能保证员工无条件地执行自己的指令，那么就极有可能在商场上打败仗。

领导者要想让员工有很强的执行力，就要把他们训练成一支纪律严明的铁军，这一切都需要有可靠的制度来保障。著名企业家冯仑认为，制度是用来规范员工的标准行为模式，员工在规章制度的约束下，只对制度本身负责，而不再对个人负责。制度长期规范员工的行为，久而久之，它便成了员工的行为习惯，纪律就是这么建立起来的。制度要形成一个统一的标准，任何人都不能游离于制度之外，否则纪律遭到破坏，铁军有了缺口，团队就不会再固若金汤了。

有一家服装销售公司，制定了一套考核制度，规定完成当月任务前三名的优秀销售员可获得3000元的物质奖励，不能完成销售任务排名倒数三名的销售员处罚金3000元。业绩出色的销售员都得到了3000元的奖金，但是罚金制度一直没有施行，原因在于完不成销售任务的员工总能为自己找到各种看似合理的借口。

甲说："我的客户生了重病，刚刚动完手术，现在还躺在医院里，没有时间交付货款。"乙说："我才入职三个多月，手头的客户不多，上个月我已经把货物卖给他们了，这个月他们不可能再买货了，我很难在这个月找到那么多新客户来完成销售业绩。"丙说："我女儿面临高考，我每天都得花很多时间为她补习功课，压力非常大，既要忙工作又要忙家里，在这种情况下要完成那么多销售额，实在是太困难了。"

销售主管认为这三名员工情况都比较特殊，于是没有处罚他们，开了先例以后，就没有办法按原有的制度来处罚员工了，因为被罚的员工都会感到不服气。后来销售员都认为销售任务并不是一定要完成的，他们纷纷学会了找各种理由来搪塞主管。大家心想，根本就没有必要那么辛苦地跑业务，反正完不成任务主管也会赦免他们的。

在管理实践中，制定一套制度并不难，难的是让全体员工毫不犹豫地坚决执行企业制度，而使制度强化成铁一般的纪律更是难上加难，领导者要让制度发挥出应有的效力，就必须有很强的制度执行力，让管理有法可依，使不愿执行命令或纪律性差的员工受到追究，保证制度的严格执行，那么具体应当怎样做呢？

1. 制度一定要公平

任何人都必须遵守企业的规章制度，不要给任何员工豁免权。有的领导者却无法做到这一点，对于员工总是区别对待，业绩出色的员工违反规章制度，可以完全不受惩罚，而业绩平平的员工或是自己不喜欢的员工触犯规章制度，就会受到重罚，这种不公平的做法自然会受到员工的抵制，也会极大地影响制度的严谨性。员工由于对领导者不满，就极有可能故意

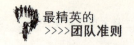
不配合领导者的指令，对于领导下达的任务也不愿意无条件执行，时间一久，纪律就会越来越松弛，公司制度贯彻起来阻力也会越来越大。因此，领导者在实施制度过程中，必须保证一碗水端平，无论谁触犯了制度都要严惩不贷。

2. 不给员工找借口的机会，坚决按章办事

有的领导者经常听员工讲述自己的特殊情况，比如某员工迟到，便说自己在上班途中被过往的一辆汽车溅湿了衣服，因为必须赶回家换衣服所以上班晚了。领导心想早上的确下过一场雨，于是就特殊情况特殊对待，没有罚员工一分钱。在员工看来领导是非常和蔼可亲和通情达理的，但是从管理制度上来看，领导者的这种做法就是鼓励员工找借口去破坏制度，有些制度观念差的员工就会编造各种借口来违反规章制度，公司的制度最终就会沦为一副没有效力的空架子。所以作为领导者不要给员工寻找各类借口的机会，一旦他们触犯了制度，就要按照公司规定办。

3. 不断完善管理制度和管理体系

如果员工并没有把服从企业制度当成一种自觉性的习惯，只要领导者稍有松懈或者放任，他们的执行力就会迅速下滑。俗话说，铁打的营盘，流水的兵，领导者会出现升迁、调动等情况，继任者在执行以往的规章制度时难以立即取得同等的效力，需要和员工有一个磨合的过程，才能确立自己的权威，企业要防止员工执行力反复出现变动就必须完善企业的管理制度和管理体系，这样当重要领导离开自己的岗位时，离开的只是个人，而制度却完整保留了下来，不会因为某个人的离去而荒废了制度，继任者上任后可凭借现有的制度来开展管理工作，员工仍旧会无条件地完成任务。

跨国公司的高管频繁流动或者长时间度假休假，公司照常运转，执行力没有受到任何影响，其根本就在于公司有一套比较完善的管理制度和管理体系。因此，领导者不要试图单凭个人影响力而管理工作，而应在自己在任期间肩负起完善管理制度和管理体系的使命，为公司未来的发展铺好路基，保证自己离开后团队仍然拥有铁军一般的纪律。

准则 15. 用奖金激发潜能

企业和员工之间始终是一种博弈关系，通常情况下企业占据主动地位，而员工处于被动地位，表面上看似乎如此，然而处于下风的员工如果工作热情不高，就会给处于主动地位的企业造成很多潜在损失，如此企业反而处于非常被动的地位。因此就地位而言，主动和被动都是相对的，那么在什么情况下企业才能绝对站主动地位呢？答案是薪酬水平较高、奖金较为丰厚时，因为在这种环境下工作的员工工作积极性较高，而且懂得珍视目前的工作，会加倍努力提高自己的业务能力。他们十分清楚，在其他企业里自己得不到这么可观的报酬，心里自然会产生一种压力，由此产生不断鞭策自己上进的动力，使自己给企业带来更多的收益。

华为公司给人的最鲜明的印象就是高薪和高效，它能走在行业的前列，一个最不容忽视的原因便是它能给予员工其他企业望尘莫及的高薪。很多公司的领导者都认为给予员工过多的薪水和奖金，就意味着企业利润的减少，而华为却认为高额薪水是一种最有价值的投资，凭借着这种经营理念，华为极大地激发了高级技术型人才的潜能，在激烈的商业角逐战中获得了巨大优势。

奖金作为物质激励手段的一种形式，在调动员工积极性方面起着非常重要的作用，这一经营理念目前已为众多企业的领导者所接受。我们可以看到这样一种现象，越是有影响力的巨头企业，奖金越是多到令人咋舌的地步，公司效益颇好；而经营不利的中小型企业，奖金量则非常少，员工对工作普遍缺乏热忱，工作效率低下，由此可见，奖金的多寡在大多数情况下与公司绩效是正相关的关系。

高盛集团成立于 1869 年，它是当今世界上历史最为悠久又最有影响力的投资银行。成立之初，它仅有一间简陋的办公室，而且是个地下室，雇员少得可怜，如今却成为上亿万美元身价的庞大商业集团。高盛集团是怎

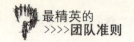
样从一家名不见经传的小企业华丽蜕变成华尔街投行界翘楚的呢？秘密在于巨额奖金。

据监管文件显示，2013年，公司向驻英国的121名高管发放的平均年薪高达300万英镑，其中奖金占据了85％的份额。英国《金融时报》曾对各大有影响力的投行薪资进行过比较研究，指出高盛集团高管的薪酬和奖金位列榜首，摩根士丹利、摩根大通、花旗银行和美银美林等前五大投行高管的薪酬和奖金远远不及高盛集团，这些银行高管的收入至多超过100万或200万英镑，较之于高盛银行300万的待遇显然还存在着巨大的差距。高盛集团不仅给予高管的待遇非常优厚，普通员工的待遇也明显优于其他银行，高盛集团的员工奖金的数额是基本工资的5.5倍，在五家投行之中奖金比例是最高的。

企业给员工发放一笔数额不菲的奖金，短期看来是一笔巨大的成本，削减了公司的利润，但从公司的长远发展来看，超额奖金是一笔最有潜力的投资，它所带来的收益要远远大于初期的损失。发放奖金的目的不在于只奖励某些能力出众的人，而在于激励整个团队，奖金机制的建立是为了通过激励表现突出的员工而激活整个团队的潜能，使团队中的每位成员在同一个目标的激励下努力做出业绩，最终得到一笔巨大的收益。这是奖金的正效应，即激励效应。

近年来，在国内各大行业，奖金的激励作用开始弱化，究其原因，主要在于奖金激励制度设置得不科学，奖金发放方式不合理，以至于影响了奖金激励功能的正常发挥，使其产生了负效应。造成这一局面的原因主要有三点：一是奖金太少，起不到激励作用，奖励名目繁多，实际发放数额却不多，令人厌烦；二是奖励内容模糊，目标不明确；三是奖金分配不公正，没有严格按照绩效考核标准奖励，当奖不奖，不当奖励的却反而获得了奖励，对公司贡献大的人心寒，无贡献的人反而莫名受益，引发众愤。

领导者在创建奖金制度时，要全力发挥奖金的正效应，把奖金的负效应降到最低，在实际工作中，应做到以下几点：

1. 制定合理的奖金发放标准

奖金能否充分激发员工的工作热情主要取决于员工是否认可公司的奖金发放标准，如果大家都认为奖金标准科学合理，自然心情愉快，乐于更加卖力地工作；倘若员工都认为奖金的标准不合理，就会抱怨连连，工作起来也会越来越没有干劲。领导者制定奖金制度时，要充分考虑员工的感受，奖金的发放标准必须是公平的，对于贡献评价的尺度必须是统一的，倘若奖金是依据超额劳动或业绩来计算的，任何职责范围内的劳动都不能列为奖金范围，如若奖金是与本职工作相挂钩的，那么必须依据绩效考核的标准。总之，奖金的发放必须制度化和规范化，务必让员工感觉是既公平又合理的。

2. 了解员工边界期望值，适时调整奖金的刺激强度

奖金发放的目的是对员工进行心理上的刺激，使其迸发出巨大的潜能，为公司创造更大的价值，奖金的数额只有达到了员工的期望值，才能达到一定的刺激强度，否则起不到任何作用。领导者需要掌握员工的边界期望值，制定出符合员工心理期望的奖金政策，让员工明显地感觉到自己收入在增加，只有这样才能全面发挥奖金的正效应。

3. 及时地发放奖金

奖金的兑现对于员工而言非常重要，制定了奖金制度，就应该及时地兑现企业的承诺，绝不能让奖金制度成为一种摆设，好的制度只有落实到了实处才能体现它的价值，否则就会成为镜花水月。延迟发放奖金或者无法明确奖金发放的日期，都会大大削弱奖金的激励作用，因此奖金发放一定要及时。

4. 运用奖金激励激发员工的潜能

通过高额奖金来留住公司的技术骨干或者高级管理人才，购买的不仅仅是他现在的劳动，更是他未来的潜力。所谓重赏之下必有勇夫，虽然人的能力有高下之分，但是每个人的大部分潜能都未得到最大限度的开发，在物质刺激的激励下，强者希望变得更强，而能力平平者则会向优秀的人看齐，努力摆脱平庸的弱势，如此一来，整个团队的业绩便会得到极大的提升。

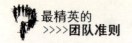
5. 奖励员工时，要给予他的工作高度认可

物质刺激仅是一种手段，激励员工更加积极主动地投入工作才是奖金制度建立的最终目的。奖金高对于表现优异的员工确实有着正面的刺激作用，但是仅用物质刺激并不能让其工作热情达到最大值，管理者不能把奖励仅仅停留在有价的奖金上，还应该让员工感受到奖金作为金钱以外的价值，即公司对其工作价值的高度认可，使他在获得奖金时产生极大的自豪感，由此萌生出更大的工作热情。

准则 16. 制度面前人人平等，不给任何人留"暗门"

成功的企业都有一个共同的特征，即拥有一套稳定可行的优越制度，并能使整个团队按照企业制度来执行工作。规章制度是企业制定的书面规范，针对的对象不是个别人，而是企业的全体员工。公司里的每一个成员都要受到相关约束，没有任何人可以凌驾于制度之上。可是在管理实践中，总有人喜欢搞特殊化，一次次地挑战制度的权威性，领导者应如何处理这一局面呢？

优秀的领导者，会采用热炉法则来约束员工的行为，热炉法则是西方管理学家提出的惩罚原则，意思是在规章制度面前，人人平等，任何人触碰了制度准则的底线，都要受到恰当的惩处。对于那些违反规章制度的人而言，他们好比用手触到了烧红的火炉，行为的结果就是受到"烫"的惩罚。

领导者首先应该带头遵守企业的规章制度，自己不能搞特殊化，作为团队的带头人，理应有更高的思想觉悟和严格维持纪律的决心，切莫以为规章制度都是用来管理和约束员工的，与自己无关，而应把自己降到与普通员工平等的地位上来，从点滴小事做起，自觉遵守公司的各项规章制度。

破坏热炉法则的不仅限于领导者本人，有些喜欢居功的核心员工，也常常无视企业的规章制度，自以为劳苦功高，曾为企业的发展做出了巨大的贡献，便可以有别于其他员工，于是随心所欲地破坏企业制度，有的领导者有碍于往昔的情面，不愿意和他们闹得太僵，常给他们留"暗门"，这样做对公司的危害是非常巨大的，因为它践踏了公平性原则，破坏了制度的严谨性，使其沦为可为某些特殊人物而任意篡改的不具效力的空文，对员工的约束力也会大大降低。

日本曾有一家从事衣料生意的公司，叫作伊藤洋华堂，战后改做食品生意。企业在转型期间，在内部找不到通晓食品管理的人才，董事长伊藤雅俊只好外聘了在食品行业干得风生水起的岸信一雄。岸信一雄来到公司后，把企业打理得井井有条，在很短的时间内，伊藤洋华堂便开始赢利，并呈现出良好的发展态势，岸信一雄在公司树立起很高的威望。

岸信一雄由于成了这家企业的中流砥柱，为企业的壮大立下了汗马功劳，就开始变得目中无人，态度越来越傲慢，从不把公司的规章制度放在眼里，做事仅凭自己一时兴起，时常对员工冷言冷语。他公开反对公司的改革措施，坚决不执行公司制定的战略。在他的消极影响下，团队中的员工工作积极性受到了很大的挫伤，企业的运营出现了严重的问题。

岸信一雄所负责的部门仍在盈利，为企业创造了巨大的商业利润，但是董事长伊藤雅俊对岸信一雄不断破坏公司规章制度的行为忍无可忍，最后坚决辞退了他，引起日本商界的一片哗然。人们纷纷为岸信一雄打抱不平，指责伊藤雅俊的行为纯属过河拆桥，伊藤雅俊却坚持认为自己的做法没有任何过错，他掷地有声地说："虽然岸信一雄给企业带来了巨大的效益，但是秩序和纪律是企业的生命，我们不能因为他一个人使整个企业的战斗力下降。"

在一个团队中，有些资历颇深的员工，认为自己在公司的地位不可取代，于是变得狂妄自大，从不把领导放在眼里，不断地破坏规章制度。他们的不良作风会给整个团队带来非常不利的影响，还有可能引起其他员工效仿，对待这类员工，必须按照热炉法则惩处，在制度面前人人皆平等，绝不能为了特殊员工而牺牲公司的管理制度。

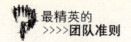
公司的规章制度，每个人都应该遵守，对一人网开一面特殊对待，日后就有可能无数次要面对各种各样的特殊人物，一旦制度的权威性受到挑战，就会有令难行，员工们各行其是，没有人按章程办事，秩序就会陷入混乱。因此领导者绝不能让任何人触碰制度的"高压线"，应对所有人一视同仁地施用热炉法则，以此来强化和完善公司管理制度。施用热炉法则需要对其特性和原则有一个深入的了解和认识，以便能正确地将其运用到管理工作中。那么热炉法则都有什么特性呢？在执行过程中又必须遵守哪些原则呢？

热炉法则的三种特性：

1. 即刻性：无论任何人触碰火炉时都会马上被烫，这就像公司的管理制度，对团队中的任何成员都适用，违反制度的人都会一律受到相应的惩罚，没有人可以例外。

2. 预先示警性：每个人看到火炉时都知道触碰它会被烫，管理机制也应有这样一个有效的机制，让员工为了避免受到惩处而自觉地遵守公司制度。

3. 彻底贯穿性：火炉并不是一个摆设，它会让人真实地感觉到烫伤的痛苦，管理制度亦然，必须得到彻底地执行和落实，虽然可能会引起员工一时的痛苦，但是短痛是为了避免长痛，制度若要发挥效力，就必须得到贯彻和实施。

热炉法则的四大惩处原则：

1. 警告性原则：热炉内部炭火熊熊燃烧，在没有用手触摸它时，人们也知道它是会烫伤人的。公司的规章制度好比火炉，触碰到了它的底线，也同样会被灼伤。领导者应经常对员工进行引导和教育，告诫员工不能触犯公司制度，并讲明惩处的方式。不要平时缄默不语，等员工违反制度后才把企业的规章制度摆在台面上，因为那样做显然不能让员工服气，在颁布规章制度后，应该让全体员工知道详细内容，并提前做出警告。

2. 验证性原则：用手去摸火炉的人当然会被灼伤。如果哪个员工对公司的规章制度明知故犯，以身试法，必然会得到惩处。

3. 即时性原则：触碰火炉会立即被烫伤。领导者在员工违规之后应立即对其惩处，绝不能秋后算账，以此达到立即纠正其错误行为的目的。

4. 公平性原则：任何人触碰到火炉，都会受伤。领导者不要给任何人留"暗门"，无论职务高低、无论资历深浅，所有员工都平等对待，无论谁违反规定都会受到相应的惩处。

准则 17. 一流企业用"法治"管人，二流企业用"人治"管人

许多领导者整天通宵达旦地工作却总是感觉时间不够用，其根本原因就是他们一直以来都是用人来管人，而不是用制度来管人。如果把企业比作一部庞大的机器，里面有无数的小部件，领导者的角色就是保证机器的正常运转，而不是自己亲自去操纵所有的部件。事必躬亲的领导者采用的是"人治"来管理企业，即凭借自己的主观意志和决断，这种管理模式当然也有优点，比如某些英明强干的领导者确实可以带领企业走向辉煌，然而辉煌的背后却潜藏着巨大的隐患。一旦独当一面的领导者卸任，企业的发展就会陷入困境，这当然不是领导者想要看到的，那么领导者该如何避免这种情况出现呢？

企业的命运如果只交到一个人手上，未来就会前途未卜，想要扭转辉煌过后便昙花一现的命运，就必须由"人治"走向"法治"。所谓的"人治"，指的是企业完全由一个人掌控，权力无限大，所有的重大决策皆由领导者做出，其管理理念和做事风格影响到企业的各个层面；"法治"指的是企业按照完善的制度来运行，这类企业同样有一位精明能干的领导者，但是他的权力受到制度的制约，他的错误可以在有效的机制内被纠正过来。

"人治"和"法治"的最大区别是，"人治"企业兴衰系于一人，这就好比古代的封建王朝，明君可以开辟盛世，而昏君则会毁掉千古基业，成

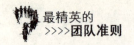
败都是取决于一个关键性人物；而"法治"企业，核心领导并非是决定企业成败的唯一因素，稳定可靠的制度才是企业兴旺发达的根基。从风险性来讲，"法治"明显要优越于"人治"。

有一家大中型规模的电子工厂，生产的产品畅销全国，效益节节攀升，但是在发展过程中却出现了严重的问题，企业虽然有着完善的规章制度，但老板常常凌驾于制度之上，他的个人意志成了比制度更奏效的最高准则，给企业的管理带来了很大的混乱。老板独断专行、刚愎自用，把决策大权牢牢掌握在自己手中，管理制度形同虚设。

虽然老板精明强干，但个人的智慧毕竟有限，有时也难免作出错误的决策，再加上他个性偏执，常常心血来潮地更换企业的高层管理人员，完全违背了企业的晋升制度，引起了员工们的强烈不满。该企业人员的流动率每年都超过30％，每到三月份，企业就进入了辞职高峰期，人才流失给企业带来了非常消极的影响。员工们期望企业能执行公开公平的绩效制度和晋升制度，而不是把所有的制度当成一纸空文，一切都由老板一个人拍板决定。希望落空以后，能力出众的员工纷纷另择良木，企业快速走下坡路，苦撑一年之后便破产了。

"人治"就像走钢丝的艺术，虽能为观众奉上精彩绝伦的表演，但是却步步惊险，即便表演者技巧娴熟、技艺达到炉火纯青的境界，也不能保证永远万无一失。而"法治"则好比企业的"保险绳"，可以通过科学的管理方式和完善的企业制度给公司带来长治久安。一流的企业用"法治"管人，二流的企业用"人治"管人，企业若想获得长足发展，需从"人治"过渡到"法治"，这当然不是一朝一夕可以实现的，从"人治"到"法治"的转变需要有一个过程，在这个过程当中，领导者要注意以下四方面的内容：

1. 建立科学合理的企业管理制度

企业管理制度是企业实施法治的基础，没有科学完善的管理制度，企业的管理仍会严重依赖重要领导的个人意志，法治根本无从谈起。企业在制定时，要结合企业自身的实际情况，还要适应外部的市场环境，日后要根据时代的发展和企业内外部环境的变化修正和完善企业制度，制度应体现企业的整体利益，而不是某个领导人的个人意志。

2. 促进决策工具信息化

"人治"企业缺乏科学有效的手段和工具促进内部流程的贯彻实施，使得管理层可根据个人意愿随意地对流程做出变更，员工工作不到位也会对内部流程造成扭曲。"法治"企业通常会运用信息化决策工具来固化和完善内部流程，一些大企业引进了 ERP（企业资源计划）来进行决策管理。企业从"人治"走向"法治"必须重视信息化系统的建设，为自己量身定做一套科学有效的制度，使管理走向标准化和信息化。

3. 设计高效的业务流程

企业业务流程重组时，会把之前随意性的业务模式固化，并依此制定公司的规章制度，确立企业的"法治"体系，领导者要对原有的业务流程加以完善，设计出最适合企业发展的高效业务流程，作为法治企业依据制度管理的可靠基础。

4. 全力支持规章制度的贯彻和实施

所有制度，只有被执行才能发挥其应有的效力。法治企业制度一定是落到实处的。制度和决策的变更都要根据企业自身情况而定，而不是骨干领导观念的偶然转变，领导者在企业的法制建设中应主动放弃部分权力，全面支持公司规章制度的实施，而不是自己命令的落实。

准则 18. 莫让制度变废纸，朝令夕改是大忌

有些企业永远是变化比计划快，刚刚出台一套制度，没过多久就把新鲜出炉的制度推翻，而后新制度层出不穷，但是往往都很短命。企业管理制度一日三变，领导者习惯了朝令夕改，员工被搞得头昏脑涨，不但跟不上节奏，还常常被是否该按现有制度办事而备感困惑，因为他们不知道公司现在的临时章程还有多久会被领导者再次扫进"垃圾桶"。

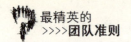
公司制度"新陈代谢"过于旺盛，免不了会伤元气，世界在变、时代在变，人们的观念也在变，公司制度做出适当的调整本来无可厚非，但是频繁变更显然没有必要。世上没有最完美的制度，只有最适合自身企业的制度，制度永远处于正在更新或是待更新的状态，就永远也得不到完全的落实和实施，如此一来，有制度等同于没制度，公司管理就会陷入极度的混乱之中。

企业是要持续经营和发展的，稳健的制度是维系企业正常运营的基石，朝令夕改无疑会动摇制度的稳定性，破坏政策实施的连续性，进而失去了对员工的引导功能，员工面对着高度的不确定性，常常会感到无所适从，正常工作也会因此受到干扰。朝令夕改会弱化制度的效力，还会使企业的信誉破产，员工很难信任一个经常变卦的领导者，也不可能乐于追随和拥护这样的领导，甚至会对企业产生不满。

赵航在一家中型企业上班，公司共有员工两百多人，年销售额约三亿元，公司成立已有九年，但是还是没有建立起严谨有序的管理制度。公司在管理上一片混乱，总经理根据自己的心情出台各种制度，今天心血来潮制定一套规章制度，明天就予以否定，或者又出台了新的制度。员工感到无所适从，常常不清楚该按哪套制度来执行工作才合适。

总经理素以善变出名，新政策层出不穷，每套政策执行的时间都不长，员工的工作断断续续，执行起来困难重重，关于产品优惠政策也总是变来变去，为此公司失去了很多客户。赵航好不容易约见了一名重要客户，马上就到了签单环节，但是当他向客户解释公司的政策有变时，客户感到既意外又生气，结果订单没签成，他还被客户狠狠地骂了一顿。

更让赵航感到不满的是公司的考核制度也总处于变化之中，起初总经理说员工的奖金与绩效挂钩，只要能完成目标任务的员工都可获得2000元的奖励。但是到了最终考核阶段，总经理又说2000元的奖金要发给评比优胜的团队，一个团队奖金总额2000元，平均下来大家都得不到太多的奖金。有的员工认为聊胜于无，仍打算继续在公司奋斗，不少员工当月就离开了公司。公司员工频繁流动，赵航也觉得留在这样的公司里没有什么前途，也产生了辞职的念头。

朝令夕改会生出很多恶果，不但影响整个团队的执行力，还会影响到团队成员的稳定性，那么领导者在日常管理中如何避免朝令夕改呢？

1. 确保政策和制度的准确性和前瞻性

如果公司制定的各项政策和制度具有前瞻性，就没有必要在环境突然发生变化时匆忙修改了，倘若政策和制度较为完善和准确，当然也不需要反复修正。领导者减少政策和制度变更的有效方式是，在它们出台前，就做好充分的准备，使其符合公司未来发展的需要。

2. 让广大员工参与制度的制定和建设

公司制度应当符合员工的期望，不被广大员工支持的制度执行起来会遇到重重阻力，而且那样的制度对整个团队的建设几乎没有一点益处，理应被完全抛弃。领导者在制定公司制度时，应向各部门的员工广泛征求意见，将团队成员的要求和建议档案化，并依此作为公司制度的重要参考依据。如此一来就可以有效避免新制度出台后因不被员工接受而被迫做出修改，利用民主方式制定出台的制度通常情况下都会受到员工的拥护，这样的制度完全可以避免"短命"的命运。

3. 制度出台的程序要合乎规范，不能仓促出台

制度频繁变更的根本原因主要在于其本身漏洞百出，由于不能对企业起到规范和指导作用，领导者只好不断地对其进行查漏补缺，这都是因为制度仓促出台造成的。领导者在出台制度时，一定要保证其程序规范化，而不能仅凭自己灵光乍现就把各项不完善的制度搬上台面。

4. 要确保制度的连续性和稳定性

完整全面的制度建立起来之后，就不能频繁改动，任何一个企业如果脱离了可长期执行的稳定制度就会变成一盘散沙，制度是企业稳固的根基，不能被随心所欲地频繁推翻，企业存在的各种问题都需要靠制度来解决，制度不稳，一切的工作都会成为一团理不清的乱麻，因此作为团队领导者一定要给予制度建设足够的重视，确保制度的连续性和稳定性。

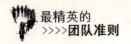

准则 19. 双管齐下，实现有效的监督管理

　　惰性是人性中的一部分，领导者若想让团队中的所有成员都十分自觉地勤奋工作，完全靠自我意志来约束自己的行为是很困难的。我们都不是圣人，既有美好光明的一面，也受各种不良动机的影响，靠道德和信任的力量来管理员工显然是不现实的，那么领导者应采用什么手段来保证员工按企业的意志来行事呢？

　　管理的主体是人，客体也是人，人性是微妙和复杂的，但是制度却是简单、直接和明了的，领导者想要调整好员工的工作状态，就要良好地运用企业的监督考核机制，通过调动员工的工作热情来提升团队的整体业绩。

　　肯德基连锁快餐店遍及全球六十多个国家和地区，公司是如何保证各大分店的员工循规蹈矩的呢？我们从上海肯德基的监督管理方式就能找到满意的答案。国际公司有一次向上海肯德基公司寄出了三份鉴定书，表示会对其外滩餐厅的工作质量进行三次严格的鉴定评分。这分数又是怎么得来的呢？总公司远在大洋彼岸，难道是有一双无形的手来遥控外滩的评分工作？显然不是的。

　　肯德基国际公司为了让监督考核工作客观地反映员工的工作状况，专门培训了一批工作人员，然后把他们派往不同地域的各大分店，佯装成普通顾客光顾餐厅，这些"神秘顾客"会随时潜进餐厅，对餐厅的雇员进行悄无声息的考核。雇员们为此压力倍增，工作时间不敢有丝毫懈怠，生怕自己表现不佳被当场发现。肯德基就是通过这种实地考察的管理方式，对所有分店的员工进行有效地监督，极大地提高了雇员们的工作效率。

　　有效的监督确实可以促使员工更加卖力地工作，提高领导者的管理水平，并提升整个团队的工作效率和效益。监督是考核的前序工作，监督的结果是考核的依据，运作良好的监督考核制度，是领导者的指挥棒，可使其自如地调控政策，让优胜者得到实惠，令不称职者在压力下奋起直追，迅速调整自己的工作状态，提升自身的业务能力。

企业管理离不开监督，但是绝大多数人都反感被监督，因为被监督意味着自己被管束，一方面自由受到了一定的限制，另一方面因为自己没有得到上级的信任，员工在情感上或多或少地会感到受伤，那么作为团队的领导者，该如何把握监督的尺寸，在不严重伤害员工感情的前提下，对其进行有效地监督呢？

1. 消除员工对监督的恐惧和抵触心理

要让全体员工明白企业监督他们的工作并不是有意为难他们，而是为了充分了解他们当前的工作状况，从而为考核提供必要的基础。监督对他们来讲并不完全是坏事，因为如果他们表现出众，日后就有可能得到加薪和升迁，就算监督考核的结果不尽人意，他们也可以根据反馈信息来充分了解自己在工作中的不足，对于自己日后提升工作水平也是有好处的。因此健康合理的监督考核制度完全可以使企业和员工达成"双赢"，双方不再是简单的监督与被监督、控制与被控制的关系，员工的排斥心理也会减弱。

2. 开展监督考核工作时，尽量把工作标准量化，统一考核指标

监督考核的目的是为了激励员工更加努力地投身于工作，领导者在确立监督考核体系时，标准最好保持高度一致，这样才能统一规范，给予员工公平感。在开展监督考核工作中，尽量要把工作标准量化，定性评定的工作标准也最好提出统一的要求。

3. 考核后及时和员工进行沟通

要对表现突出的员工给予充分具体的肯定，对于表现不足的员工及时提出改进的建议，以此促进团队成员工作热情的提升和工作质量的提高。监督考核机制应该发挥正面作用，使优秀者更加优秀，使落后者向优秀者学习，令整个团队形成良好的工作风气，这些都有赖于团队领导者的沟通工作，领导者要让员工充分理解监督考核的意义，促进他们自觉地达到企

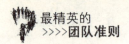
业的要求和期望。

4. 运用"走动式管理"的方式对员工进行监督考核

监督考核不实多半原因是因为领导者不了解实际情况，被某些不诚实的员工在利益的驱使下钻了空子，有的领导者喜欢坐在办公室里发号施令，当然不可能客观了解一线员工工作的具体情况，领导经常到基层走动，可以有效加强管理层和基层的联系，促使一线员工更加认真努力地工作，还能让员工产生一种被企业重视的感觉，增强其在企业中的存在感，从而调动起工作的积极性。这种方法既能保证考核结果的准确性和客观性，又能对员工产生积极的影响，因此不失为一种十分有效的监督考核方式。

5. 定期监督考核和不定期监督考核联合运用

定期监督考核是为了带给员工一定的稳定感，但是这种考核方式存在着一个极大的弊端，负责监督考核的员工可能会事先通知被监督一方，使其蒙蔽领导者，造成考核结果的失真。在工作中，我们经常看到这样一种现象，很多员工在领导亲临现场检查工作时，就表现得分外殷勤，领导不在时则判若两人，工作一点都不积极主动。员工如果事先得到了即将被监督考核的信号，就会为了应付检查而卖力表现，检查风头一过又会恢复原样，这样的考核显然完全失去了效力。

领导者了解企业实况最有效直接的办法就是出其不意地检查员工的工作，不要给他们任何准备的时间，因为只有在这样的状态下，他们呈现的才是最真实的状态，一般而言，突袭时检查比有备而来的检查更有效。

准则 20. 用绩效的"杠杆"撬起员工的主观能动性

国内大部分企业都不温不火地执行着绩效管理工作，然而在很多企业绩效管理都没有引起领导者的重视，绩效管理在众多的管理活动中长期处于被忽略的地位，不少领导者只是在月末、季末和年末时才想起利用绩效管理的手段来进行工资调整和人员整合，操控过程过于敷衍和形式化，根本没有起到良好的管理效果。许多企业的领导者都认可绩效管理的作用，但实施起来却总是差强人意，致使绩效管理制度成为食之无味、弃之可惜的鸡肋，这是什么原因造成的呢？是领导者支持力度不够，还是执行人执行力不强？

除了以上原因之外，还有一个重要原因便是领导者对于绩效管理的认可度不高，他们只把绩效管理简单地视作把员工划分层次和等级的工具，而没有将其当成一种行之有效的管理工具。由于长期忽略绩效管理的价值，领导者往往对它的烦琐程序感到不耐烦，不愿意从百忙之中抽出时间来参与绩效管理制度建设的工作，只要求下属填写绩效表格便应付了事，更无心对员工进行绩效沟通工作。因此绩效管理制度被简化成了表格，其执行过程从未受到应有的关注。

有一家制造型股份制企业，于 2000 年引入绩效工资的概念，对公司内的全体员工进行绩效考核，建立起了一套绩效管理制度，考核的主要方式就是由人力资源部下发给部门经理考核表格和一份正式的绩效考核通知，要求经理们填好表格后将其及时送交人力资源部。

一系列工作完成以后，人力资源经理按照惯例向总经理汇报工作，表示经理们已把表格填写完毕，近期调整工资可以把表格数据当成依据。总经理便会问道："评分情况怎样？考核公平吗？名次排好了吗？"人力资源部经理通常会回答说："还算公平吧，名次已经排完了。"总经理点点头，说："那就依据绩效考核的结果调整工资吧，注意工资一定要拉开差距。"

这家企业的绩效考核表的内容三年如一日，几乎没有做出任何实质性的改变。企业在向前发展，绩效考核的管理工作本该得到同步改善，可是整整三年，绩效管理仍止步不前，是人力资源经理工作失职吗？事情当然没有那么简单。人力资源经理其实曾向总经理提出过改善工作的意见，指出职位分析对于绩效管理至关重要，公司的岗位描述有些模糊，需要进一步丰富和精确，而且事先做好了职位分析方案请总经理过目。总经理却嫌

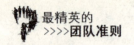

方案太烦琐了，要免去职位调查工作，仅让部门经理填写职位说明书的表格。

后来人力资源部经理用业余时间学到了不少有关绩效管理的知识，把做好的全新方案交给总经理过目，总经理看了几眼就说，方案做得很好，但是执行起来太麻烦了，部门经理没有那么多时间按照方案的要求去参与绩效管理的工作，后来就让人力资源部经理设计一个简单的表格发放给部门经理，部门经理只要在表格上打上分数，签好字就可以了。如此一来部门经理确实省了不少麻烦事，但是绩效管理工作却演变成了一种空洞的形式，其公平性和有效性必然大受影响。

企业的绩效管理工作长期停留在一个较低的水平，主要和领导者对于绩效管理工作的态度有关，如果领导者一心认为其他工作都比绩效管理工作重要，当然就不愿意让下属腾出更多的时间来参与绩效管理制度的建设和完善工作，自己时间不充裕、下属太忙、公司有更重要的事需要处理，这些都只是借口而已，这些看似说服力十足的借口反映的却是领导者对于绩效管理工作的漠不关心，无论这项工作对企业意味着什么，但是对员工和团队而言却意义重大，因为它直接与员工的利益相捆绑，决定着员工的薪资水平。

绩效管理制度不健全，绩效管理工作做不到位，无疑会对员工工作的积极性造成打击，绩效考核不合理也会给整个团队带来长期和深远的不利影响，毕竟每一位员工都是构成团队的细胞，员工对绩效考核的结果不满意，必然影响团队的运作。绩效管理是撬起员工主观能动性的杠杆，领导者提升团队整体业绩的最为有效的方法就是发挥绩效的杠杆作用，提升自身的管理水平，以此增强员工的工作热情，那么，具体应该怎么做呢？

1. 拥有开放的心态

所谓开放的心态，指的是领导者应认可和接受绩效管理，不要因为健全的绩效管理制度太过烦琐而产生排斥心理，总想化繁为简，导致绩效管理方案走样。绩效管理对于一个企业的长足发展是很重要的，领导者即使工作繁忙，也要抽出时间来学习一下绩效管理的方法和技巧。

2. 给予人力资源部宽裕的时间

当领导者发现公司的绩效考核存在问题时，便会安排人力资源部在下个月考核之前就修正完毕，人力资源部不可能在那么短的时间里设计出完美的考核工具，只能仓促地修补一下原有的考核表格，结果绩效管理就会流于形式，根本没有什么实质性的改变。因此领导者应给予人力资源部充裕的时间去完善绩效考核工作，只有这样他们才能把这项工作做到位，保证考核结果的科学性和公平性。

3. 建立三级评估体系

由总经理、人力资源部经理和外聘的顾问共同组成绩效评估委员会，员工对自己的绩效进行自我考核，并受直属领导的评估和考核，同时受到绩效评估委员会的监督和审核，整个考核过程员工和上级之间要保持沟通，双方相互交换意见，这样可有效保证评估结果的公正性。如果直属领导对员工的评估结果有失公平，绩效评估委员会可及时纠正其中的偏差。

4. 建立绩效评估投诉制度

绩效评估委员会应听取各部门管理者的评估意见，如部门经理或主管对员工的打分存在偏差，员工对考核结果有异议，员工可直接向绩效评估委员会投诉，绩效评估委员会对其进行调节和仲裁，保障评估结果的客观性和公正性。

准则 21. 企业管理有三宝：制度、流程和文化

在新时代的经济环境下，商业竞争已不再只局限于市场竞争，企业单凭占领市场来获得超额利润的时代已然成为过去，市场是变幻莫测的，企业只有自身发展壮大才能增强应对风险的能力。很多领导者都在忙于治理企业，那么究竟如何治理才能让企业永远立于不败之地呢？

企业的良性发展离不开好的制度、完善的流程以及健康的企业文化。

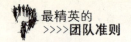

企业管理应该形成"制度管事、流程管人、文化管魂"三位一体的管理机制，这种彼此促进的"铁三角"模式有助于推动企业不断向上发展。

制度是企业立的规矩，可以明确阐明公司的各项规定，规范各种事项；流程是一种执行的秩序，其过程完全是在企业的各种规定范围内进行的，对员工起到约束作用；而企业文化则是企业的精髓，是企业在经营活动和管理实践中创造出的具有自身特色的宝贵精神财富。制度和流程是企业的硬件，没有它们企业无法正常运转，文化是企业的软件，索尼公司的创始人之一盛田昭夫认为索尼的成功归功于索尼独到的企业文化，蒙牛从创立以后，在短短六年时间内就使自身的品牌价值增值到60亿元，这和蒙牛先进的企业文化是分不开的。

制度、流程、文化是现代企业管理的三宝，三者是相辅相成的关系。制度告诉员工什么事情该做、什么事情不该做，其实每个制度的背后都能体现企业所倡导的精神和态度，它属于一种刚性的文化。例如麦当劳要求员工玻璃要擦七遍，体现的是公司为顾客提供整洁环境的决心，提倡的是顾客至上的文化。流程是制度执行和实施的过程，它是执行力向下灌输的一种工具，告诉员工具体的操作方法。制度、流程和文化只有联合起来运用才能有效提升企业的核心竞争力。

有一家公司奉行制度、流程和文化三管齐下的管理模式，根据公司的文化理念，建立了以人为本的企业管理制度，激发了员工积极主动工作的热情，还利用培训、报纸、广播等宣传形式把公司的规章制度灌输到员工的脑海里，在公司内树立了"制度高于人"的文化思想，无论是高层领导还是普通员工都必须严格遵守公司的规章制度。

公司在设计流程的过程中，积极转变思想，采用创新模式，倡导管理精细化和规范化，依据不同员工的工作职务编写岗位说明书，制作工作流程图，说明书和流程图引导员工按章办事，使员工在执行工作过程中加深对企业管理制度和企业文化的理解。

制度、流程和文化相互促进，大大提升了企业的竞争力，提高了企业管理的水平，也促成了企业的跨越式发展。

制度再周全也不是万能的，需要文化来辅佐，但是文化管理并不能代替制度管理，人的价值取向不可能完全趋于一致，不同个体仅仅依赖于文化的约束就达成步调一致显然是不现实的，事实上，没有制度，即便人的思想达到大一统的状态，在行动上也难以协调一致。流程管理依托于制度建设，也能体现企业文化的精髓，制度建设和企业文化理念保持高度的统一性，流程管理工作也会有较大的改进。三者之间相互依存，其共同促进的基础就是企业制度和文化理念的统一，那么作为领导者应如何使公司制度和企业文化相融合呢？

1. 在制度落实过程中要体现企业文化的理念

健全企业制度的过程中，要通过落实的制度把企业大力倡导的核心价值观体现出来，使企业制度和企业文化高度契合，将企业文化理念贯彻到现行制度当中。

2. 经常检查企业制度，修正或废弃与企业文化不相符的内容

有时企业制度和企业文化会出现相悖的情况，领导者应该以企业文化理念为基准，经常检查企业制度是否有背离企业文化的内容，及时对相关制度进行调整或处理，修正或者直接废弃相关内容。

3. 让员工了解他们在制度制定过程中的角色

员工的利益和企业的利益是息息相关的，企业获得了更多的收益，员工才有机会得到更多的报酬，企业的成功是个人成功的基础。领导者应引导员工了解他们在企业制度制定中的角色要求，向其阐明他们所应发挥的作用。

如果企业的文化理念发生了变化，制度也会随之改变，有些员工有可能为了维护自己的利益按照旧章法办事，使得公司制度在执行方面背离了企业当前的文化理念，这时领导者所要做的就是说服员工认清自己在制度变革中所扮演的角色，力图让他们从企业利益的角度考虑拥护新制度，促成变革后的制度与新的企业文化相统一。

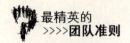
4. 加强宣传和沟通，让员工更加深入地了解公司制度和企业文化

领导者可经常在会议上向员工灌输公司制度和企业文化理念，还可通过印发企业专刊等方式来加大宣传力度，把公司的各项规章制度和企业文化精髓深植于每位员工的内心，从而推动制度和企业文化的融合。

第三章

用真心换忠诚，管人就是管心
——高效管理从心开始

　　纵观我国的管理思想，历来都非常重视心理的作用，比如《管子·心术篇》提出过"心安是国安"，"心治是国治也"的观念；《诗经》有"他人有心，余忖度之"的说法；兵家则有"攻心为上，攻城次之"的策略，强调的都是在心理上征服别人。在现代企业的管理活动中，人的心理因素仍是不可小觑的，赢得人心才能实现高效管理，领导者应该从人的心理需求出发，最大限度地调动起员工工作的积极性，用真心换取员工的忠心和一腔热血，让员工心甘情愿地为企业创造效益。

　　管心是管人的最高境界，与其强迫员工被动地服从自己的命令，不如用将心比心的方式来影响他们的工作状态，让他们从内心深处对企业产生依赖感和归属感，发自真心地热爱自己的团队和企业，自觉自愿地服从管理。

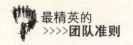
准则 22. 将"合作"文化植入团队内部

管理不善的团队，最为缺乏的就是合作精神，员工在工作中都喜欢各行其是，很少从合作的角度来考虑问题，遇到难题也不愿意齐心协力地解决，反而互相推诿，指责别人，这样的团队散漫不堪，战斗打响必然溃不成军。那么作为团队的领导者该怎么凝聚人心呢？

领导者要解决这一难题，必须将"合作"文化植入团队内部，使团队中的每位成员学会运用合作思维思考问题，有了团队协作的精神，整个团队才有可能抱成团，由一个低效涣散的平庸团队蜕变成一个高效合作的精英团队。合作文化是促进团队发展最为重要的一个因素，《财富》杂志列出的世界 500 强巨头企业之中，三分之一以上的企业都将"团队协作"视为企业的核心价值观，由此可见成功的企业对团队合作文化是何等重视。

如果把企业誉为一个鲜活的生命体，那么企业文化就是企业的意识和灵魂，没有优秀的企业文化，企业就如同行尸走肉。管理学大师约翰·科特说："只要你是成功者，你就会有一种企业文化，不管你是否想要。而没有企业文化的，只能是那些长期以来不断失败的而且继续失败的公司。"有了企业文化，并不意味着企业就有了强大的生命力，虽然每个公司都有属于自身特色的核心文化，但是绝不能忽略合作文化的建设，因为它是赢得人心的最有效的手段之一。

阿里巴巴在创业阶段，历经艰难，几经周折，屡次陷入困境，马云带领的团队成员却一直坚守在自己的岗位上，始终不畏艰险、勇往直前，为了实现目标而齐心奋斗，核心成员没有一人选择弃团队和公司而去，这的确是一支打不垮、挖不走的团队。

合作文化是阿里巴巴企业文化之中最为关键的组成部分，主要内容有：共享共担，团队成员之间互相分享经验和知识，互相学习和取长补短；认真听取他人意见，并乐于发表自己的意见；在工作中，群策群力，不只去做职责内的工作，只要符合团队的需要绝不推脱职责外的工作；有主人翁意识，积极促进团队建设。阿里巴巴就是不遗余力地推行团队合作的文化，创建了一个没有抱怨和纷争、互相理解和尊重、团结友爱的团队。

阿里巴巴为每一位刚入职的新人提供"百年阿里"培训，在为期两周的培训中，员工对公司的历史和现状有了深入的了解，公司着重向员工宣扬企业的核心价值观，并把团队合作的文化植入到了每一位员工的心中。团队合作是阿里巴巴打完一场又一场漂亮仗，最终走向成功的秘诀，马云一直致力于和谐团队的建设，他曾在博客中写道："多少年来，我看到无数中国公司里充斥着抱怨、矛盾、斗争……我就有个梦想：把阿里的团队变成不是抱怨而是行动、不是悲观而是乐观、充满关心理解尊重的团队！！所以我们提出了价值观！我们坚信做事先做人的原则！我们团队精神的真正含义是我们一起去学习去成长！我们尊重理解支持爱护我们的队友！我们做好自己工作的同时尽自己最大的努力去帮助我们的队友！"

团队的文化理念和核心价值观能否被所有员工认可和接受，关系到整个团队未来的走向。美国管理学家彼得斯曾一针见血地指出，企业能否成功主要取决于员工是否理解、接受和执行企业价值观。通常情况下，如果员工的个人价值观和企业文化存在较大冲突，员工配合度就比较差，互相之间协同合作的可能性也很小，内部分歧和矛盾丛生，在执行工作的过程中也更易发生争执；如果员工普遍认可企业文化，尤其尊重合作文化，那么就较容易达成共识，也易于结盟为一支锐不可当的队伍，促成团队目标的实现。

领导者在培养员工合作意识时，一定要协调好团队价值观和员工个人价值观的关系，将两者之间的冲突降到最低，建设起广受员工认可的企业文化，具体可从以下几个方面入手：

1. 将企业文化固定下来

优秀的企业文化固化以后，才能得到传承和发扬光大，它不能因为管理层人员的变动而荒废，企业文化不能只在口头上传颂，应该予以书面化，成为指导员工行为的一种准则，企业文化手册、文化展厅、文化墙都可以成为一种固化和传播合作文化的载体，使员工深刻理解合作精神的重

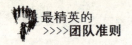
要性，在日常工作中自觉运用合作思维思考问题，在行动上积极配合团队成员的工作。

2. 不断向员工灌输企业的核心理念，潜移默化地影响员工的意识

很多企业通过让员工高喊口号和唱歌跳舞的形式来反复向其灌输企业文化的理念，这种反复演绎的方式好比电视里频繁播放的广告，虽能起到一定的传播作用，但却让人从心底里产生反感的情绪。领导者向员工灌输企业理念和合作文化时一定要讲究方法，最好不要强迫员工被动地接受，而要选用经典的小故事、巧妙的比喻、妙语连珠的警句来讲明公司的文化理念，让每位员工主动快乐地接受文化理念的思想精华，潜移默化地影响他们的思维意识。

3. 要让员工感到自己的利益和团队的利益是一致的

如果员工都把自己看成独立的个体，而不把自己当成团队中的成员，就会理所当然地认为个人利益和团队利益完全是脱节的，这样的团队人心不齐，必然会是一个失败的团队。有的员工为了追逐个人利益而热衷于内部竞争，不肯和其他成员合作，团队向心力不足，当然不可能获得成功。

领导者只有引导员工看清个人利益和团队利益之间的联系，才能让员工把团队的事当成自己的事，把同事当成合作伙伴而不是竞争对手，团队合作精神才会有生存的土壤。日本企业非常重视团队合作文化的建设，公司要求员工摒弃个人主义，把每位团队成员视作伙伴，因此日本的雇员一直众志成城地为了实现企业的目标而卖力工作，每日要等到处理完当天的工作才肯下班。团队领导者要让每一个员工感觉到他们不仅仅是企业的雇员，而是大家庭中的一分子，团队得利，每个人都会有更好的发展，以此来增强集体的向心力。

4. 要让员工和团队共同进步和发展

领导者不能只关心团队的发展，对员工却毫不关心，只把他们当成实现团队目标的工具。领导者想要让所有员工都上下同心，就必须关注员工的前途和长远发展。团队成长壮大了，就应当与员工共同分享成果，并为他们提供职业晋升的台阶。团队目标实现后，领导者应制定收益分享计

划，给予团队成员一定的奖励，将个人奖励和团队奖励结合起来，在奖励优秀个体后，给予整个团队奖励，以此增强团队成员的集体意识，在一定程度上削减内耗和不良竞争。

准则 23. 招人才不如留人才，留人才不如造人才

我们常听到不少领导者抱怨：公司的优秀员工不顾自己的盛情挽留，毅然决然地辞职了，公司花高价聘来的人才纷纷跳槽了，有潜质的员工也翩然离去。一些领导者提到人才的流失就感到痛心，慨叹如今招人才难、留人才更难。每年的二三月份，正是人才跳槽的高峰期，领导们都很担心公司里的骨干产生另觅良枝的念头。

员工纷纷离开公司，必然有十足的理由，并不是每个员工都喜欢频繁更换工作，如果真找到了适合自己栖落的梧桐树，谁又愿意抛弃稳定的生活，频频更换效力的公司呢？人才的出走多半是因为企业不适合自己长期发展，换言之就是企业不够惜才、爱才和重视人才，尤其不注重对人才的培养，抛弃公司成了他们唯一的出路。

国外很多优秀的公司核心人员大都是自己尽心培养起来的，外聘人才的数量非常少，而我国的企业却倾向于从外部招兵买马，内部人才得不到重用，前途无望，所以只能黯然离去。企业为什么不愿意从内部培养人才呢？无非是因为很多领导者认为培养人才所要花费的时间过长，成本太高以及担心培养出来的人才留不住，致使企业为竞争对手做了嫁衣。

表面上看来这些担心是非常有道理的，然而事实却并非如此，从外部招聘的人才同样需要投入人力、时间、经费等成本，而且支付的工资通常高于内部员工，外聘的员工稳定性不如公司员工，由于外聘人才辞职，企业同一个岗位连续外聘好几个员工，其综合成本远远高于对内部员工的培养。一般而言，在一个公司工作多年的老员工，对企业文化已然十分熟悉和认同，对企业或多或少地都产生了感情，如果不是对企业过于失望，通

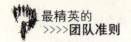
常情况下是不愿意离开公司的。综合各种因素来看，招人才不如留人才，而留人才比不上从内部培养人才。

宝洁公司的用人策略便是内部培养，为了造出能为企业所用的人才，公司不惜血本，从不计较培育人才所要耗费的费用。如果中国区总监一职职位有空缺，宝洁首先想到的是从在华副总监中找到合适的人选，假如没有觅到合适的人才，便会从其他区域的分公司调入一个总监。

宝洁公司十分注重技术研发和人才培养，迄今已在世界范围内建立了20个大型技术研究中心，在职工作的拥有博士及以上学位的高级科研人员多达7500名。很多公司热衷于从外部引进人才，宝洁公司奉行的却是以内部培养为主、外部引进为辅的人才策略，对于内部员工，公司会对其进行有计划地系统培养，在短期看，这种育才计划比从外部招聘人才付出的代价要大，因为培养成本是相当高的，但是从长远来看，这些成本都可以成为有益的投资，比从外部招聘人才更为划算。

随着外聘人才成本不断增长，越来越多的企业开始把眼光投放到了内部培养人才上，将来企业在内部造才将成为社会的一种主流趋势，除了考虑成本因素外，内部员工在对企业文化和制度的熟悉度、认可度以及对企业的忠诚度方面都明显优于外部人才，领导者打造精英团队，解决缺才问题未必一定要依赖于外部环境，通过完善企业内部的培训体系，实现造才计划，完全可以满足企业的用才需求。那么，领导者该如何培养内部人才呢？

1. 重点培养高潜质人才

企业之间的竞争归根结底是人才的竞争，可见人才对于一个企业综合实力的重要性。企业的长足发展离不开一批高素养的智慧型人才的支持，这些人才具有很大的发展潜质，能为企业的发展做出卓越的贡献，所以理应成为企业首要培养的对象。领导者在培育高潜质人才时，不但要重视对其能力的锻炼和专业技能和知识的培养，还要着力于核心理念的教育，使其深入理解公司的理念，符合企业发展所需。公司的优秀管理人员、技术骨干和业绩突出的营销人员是企业发展的支柱，应列于重点人才培养计划。

2. 通过在职深造的方式培养人才

领导者应在企业内部建立起完善的培训体系，对在职员工进行专业系统的培训，授予其相关的专业知识和经验，鼓励员工考取岗位所需的职业资格证书，提升自身的业务水平和工作技能。员工如果有了这样一个平台，就能学到很多有益的东西和过硬的本领，日后能更好地服务于企业。

3. 做好人才储备工作

领导者应该有计划地做好人才的储备工作，以便他们随时接替重要岗位的工作人员，不要等到核心员工离职后，才四处寻觅接替人选。适时地储备人才，一方面可以保障公司的良性有序运转，不会因为骨干人才的辞职而瘫痪；另一方面，可以增强内部员工的自信心，提升他们为企业服务的能力，使其随时准备担任更重要的职务。

4. 总部统一培训人才

对于规模较大的企业而言，如果员工能够得到总部的垂青，参加统一培训，自然会感到自己非常受重视，对企业的忠诚度也会相应提高，离职率会有所降低。总部培训既会为企业选拔出更符合企业要求的人才，又会增强分部员工的自豪感，同时又对统一管理扫清了障碍，可谓是一举三得。

5. 给员工提供海外深造的机会

对于一些跨国企业或者有涉外业务的企业抑或其他有实力花更高的成本培养人才的企业，可以考虑派员工到海外深造，这样做既可以开阔员工的视野，使其吸收国际上先进的理念和知识，又能使其更好地为自己所用，虽然花费的成本较高，但是将来获得的收益却是不可限量的。

准则 24. "立威"的前提是让人"信服"

领导者长期与员工共事，员工就会摸透他的脾气和秉性，同时认清了他能力的局限性，然后就会有部分人感到不服，致使领导者威信受损。试想一下，如果领导者发号施令，员工都不愿意听从，团队还怎么管理？

一个正常的团队必然是以领导者为核心的，员工就像是紧密团结在领

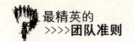
导者周围的士兵，员工信服领导者，才能凝聚团队的力量，促使团队的效益更上一层楼。可是成为一名令人信服的领导者并不是那么容易的事。有的领导者使出了浑身解数也没能达到立威的效果，这是为什么呢？

有这样一则寓言故事：一只小老鼠有一次爬到了佛像头顶上，发现人们纷纷向自己跪拜，小老鼠立即得意忘形，认为自己俨然成了至尊神明。它正喜滋滋地享受着众人参拜的快乐，忽然一只野猫猛扑过来，扬言要把它当美餐。小老鼠镇定自若地说："你不能吃我。"野猫觉得很奇怪，便问其缘由。小老鼠回答说："我不同于其他的老鼠，而是人人敬仰的神明，你难道没看见人们在向我跪拜吗？"野猫听罢，忍不住冷笑起来："人们跪拜，不是因为你，而是因为你所处的位置。"

这则寓言告诉我们权力与地位并不代表威望，领导者处于较高的职位上，具有一定的权威，但是如果不能让员工心甘情愿地认同自己，那么仍是没有能力把团队管理好。与其说管理管的是人，不如说管的是人心。管理人心比管束人的行为难度更大，但是意识决定行为，管不住人心便控制不了员工的行为。很多管理者是迷信强权的，以驯化野生动物的法则来驯化人，认为无情的鞭策和残酷的高压手段是让员工顺服自己的法宝，结果威信没立起来，却让自己恶名远扬，成为员工惧怕但又无比厌恶的公敌。

哈佛商学院教授约翰·科特说："管理者试图控制事物，甚至控制人，但领导人却努力解放人与能量。"这句话道出了一个道理：领导并不等同于控制人和建立秩序，领导者的工作应当是鼓舞人和解放人，并使其释放出最大的能量。很多领导人都没有领会这个极为朴素和简单的道理，总试图用强权或者各种技巧手段来立威，却从未考虑过让员工从心底里信服自己。

北风和南风比试威力，谁要是能把行人身上的大衣脱掉谁就是优胜者。北风无比自信，凄厉地呼啸着，用凛冽的寒风吹向过往的行人，行人冷得牙齿打战，把大衣裹得更紧了。南风则要柔和得多，它不像北风那么暴戾，徐徐地吹拂着行人的脸面，人们立时感到全身暖融融的，有了一种大地回春的错觉，于是纷纷脱掉了厚厚的大衣，结果南风取得了胜利。

这则寓言说明温暖的力量远远胜过刺骨的严寒，领导者运用"南风"

法则，让员工从内心里感到温暖，才能达到令人信服的目的。在现代企业管理中，领导者想要在员工心目中树立威望，让员工信服并听从自己，必须摒弃强硬的"北风"法则，而奉行人性化的"南风"法则，那么具体要怎么做呢？

1. 通过心系员工、共谋福祉的方式获得员工的拥戴

个人需求以及行为动机是员工工作的第一动力，领导者想要让员工真心信服自己，就必须满足员工的需求，否则即使能力再卓越，也不能引起员工的共鸣。团队领导者要心系员工，懂得为全体成员共谋福利，才能使员工自愿配合自己的工作。

2. 以"能"立威，要有货真价实的领导力

能力出众的领导者自然更容易令员工信服，领导者威信的高低与其能力的强弱关系密切，能力超强的领导者更易使团队中的每个成员佩服和服从，而能力不佳的领导者无论怎么乱施淫威，也不能让员工真正服气，因此领导者立威必须让自己具有货真价实的领导力，不要去搞任何形式主义，而要用自身的实力说话，向团队成员证明自己，如此才能让团队内部上下信服。

3. 要以"和"立威，以情带兵

威信来自于人心，领导者立威是要收服人心而不是征服人心，对员工施用政策时不能过于刚猛，而应采取怀柔手段，和下级和睦相处，以情带兵而不是以令带兵，使员工真心敬服自己。

4. 以"信"立威，要获得员工的支持和信赖

"威"和"信"是紧密相连的，领导者的威望是众人树立起来的，广受大家信任和支持的领导者才能获得威望，所以从某种意义上说"威"从"信"来，足够威严但是却不可信的领导者，只能逞一时威风，"威"是不可能长久的。盛气凌人的领导者通常在员工心目中没有威信，真正有威信的领导者往往是平和和可信赖的。

5. 要相信众人和依靠众人

领导者和员工的关系其实就是舟与水的关系，正所谓"水能载舟，也

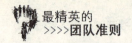
能覆舟"，领导者即使权威再大，如果没有众人的支持，权力也会被架空，作为团队的领导者应该明白，只有相信广大员工、依靠广大员工，自己的威信才能树立起来，工作才能得以正常开展。

6. 要为员工多办实事

领导者要多多关心员工，努力为员工多办些实事，帮助他们解决工作和生活中的困难，不要说空话大话，而要以实际行动让员工切实感受到你的真心和真情，以此确立令人信服的领导威信。

准则 25. 管理先"治心"

很多领导者对员工的评价是：不好管理，缺乏吃苦耐劳的品质，偷懒耍滑，没有责任意识和敬业精神，好高骛远，忠诚度低，留不住。而员工对领导者的普遍评价则是：太过刻薄，无论什么事情都要求按照他的标准和方法去做，没有容人之度，听不进员工的建议，不懂管理之道，总用强权来干涉员工的工作。双方都在发牢骚，员工满腹怨气，领导焦头烂额，造成这种局面的原因是什么呢？其实是人心出了问题。

员工工作懈怠在很大程度上是由于对公司和领导者不满引起的，想要消除员工工作态度不端正的弊病必须从"治心"开始。人心是变化多端、难以揣测的，谁若能成功掌控人心和引导人心，谁就能成为出类拔萃的领导者，打造出一支坚不可摧的高效团队。近些年来，人心管理越来越受到广大企业家的重视，正所谓"得民心者得天下"，领导者若能使自己的话语深入人心，管理则会变得容易很多。

管理的本质就是管心，任何工作都是由人来完成的，领导者只有走进员工的内心世界，深入地理解他们和了解他们，才能引发其奋力工作的动机，让员工每天用心工作。想要赢得人心，就应该以心换心、将心比心，人心不是用来利用的，而是用来疏导的，领导者只有懂得这些，才能消除上下级之间的隔阂和芥蒂，成功建设和谐高效的团队。

有一家企业，部门主管每次热血激昂地宣布团队未来目标时，员工脸上都写满了不屑，一副这和我无关的表情。由于人心不齐，部门主管承担了很多工作，每天都要熬至深夜，好像永远都有做不完的事情，因为员工工作不认真，他对每项工作的每个环节都要严格把关，事事都要操心，常常感到精疲力竭。而他的部下和员工们却经常上网聊天，不把公司的任务放在眼里。为了整治不良风气，他安排了相关人员时刻检查员工的工作状况，一旦发现员工在做与工作无关的事情就严惩不贷。员工时时处于监控之下，觉得自己俨然成了犯人，心情更加糟糕，工作状态更差了。

部门主管常常向朋友大倒苦水，说自己部门的员工如何素质差、如何懒惰；而员工对他也非常不满意，常常在私下里说，主管总是铁青着脸，一副苦大仇深的样子，总把个人情绪带到工作中，遇到问题就怒不可遏，为人又非常苛刻，不懂得尊重别人，在这样的主管手下工作真是活受罪，谁又愿意心甘情愿地为他效力呢？就算部门业绩上去了，他的工资水涨船高，员工也得不到太大实惠，拼死拼活地受累也得不到什么好处，还得看他的脸色，又有什么意思呢？公司的小王像黄牛一样踏踏实实地工作，主管还是喜欢鸡蛋里挑骨头，考核分数打得很低，在他手下工作永远都没有出头之日，能找到更好的发展平台最好跳槽，找不到更好的工作就继续留在这家公司混日子。

常言道："人心齐，泰山移。"而人心不齐不要说去移动泰山了，即便是一块稍重一点的石头也移不动。领导者再强悍，也不过是一人之力，自己不可能包揽所有的工作，如果不能让员工在自己的带领下密切协作，企业的任务目标是不可能完成的。领导者是团队中的将帅，主帅虽勇，战斗开始，士兵都无心恋战，没过多久就作鸟兽散，这样的战役还怎么打下去呢？

人心散则团队散，和谐高效的团队在于心与心的结合，领导者只有拆掉横亘在心与心之间的那堵墙，才能凝聚出一支高效无敌的"同心圆"团队。但凡成功睿智的领导者都十分懂得洞悉人心，他们能洞察员工的内心世界，无须让企业投入太大的成本就能让员工全心全意地公司卖力工作。

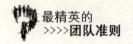

我们常看到领导和员工互相指责和抱怨，他们所在的立场不同，心与心之间缺乏交流，当然也不可能迸射出情感的火花，领导者想要成功驾驭员工，必须先从"治心"开始，那么具体应该从哪几方面入手呢？

1. 要任人唯贤，不能任人唯亲

任人唯亲会让有能力者看不到希望，因为即使自己再努力工作，业务水平再强，也不可能得到重用，结果这类人不是愤而辞职就是待在团队里浑浑噩噩地混日子，给整个团队带来消极影响。普通员工如果认为领导在选人、用人方面很不公平，心里也会感到不平和愤怒，对领导的不满极有可能转化成对工作的懈怠。因此领导者在用人时一定要知人善任，任人唯贤，绝不能让员工失望。

2. 满足员工合理要求，不要期望他们个个都是活雷锋

员工付出劳动自然希望得到合理的回报，毕竟工作是他们谋生的工具，也是他们供养家庭的手段，他们的需求理应受到重视，不要要求员工充当不讲任何条件一心只为企业奉献的活雷锋，要知道如果他们连基本需求都得不到满足的话，便会无心工作，这并不是因为他们思想觉悟不高，而是因为人不能仅凭一腔热血生存，还需要靠现实的面包供养。

3. 要给予员工表现自己的机会，不要总是独揽风头

有的领导者有强烈的控制欲和表现欲，总喜欢扮演一枝独秀的角色，结果自己大放光彩，整个团队却黯然失色，员工热情尽失，工作积极性当然不高。每个人都有证明自己和表现自己的欲望，领导者应该满足员工渴望施展才华的欲望，给予他们表现自己的机会，让其活出自己的精彩，实现自身的人生理想，只有这样才能让他们将自己的最高水平发挥出来。

4. 要包容下属的弱点，不能对他们求全责备

员工不可能把工作做到百分之百完美，领导者不能因为他们在工作中出现一点瑕疵就不依不饶，大加指责，而应该肯定他们的可取之处，同时客观地指出工作中的不足之处，并提出改进工作的方法。领导者在评价员工工作时，一定要做到对事不对人，要点明员工工作中存在的问题，但不能对其进行人身攻击，对员工多一分宽容，多一分指导，少一分责难，如

此才能赢得员工的心。

5. 和团队成员分享功劳和利益，不要自己独揽功劳

不要让员工认为团队业绩上升，只有自己能得到最大的实惠，而要肯定每位员工的劳动价值，让全体员工知道功劳是大家的，而不是自己的，在精神上要和员工共同分享胜利成果，在物质上也要和员工共享利益，只有这样才能凝聚人心，让所有员工忠实地跟随自己。

准则 26. "爱心" 比 "拳头" 更管用

某一网站曾经做过一项调查，参与调查的八万多名员工当中有 78% 的人明确表明不喜欢自己目前供职的公司，有高达 87% 的被调查者表示很想离开现在的公司。这个数据是相当惊人的，员工从内心深处反感自己就职的公司，又怎么可能全力以赴地为公司工作呢？那么领导者该如何让员工爱上企业和自己的团队呢？

有的领导非常重视管理公司的事务，但是却长期忽略对人的管理，尤其不擅长修炼心智、管理人心，以为经常对员工出以"重拳"，就能让他们耳提面命地接受自己的领导，这样的领导显然是不得人心的。俗话说，百炼钢能化绕指柔，"拳头"会把人心打散，靠恫吓和强权手段来管理员工必然导致团队离心力增大、向心力减小，久而久之，团队就会分崩离析。领导者要懂得关心和关爱员工，让员工感动，才能使员工真正爱上企业。

微软中国公司非常关注员工的感受，其总裁亲自面试每一位员工，有些中层管理者不理解，认为公司不信任他们，而总裁亲自出马面试雇员的目的却是为了让雇员们感受到企业对他们的重视，即使是最基层的员工也能得到被总裁面试的机会。要知道在很多公司，员工辛辛苦苦地工作了好几年，连和高层对话的机会都没有，微软中国的做法无疑会让员工感到受宠若惊。

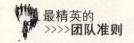
　　总裁还十分照顾在职员工的心理感受，有一次，他在电梯里碰到了一个叫大卫的工程师，大卫的女友也在旁侧，总裁热情地打了招呼，问大卫工行的客户项目做得怎么样了。大卫感到有点吃惊，他没想到总裁会知道自己的名字，而且还知道自己目前正在做什么项目，这让他觉得自己对公司很重要，也让他感觉在女友面前非常有面子。第二天，他给总裁发了一封邮件，感谢总裁对自己的重视，表示日后会加倍努力工作，绝不辜负总裁对自己的期望。

　　总裁平时喜欢和不同的员工接触，几乎将公司上千名员工的名字铭记于心，经常安排别人帮员工代缴水电费，还负责到机场或车站迎接那些风尘仆仆来探亲的员工家属，中秋佳节为员工的亲朋送上香甜可口的月饼。这些看似微不足道的小事体现的都是"以人为本"的管理理念，让每一位为公司效力的员工感受到领导的爱心和关怀，员工在感动之余，纷纷用更出色的业绩来回报领导对自己的一份真情。后来微软公司对全球员工进行了对公司满意度的调查，微软中国公司被评为全球员工满意度最高的分公司，总裁本人曾两度荣获"比尔·盖茨总裁杰出奖"。

　　企业爱员工，员工才会爱企业，爱是一种双向的情感互动，而不是单方面的勉强或是一厢情愿，对此艾美特公司的管理者有过精彩的解说："蜜蜂从清晨起在花间勤恳劳作，日落后收获甜蜜幸福的生活；员工忙碌辛苦为企业创造效益，企业发展壮大后自然要回报功臣。爱是企业和员工共同的事业。"微软中国公司的总裁正是因为懂得尊重员工的劳动，重视员工的付出，用"爱心"而非"拳头"来管理企业，才使得员工成为了一只只勤劳的蜜蜂，每日不知辛苦地劳作，只为了回报企业对自己的关爱。企业肯定员工的价值，在盈利后懂得回报为公司创造过效益的员工，员工才愿意竭力效命，来回报企业的知遇之恩。

　　领导者让员工对企业产生感情的唯一方式就是用爱心点亮他们的心灯，让他们的心灵受到触动，乐于为企业的壮大和团队的发展而贡献自己的全部力量，如果团队中的每位成员都抱有同一种信念，那么整个团队就会达成心与心的和谐，世上将没有任何力量可以将其打散，也没有任何力量能将其击垮。那么作为团队领导者，应该怎样对员工施加爱心的影响呢？

1. 将耐心、爱心和真心注入沟通，缩短心与心之间的距离

领导者应多加注意与员工的情感交流，尊重员工的感受，多些耐心，让员工感受到爱心和真心，通过情感互动和沟通，使组织内部形成强大的凝聚力，从而实现团队的目标。有的企业并不在意员工的想法和感受，对员工缺少最起码的尊重，只把他们看成执行工作的机器，而没有将其当成有血有肉的生命体看待，这样做极大地打击了员工工作的积极性，也不利于企业目标的实现。

人是企业最重要也是最难掌控的资源，他们具有很大的不稳定性，倘若他们心情欠佳、对领导不满、感觉不被公司尊重，就会变得灰心丧气、精神颓唐，工作起来也会没有干劲，因此领导者应经常跟他们沟通，了解他们的心态变化，用爱心和真情感化他们，使其自觉地调整自己的工作状态，满足工作的要求。

2. 要想员工之所想，急员工之所急，把温暖送到他们心里

美国四大连锁店之一的华尔连锁店成功的奥秘可以精炼成一句话，即"我们关怀我们的员工"，关怀不只是体现在物质上，还体现在精神层面上，领导者应设身处地为员工着想，为员工排忧解难，必要时雪中送炭，切实把温暖送到大家心里。

3. 为员工创建一个舒适温馨的工作环境

汉高公司每天都为员工提供丰盛的午餐，为了保障员工的安全，公司兴建了很多标准设施，并配备了警卫，定期派人检查安全设施，日夜检测环境污染、噪声污染和水质标准等，还每年免费为全体员工体检。公司为员工设想得如此周到，员工工作起来也极为舒心，工作效率因此倍增。

西门子公司的工作环境也是无比舒适的，公司为员工提供了优良的办公设备、温馨的就餐环境和体育活动空间，员工可以穿休闲装上班。在这种宽松闲适的工作环境中办公，员工感到自由舒畅，创造性和积极性大增，绩效直线上升。

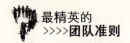
办公环境是否舒适对于员工来讲是很重要的，毕竟他们每个工作日都要在办公地度过八小时的时光，好的工作环境可以提升员工对企业的满意度，进而提升他们的工作效率，而糟糕的工作环境则会引发不满情绪，进而导致工作效率的下降。因此作为领导者，应该为员工创建一个令大家满意的工作环境，这也是关爱员工的一种重要手段。

准则 27. 发挥你的影响力

领导者使用各种策略来影响下属，但是结果却常常不尽人意，员工可能表面上很顺从，愿意按照你的指令办事，可内心却强烈抵制命令，故意拖延工作或是假装遵从命令暗中消极怠工，也可能公开抵制命令，断然拒绝执行任务，这些做法常令团队领导者感到头痛。领导者该怎样做才能让员工服从自己的意愿呢？

领导者要让员工听从自己的命令，就必须充分发挥自己的影响力。有影响力的领导就像强大的磁场一样，具有无可抗拒的吸引力，能让员工在磁场力的作用下按部就班地行事。打个比方，管理公司好比驾驶一辆巴士，领导者必须为每位员工安排好位置，然后把所有人带到理想的目的地。乘客们是否能安心地留在自己座位上，跟随自己一路前行主要取决于领导者的影响力和感染力，而不是窗外的风景。假如乘客无视领导者遵守秩序的命令，在巴士里随意走动或者干脆要求下车，无疑会给领导者的工作带来很多困扰。那么领导者该如何让员工安分守己地配合自己的工作呢？首先要向所有人证明自己是个好司机，即让员工认为自己是个百分百称职的领导者。

阿基勃特在受到洛克菲勒的接见之后，工作热情高涨，对于公司的客户更加上心了，既关心他们的需求又关心他们的收益，力图为客户提供最满意的产品和服务。他还对公司的运营提出了很多有价值的建议，对公司的经营利润率、成本盈亏点、股票收益等信息了若指掌。

同事对他的做法大为不解，认为他又不是董事长，何必操这么多心呢，还不如多关心一下自己的荷包呢。阿基勒特对同事的说教毫不理会，在销售领域干得风生水起，销售业绩一路飙升，客户对他也非常满意。阿基勒特不仅业绩出色，而且具有很好的战略眼光，经常从公司的运营高度考虑问题，这都为他日后成为企业领袖打下了坚实的基础。

良好的工作业绩让一个领导者在企业的地位更加牢固，空话不可能给人带来影响力，只有能展露真本事，实实在在地干出一番业绩的人发号施令的时候才能底气十足。判断一位领导者是否是一位优秀的驾驶员，除了他本身的驾驶技术以外，还要让乘客们对自己有信心，相信自己能把大家带到风光更好的地带。日本有一家企业，领导者经常邀请员工的父亲与自己交谈，每当他们不知该如何对待员工时，就会告诫自己：父亲们把自己的子女托付给公司，是对公司的莫大信任，自己绝不能辜负父亲们的期望，一定要带领员工走向成功。

成功的领导者可以通过对员工施加影响力，培育他们成才，因此可以说领导者在某种程度上扮演的也是师长的角色，领导者需要向员工证明自己，让他们相信自己，继而接受自己的领导，通过配合自己的工作，不断地提升工作能力和业务水平，如此说来领导者的能力一定是强于员工的，这是否意味着能力比不上手下的领导者就不具备影响力呢？

在以唐僧为领导核心的团队中，唐僧的能力显然不是最强的，那么他凭什么能领导孙悟空、猪八戒和沙僧呢？要知道孙悟空聪明能干、武艺超群，而且是不容易驾驭的，唐僧却能使其顺服自己，一路追随自己跋山涉水完成取经大业，可见其影响力是多么大。

唐僧能领导能力远在自己之上的孙悟空，他的身上一定有很多孙悟空所不及的东西。比如崇高的信念。唐僧心怀天下，一心想要到西天取得真经，普度众生，历经九九八十一难没有半点怨言，虽九死一生而无悔。孙悟空则没有这么坚定的信念，有时受了冤枉，心里委屈便选择出走，几经周折才又回归到了取经队伍，并被唐僧的信念所感化，愿意继续护送师父取经。

唐僧身上的第二点可贵品质便是仁德。唐僧怜悯众生，对孙悟空、猪八戒和沙僧三个徒弟都关爱有加，心中没有半点奸诈，带领他们共同进步和成长，帮助大家一起修成正果，走向成功。孙悟空在这方面显然不如唐僧，他曾经当过花果山的美猴王，后来又成了齐天大圣，但是从没想过让追随自己的众猴子们获得成功。所以孙悟空在唐僧的感召下，愿意为其肝脑涂地，而猴子们却未必愿意为它们的大王孙悟空卖命。

唐僧协调人际关系的能力强于孙悟空，三个徒弟性格各异，孙悟空机敏，猪八戒又懒又馋，沙僧踏实木讷，有时徒弟之间难免闹矛盾，可是唐僧总能化解他们的纷争，使其消除嫌隙，为了团队共同的目标——取经而团结协作，此外唐僧和自己的上级观音菩萨相处得也不错。而孙悟空的人缘就差了些，和牛魔王拜兄弟后来又反目成仇，本来和东海龙王还有点交情，最后还闹翻了，大闹天宫之后又不知得罪了多少路神仙。

团队是由人构成的，人是创造价值的主体，不能调动起人的因素，团队是不可能有业绩的，企业也不可能赚到利润。领导者未必是在专业领域最强的人，但一定是综合实力最强的，不但心中要有坚定不移的信念，还应有仁德之心，以及处理人际关系的能力，优秀的员工，比如孙悟空，未必能成为优秀的领导，而看似能力平平的唐僧却是一个卓越的领导人。这说明影响力是由多种因素决定的，那么作为团队领导者该具备哪些本领才能更好地发挥自己的影响力呢？

1. 具有一定的行业背景和丰富的从业经验

经验丰富的领导者对市场、产品和技术状况都有精到的把握，在相关领域具有一定的声望，其决策能力较强，通常情况下不需要费力说服下属，就能取得他们的支持。

2. 正确的人生观和价值观

正直、公正、具有崇高信念、懂得体谅下属的领导者通常都具有正确的人生观和价值观，他们从不把下属当成言听计从的仆役，而是将其视为与自己平等的工作伙伴，所以更容易通过自身的个人魅力影响下属，并把自己的价值观传递给团队中的每一位成员，增强他们对企业和团队的认同感和归属感，以此发挥自己的影响力。

3. 良好的沟通和协调能力

沟通是领导者构筑自己影响力的桥梁，善于沟通、善于化解团队内部成员怨气和纷争的领导者，才能使团队内部形成良好的合作氛围，让全体员工在自己的号召下密切协作，促进组织目标的实施和实现。

4. 乐天派的性格和热忱的工作态度

领导者如果太消极，就会把不良情绪传染给整个团队。同理，乐观和热忱也是可以传染的，倘若领导者积极进取、乐观豁达，那么员工自然也会受到感染，对团队目标也难以保持冷漠的态度，大家都更乐于积极投身于本职工作当中，用极高的热情来完成领导者下达的任务。

准则 28. "压服" 不如让他 "心服"

在管理中，你是否总习惯于以"治服"的方式管理你的下属，是否觉得这种方法虽然一时奏效，但一段时间后，下属又回到原本的被动应付的消极状态？你是否觉得，属下在你的"高压政策"下，你与他们之间的矛盾越来越激化？

我们经常听到员工抱怨领导者总是用权力压自己，这让他们感到非常不爽，迫于压力他们不敢以激烈的形式主动对抗，但是却可以采取消极对抗的策略，绝不让他们讨厌的领导者达到自己的目的。以往很多的领导者对团队管理的认知是非常肤浅的，以为像对待奴隶一样对待员工，就能让他们服服帖帖地听从自己的指挥，却没有想过他们心里不服气，根本就不会真心实意地配合自己的工作。

利用权威压人并不能让人真正心服口服，从权威管理的角度看，强力的管理确实可以带来短期的高效，但是这种高效带来的辉煌业绩往往会像流星一样倏然而逝，而高压政策激发的矛盾会产生一系列的连锁反应，给日后的工作带来巨大的破坏力。

作为一个团队的领袖，必须具备让员工服从自己统领的能力。服从有

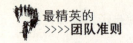
两种表现：一种是表面服从，心里不服，其结果就可能是表面上让自己的行为和领导者的意愿保持一致，而实际上却阳奉阴违，不肯配合领导工作；另外一种是心悦诚服，指的是心理上完全接受，心甘情愿地服从指令。领导者管理员工，应该让他们心服，而不是用权力压服他们。从团队建设的角度考虑，彰显个人权威是毫无意义的，领导者所要做的工作是引导员工的行为，而不是迫使他们对自己俯首帖耳。

美国总统罗斯福是一位说服力极强的领袖，在二战时期，美国对于是否出兵参战举棋不定，军政两界的要人大部分主张静观其变，"珍珠港事件"爆发后，大多数美国人仍然希望美国不要卷入战争，不对日本回击，后来罗斯福成功说服他们出击日本。

罗斯福决定攻打日本时，美军士气非常低落，日本偷袭珍珠港给美国海军造成了沉重打击，在这样特殊的时刻，多数人都反对美国参战，罗斯福说服大家改变立场并不容易。强令士兵奔赴战场，会激发他们的不良情绪，对战争的结果会产生不利影响。罗斯福并没有这样做，而是通过巧妙的说辞让士兵们自愿为捍卫国家利益而战。

罗斯福在下达出兵命令前，做了一次鼓舞人心的宣战演讲，他说："昨天，1941年12月7日，是美国的国耻日，美国受到了日本空军和海军有预谋的猛烈袭击。"在整个演讲过程中，他多次着力强调日本对珍珠港的偷袭是预谋已久的，并说日本的军事行为给美国海陆军队带来了重创，严重损害了美国的利益，日本精心策划的突袭让很多美国人丧命，作为军人，绝不能继续袖手旁观下去了。在场的官兵被那震撼人心的演讲打动了，他们顿时热血沸腾，誓为捍卫国家利益而战。

罗斯福说服士兵自愿参战的故事充分说明说服比强令更有效，如果当时罗斯福以一国总统的身份，强迫官兵开赴战场，必然引起他们的反感，由于他们是被强迫拖到残酷的战场上的，在整个战斗的过程中都不可能英勇作战，其结果就是美军输掉整场战争。罗斯福充分让大家意识到日本给美国带来了怎样的伤害，以此激发起他们的爱国情怀，使他们自愿为了祖国的利益抛头洒热血，大家在沙场上便能同仇敌忾、奋勇杀敌，由一支士气低迷的队伍演变成一支战斗力极强的铁军。这则真实的历史故事带给领导者的启示是：

1. 实证强于说教

事实就像血液一样真实，比任何雄辩都有效。日本对美国的侵袭是精心策划的，这是事实，但是美军并没有意识到这一点。罗斯福通过演说让大家看清了这一点，大敌当前美军是否还能无动于衷，是出兵应战还是任由日本侵害美国利益，他让美军做出选择，在真凭实据面前，美军自然更愿意选择前者。

团队领导者在说服员工时，要列举让人无可辩驳的实证来打动员工的心，不要对其进行刻板的说教，没有人喜欢听空洞的大道理，与其费尽唇舌地让员工接受自己的观点，不如拿出铁证来，话不在多而在于精，一针见血地点明事实比苦口婆心的劝说更有效。

2. 与其讲道理不如以情感人

宣战演讲结束后，患有小儿麻痹症的罗斯福挂着台子吃力地站了起来，他拒绝任何人搀扶，而是依靠自己的意志站了起来，这一幕感动了所有在场的人。罗斯福语气坚定地对大家说："上帝让我瘫痪在轮椅上，就是要通过我的口告诉你们，在这个世界上没有什么是不可能的，我不想听到不能。"无论多么理性的人都会被罗斯福的精神所感染所打动，最后大家都支持美国出兵了，美国的参战加速了第二次世界大战的结束。

有一家制造业的老板决定投资兴建一个工厂，起初股东们都不同意，认为这项投资可能不会给自己带来收益，老板滔滔不绝地讲了很多道理，又向大家解说自己做好的投资计划书，可是所有人都不为所动。最后他不再对股东晓之以理，而是选择动之以情，利用情感因素说服了大家，于是所有人纷纷改变了主意，表示愿意支持这项投资。

在管理中，领导者想要仅靠讲道理就能成功说服员工，几乎是很难做到的。但可以以情感人，只要他们在情感上不再抗拒自己的观点了，就会自愿调整自己的行为。

3. 领导要以"真善美"的领导艺术来力排众议，迎接挑战

所谓的真善美领导艺术，指的是冷静沉着、公正无私的素养。罗斯福并非

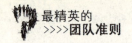
为了一己之私而鼓动士兵参战，他是站在国家利益的角度考虑问题的，完全不同于狂热的野心家和偏激的战争狂，士兵们能被总统感动，是因为他们意识到总统是要求他们为了民族大义而战，而不是为了满足个人私欲而战。

领导者若要带好一个团队，让所有员工都心甘情愿地追随自己，就绝不能将个人利益凌驾于团队利益之上，也不能要求别人为了成全自己的个人私欲而疲于奔命，而应该站在集体利益的角度上看待问题，引导员工齐心协力攻克难关，为了团队的未来贡献自己的劳动和智慧。

准则 29. 情感管理是打造高效团队的"六脉神剑"

当今社会，经济科技蓬勃发展，人才成了众多企业抢夺的战略资源，然而人才的流动率较之以前却有较大幅度的上升，这对企业造成了一系列的负面影响。人才为什么要纷纷离开自己效力的团队呢？绝大多数企业都非常看重人才的价值，乐于为他们提供优厚的待遇，但是为什么花费重金之后仍然留不住他们的心呢？

人才离开团队并非是因为对企业缺乏忠诚度，而是因为他们的情感需求没有得到充分满足。只用物质利益引诱他们，而长期忽略他们的情感需要，显然不可能换来他们对企业和团队的忠心。不少企业在情感管理方面做得非常不到位，片面地追求效益至上，甚至唯利是图，以为高薪就能留住人才，觉得只要多投入物资成本就能让人才为自己效犬马之劳，却从没考虑过人才在公司工作是不是感到开心、情感方面是不是出了什么问题、对企业是否存在不满等。领导不愿意对人才进行情感投资，人才当然也难以对企业产生感情，他们的离开是一种必然。

留人必须先留心，留不住人心强行把人留住，只会遭致更多的怨恨，根本就不会给企业带来任何的效益。留心需从情感管理入手，人是感性的动物，每个人都有七情六欲，在工作过程中情绪也会出现各种波动，领导者应及时疏通人才的情绪，利用情感这条看不见的红线来调动起人才的创造性，使其更好地为团队服务。情感管理就好比一柄六脉神剑，掌握了运用它的规则，就能让人才各显绝技，令整个团队成为高效的优秀团队。

美国奥辛顿工业公司总裁曾提出一条有关情感管理的黄金法则，即关爱你的顾客，关爱你的团队成员，市场就会对你倍加关爱。公司十分注重对团队成员加大感情投入，依靠情感来凝聚人心，为员工创建了富有人情味的温馨工作环境，使每位成员以主人翁的姿态而非打工者的姿态来服务于消费者，心甘情愿地为团队创造价值。

斯特松公司历史悠久，堪称美国最老的制帽厂之一，公司产品产量曾长期上不去，产量非常低，质量也不过关，而且劳动者和公司产生了很多矛盾，双方关系一度紧张。管理顾问薛尔曼亲自到厂区深入调查，耐心倾听员工心声，通过情感沟通来排解大家心中的怨气，四个月之后，员工们不再怨恨公司，精神面貌完全改变，工作干劲倍增，产品产量大为增加，产品品质也得到了提升。

管理学家托马斯·彼得斯说："你怎么能一边歧视和贬低员工，一边又期待他们去关心质量和不断提高产品品质。"奥辛顿工业公司和斯特松公司能够激发员工工作的积极性，其根本原因在于领导者在情感上尊重员工，能够根据人性的需要对员工进行有效的情感管理。无论是普通员工还是优秀人才，在情感上都有许多的共通之处，如果领导者只在乎自身和团队的利益，懒于对他们进行情感输出，他们自然会觉得自己被当作创造利润的印钞机，由于不愿意长期充当这样的角色，便会纷纷离开团队。

企业冷酷则员工冷酷，没有人会在低温环境中始终保持热情，也没有人会爱上一个完全不讲感情的团队。众所周知，团队的高效源于员工的自发进取，员工对企业的忠诚度源于他们对企业的感情，所以领导者应该充当团队"情感工程师"的角色，在工作团队和企业之间构建一个情感快车道，让人才把企业当成乐于长期进驻的港湾，而非随时可以离开的驿站，使他们甘愿为自己所热爱的团队奉献自己全部的光和热。那么领导者该如何对员工进行情绪管理呢？

1. 关注员工内心需要，用情感来凝聚人心

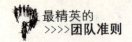
领导者如果把团队成员看成可以和平共处的朋友，而非可利用的工具，就会真正体察他们的内心需要，倾听他们的心声，关注他们的情感需求，同时使用人性化的管理来引导员工的行为，而不是运用强制方式让员工被动地工作。想要让团队成员对企业忠心，乐于竭尽全力地为团队服务，就必须注重感情投资。

2. 不伤害员工的自尊心，学会理解员工

许多领导者理所当然地认为自己应凌驾于员工之上，再优秀的员工也不过是自己的下属，必须对自己言听计从，只要有人对自己稍有质疑，就大发雷霆，进而使用语言暴力来打击员工的自尊心，没有人会喜欢在如此专制蛮横的领导手下工作，离开暴政最直接的途径便是辞职，自尊心强的员工都会选择另谋高就，即便是暂时选择忍受谩骂，他们也不可能愉快地执行命令。

领导者在日常管理工作中，应该照顾到员工的自尊，不能把任何人的自尊当成抹布，员工只有更加自尊和自信，才能更富活力和创造力，整个团队才能呈现出勃勃生机，倘若领导者任意践踏员工的自尊心，人人噤若寒蝉，怨声沸腾，那么团队早晚都会解散。

3. 关注团队成员的心理健康以及情绪变化

传统的管理管的是任务，而现代企业管理则应对团队成员的情感管理予以重视。由于工作压力过大、社会节奏太快，员工非常容易出现心理问题，进而出现不良情绪，员工长期心想低落，对公司和工作的满意度就会降低，出现职业倦怠，进而导致多种问题，并破坏团队组织的效率，因此，领导者应通过多种途径对员工进行心理健康教育，及时疏导他们的不良情绪，消除他们的倦怠、焦虑、紧张等不良心绪，使他们更加积极地投入到本职工作之中。

准则30. 帮员工获得团队归属感

员工对公司缺乏归属感是一个普遍的问题，而不是偶尔才出现的问题。根据盖洛普组织2000年发起的调查显示，对公司内部情况感到满意的员工还不足1/3，这就意味着超过2/3的员工对公司不满。2011年，盖洛普组织发布了第三季度的每日跟踪调查的结果，对公司表示满意的员工比例已经降至了29%，对公司完全没有归属感的员工比例接近52%，对于团队领导者来说，这真是一个令人沮丧的数据。

盖洛普指出，员工归属感高的公司，业务发展迅速，更高的归属感可以提升生产效率，而较低的归属感则会导致生产效率的低下。员工归属感普遍缺失的根本原因是什么？为什么他们认为自己并不属于公司的一分子？从个人层面上来看，一个不容忽视的重要原因是，他们对于上级领导和公司感到不满，不认同公司的企业文化，没有得到施展才干的机会，工作能力没有得到充分的认可。总之，他们觉得自己并不是团队的重要成员，自我实现的需求没能得到满足，所以只好选择离开，这样的结果对于员工和企业双方来说都是一种损失。

公司高管纷纷辞职的消息引发了商界的持续关注，继负责全球人力资源工作的最高长官保罗·麦金农辞职以后，高管辞职的风波延续不断，大多数离开企业的人才都奔赴其竞争对手联想就职，原任盖尔公司高级副总裁的阿梅里奥成为了联想集团的CEO（首席执行官），戴尔前中国总裁麦大伟、戴尔前日本家用及商用销售业务总监艾马诺、戴尔公司副总裁盖利·史密斯、戴尔公司全球采购主管友兰达·康耶丝也纷纷加盟联想，大量人才的离去给戴尔公司带来了很大的震动。

一般而言，巨头公司都会千方百计地挽留人才，可是连负责人力资源管理的长官都辞去了职务，那么就足以说明戴尔公司在人才管理方面存在着致命的缺陷。迈克尔·戴尔曾自我安慰说："我不会因为人才离开而睡不着觉。"无论这种说法是否带有自欺欺人的性质，高管的大量流失的确给企业带来了难以估量的损失。

有关高管大量辞职原因的分析，人们众说纷纭，但是有一点是不容忽略的，戴尔公司过于强调业绩，奉行利字当头的企业文化，降低了员工对公司的归属感。戴尔公司把员工与企业的关系简化为金钱利用关系，这种

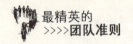
苍白现实的关系往往是最为脆弱的，有利可图时所有人都想留在企业里分一杯羹，利益缩水后员工都想换个企业吃到更大更甜的蛋糕，当直销模式陷入困境，公司的竞争优势不再明显时，员工毫不犹豫地抛弃了企业。

让员工对团队和企业产生归属感，是赢得员工忠诚度、增强团队凝聚力和战斗力的关键途径，员工在思想、情感和心理上认同团队和企业，并能在工作中获得价值感，才能产生强烈的责任感，调动起自己内部的驱动力，对企业投桃报李。从心理学层面上讲，人的归属感来自于需求的满足，人只有获得了满足感，才会对环境产生认同感和归属感。评估人的满足感的重要指标是满意度指数，其公式为满意度＝实际/期望，也就是说现实和期望越接近，人的满意度就越高，归属感越强，反之，满意度和归属感都会下滑。那么领导者该如何提升员工对企业的满意度，进而增强他们的归属感呢?

1. 增强对员工价值的认同度

企业的发展离不开员工的辛勤付出，所以企业一定要认可员工的价值，要让每个员工在团队中找到自己的角色定位，和企业共同成长和发展，在推动企业目标实现时充分证实自己的价值。企业要给予员工物质和精神上的充分认可，采用长效的激励机制稳定人才。

2. 增强文化浓郁度

企业文化就像一只无形的手，可以拉近员工的距离，使他们团结起来，在同一个目标的指引下步调一致地大踏步前进。企业文化是公司的软实力，领导者应有意识地增强团队内部企业文化的浓郁度，使这种无形的精神力量强化员工对企业的情感，以此增强他们对团队的归属感。

3. 关注员工未来发展，提升他们的自信心

领导者不仅要考虑企业未来发展方向，也要关注员工日后的发展，增强员工归属感必须为员工未来的发展搭建各种平台，使他们"天高任鸟飞，海阔凭鱼跃"，在社会的舞台上搏出自己的精彩。领导者应该在员工成长的每个阶段给予必要的引导，鼓励他们迈向更高的台阶，让他们对自己的未来充满信心，在这样的企业工作，员工才会觉得自己有发展前途，进而对企业产生归属感。

第四章

提升团队的凝聚力
——把"散沙"团队锻造成精锐王牌军

俗话说"众人拾柴火焰高",一个人的能量毕竟是有限的,而团队的力量则是不可估量的。一个团队力量的强弱,不在于规模的大小,而在于凝聚力的强弱,一个庞大的团队,如果形同一盘散沙,那么它就像一只毫无战斗力的纸老虎,只是气势强悍,根本不会取得胜利,只有具有强大凝聚力的团队才能克敌制胜。

如何增强团队凝聚力是每一位团队领导者都应该深入思考的问题,身为领导者,必须致力于培养每一位团队成员的团队合作精神,使其成为团队整体的一部分,通过与其他成员的默契协作,来共同完成团队目标;同时又要最大限度地防止和制止影响团队团结的不安定因素,降低内耗与内斗,促成团队成员畅通无阻的合作;还要优化团队人力资源,使团队各成员的优劣势形成互补,铸成一面高度凝和的铜墙铁壁。

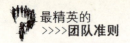
准则 31. 团队意识的培养

我们常听到的一句话就是，世上没有完美的个人，只有完美的团队。1＋1＞2 的团队效率是每个领导者都梦寐以求的，因为它意味着完美的合力，然而一个企业如果没有团队意识的氛围，团队成员就不能产生协同作战的原动力，每个人只为了自己的利益和荣誉拼搏，团队缺乏凝聚力和竞争力，形同一盘散沙，这种局面是任何一位领导者都不愿意看到的。

团队意识的培养是团队建设中必不可少的重要内容，它是团队凝聚力的根本保障。团队意识是团队成员整体主动配合的意识，它能让每个成员将自己融入整个团队，站在团队的立场来思考问题和解决问题，想团队之所想，急团队之所急，最大限度地发挥自己的作用。高效团队不只是人的集合，员工不只是被动地服从指令，而是所有能量的集合和爆发。训练有素的团队并不意味着就具有良好的团队意识，拥有团队意识的员工其特征并不是动作和行为上的整齐划一，而是行为和心态上的默契度和配合度。

全球零售业巨头沃尔玛立于不败之地的秘诀就是成功将团队意识根植于员工的工作之中。在企业内部，每位员工都有着极强的团队意识，他们为了谋求团队的发展而为顾客提供最贴心最优质的服务，为推动企业的发展提供了源源不断的动力。

沃尔玛在中国设有很多连锁超市，每天的客流量数以万计，雇员一直都十分繁忙，每天都要应对繁杂的业务，当然公司也有人手奇缺的时候，但是卖场的工作却从未被耽搁过。只要卖场人手不够，无论是运营总监，还是财务部、人事部、营销部的经理都会纷纷换上卖场的工作服自发地填补空缺的岗位，办公室的秘书和文员也会赶到卖场帮忙，因此即使是在卖场最为繁忙的时段，一线没有足够的员工，大家也能通过相互协作，为顾客提供高效优质的服务。

沃尔玛从上到下都有团队意识观念，他们不计较自身职务的高低，而是把自己看成团队中的一分子，乐于投身于一线，协助其他团队成员完成工作，这种做法不但为企业节约了人力成本，而且给顾客留下了良好的印象，这种高质量高效率的工作方式无疑为沃尔玛增加了很大的效益。

团队意识可以激发员工的使命感，使他们产生和企业同呼吸共命运的意愿，自愿共同去完成任何具有挑战性的工作。员工之间通过协作与配合，形成工作的完美对接，在一定程度上有力地增强企业的核心竞争力。因此培养员工的团队意识，是全力打造和谐高效的团队的基础，也是促进企业获得长足发展的必要条件。一个具有强大凝聚力的企业必然具有强烈的团队意识，这样的企业通常具有旺盛的生命力，往往是不可战胜的。那么，作为团队的领导者应采用什么样的方法来培养员工的团队意识呢？

1. 在团队内部营造一种团队合作的氛围

一些家族式的民营企业，权力高度集中在公司创始人的家族成员手中，每项工作都要过问，不信任下属和员工，这样做非常不利于组织内团队意识的培养。领导者要学会信任下属和员工，适度地下放权力，让员工各司其职，培养大家合作的观念，使员工乐于主动地协助其他成员顺利完成工作。

2. 为全体员工提供团队合作的培训

很多员工工作的目的只是为了拿工资，缺乏团结协作的意识。领导者要纠正他们的观念，可以从培训做起，首先根据他们的心理和性格特质，有针对性地对其进行培训，尽量少讲一些空泛的理论和生硬的概念，以免员工产生厌烦情绪，可多讲解一些生动的案例，激发员工的学习兴趣，同时注意和实践结合起来，让员工共同参与完成一项工作，使他们在分工协作中加深对团队意识的理解。

领导者在培训员工的过程中，一定要让每一位团队成员都有一种参与感，让他们感觉到自己的重要性以及自己所从事的工作的价值，更要让他们明了自己的工作对于整个团队目标的意义，员工的观念发生了根本性的转变，就会养成团队合作的习惯。

3. 协调团队成员集思广益，一起解决工作中的疑难问题

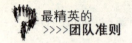
企业中的很多疑难问题都是凭一人之力解决不了的，毕竟个人的智慧和能力都是有限的，领导者应该鼓舞团队中的全体成员集思广益去探讨解决问题的可行方案，以此培养他们的团队合作精神。当遇到令人头痛的难题时，领导者可以召集员工组成讨论小组，最终确立最为合适的解决方案，然后让大家在协作中解决问题。这样做的好处是既能在团队内部形成高效合作的良好氛围，又能切实提高员工的团队意识。

4. 利用优秀团队奖励制度来激起员工的集体荣誉感

对优秀团队的奖励是对于整个团队业绩的一种肯定，它能极大地激发团队成员的集体荣誉感和成就感，强化团队内部合作意识的影响，增强团队凝聚力，并有力地推动企业快速发展。

准则32. 激活你团队的精神"灵魂"

一个团队，如果人心浮动，大多数人都自私自利、各行其是，哪来的生机与活力？又怎么可能创造辉煌的业绩？在一个缺乏凝聚力的环境中工作，员工就算志向再远大、能力再出众，发展也会受限，员工的能力得不到最好的发挥，整个团队便会变得死气沉沉，面对这种情况，领导者该从何处入手解决呢？

团队最为重要的东西就是精神，因为它是整个团队的灵魂，领导者只有激活团队的精神"灵魂"，才能让团队迸发出最大的能量，团队的凝聚力才能达到最强的状态，使每个员工的才能在分工协作中得到最大的发挥。

不同团队的核心精神可能各不相同，但是无论团队具有哪种正向的精神支柱，都能产出巨大的效能；在《士兵突击》中，钢七连的团队精神就是不抛弃不放弃，它成为许三多的座右铭，也是整个连队的核心精神。在现代企业的管理中，领导者绝不能忽略对团队精神的塑造，因为它是提升团队核心竞争力的基础。

　　团队是由个体组成的，但是个体之间并不是孤立的，而是相互联系的，团队精神就是促成团队成员相互连接，激发组织发挥最大效力的隐形力量，它虽然不可见，但是能量却是无比巨大的。塑造团队的精神灵魂，领导者是最为关键的一环。领导者在塑造团队精神的过程中，必须认清其中的阻碍，而后突破阻力扫清所有障碍，为整个团队注入灵魂。

　　在家族企业中，产权和管理权集中在家族成员手中，会让广大员工明显感到自己是"外人"，能力再强都比不上"内部人士"即家族成员，工作劲头大为下降，严重阻碍团队精神的建设。领导者要塑造出强有力的团队精神，就要尝试着将企业的产权和管理权适度地向非家族成员扩散，给员工派发企业内部股，促使他们打破藩篱，成为"自己人"，将个人利益和企业的兴衰紧密联系在一起，为团队精神的塑造奠定基础。

　　美国著名公司霍尼韦尔国际公司，营业额高达 380 亿元，它从事的是高新技术产业，在发展壮大的过程中尤为重视团队精神的塑造。每年，公司内部的非家族成员都可以根据自己的意愿用自己 15％ 以下的薪酬购买公司内部的股票，当然，员工也可以在股市上公开地购买公司的股票，可以免付佣金。这项制度成功激发了员工的工作积极性，持有股票的员工顿时有了主人翁责任感，不再是以打工者的身份工作，而是以企业主的身份更加积极地投身于工作当中，内部员工和家族成员消除了隔阂，大家齐心协力地为企业共谋发展，团队精神因此得以塑造成功。

　　霍尼韦尔国际公司通过分散股权的方式，让非家族成员共享公司利益，因此打造出了具有强大凝聚力的团队。要塑造好团队精神，除了处理好企业产权和管理权的问题，还要强化公司内部的激励机制，让员工把企业看成与自己休戚相关的命运共同体，从而使团队中的每位员工都能把自己的个人能力转化成团队协作中的一部分，共同推动企业进步。

　　维拉德·马里奥特于 1927 年创建了第一家 A&W 啤酒店，而今他的商业帝国已经拓展到了全球，他至今沿用着"发现、雇佣、培育、善待如同家人"的用人哲学。当美国经济出现衰退，酒店业受到波及，营业额大幅度减少时，时任的小马里奥特不但没有像其他企业家那样大量地裁员和

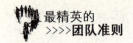
减少员工福利，反而制定了不少激励措施。他努力把北美地区的裁员率控制在1%，还减少了员工的工作时间，员工依旧享受医疗健康福利，在这些激励措施下，员工们士气高涨，一起拼命努力工作，终于使处于下滑期的企业成功渡过了难关。

企业的发展离不开团队精神，缺乏团队精神的企业就会失去竞争力和活力，绩效只会持续走低。领导者塑造强有力的团队精神的关键步骤是，在员工和企业之间构建起同呼吸、共命运的链接关系，只有这样，全体员工才能在同一种精神的指引下形成一股超强的合力，共同推动企业走向繁荣。那么除了以上两种举措以外，领导者还有哪些激活团队精神的高招呢？

1. 增强员工团结共事的协作力

团结共事的协作力是团队精神的根基，没有它，团队精神就难以建立起来。我们都知道一群散兵打不了胜仗，组织成员之间只有团结起来，全都心往一处想、劲往一块儿使，才能形成一股不可抗拒的力量。蚂蚁虽小，团结起来就能搬动巨蟒，个人能力虽然微小，但是能形成一个团结协作的整体，就能克服世间的任何困难，做到无往而不胜。因此领导者一定要经常强化员工团结共事的观念，大力推进协作力建设。

2. 要根据时代发展的需要，不断赋予团队灵魂新的内涵

团队灵魂反映了一个企业所坚守的信念以及弘扬的企业文化，核心内容是不能丢弃的，但是这并不意味着团队灵魂永远是一成不变的。随着时代的演进与发展，企业团队灵魂的内涵也应该有新的拓展，领导者不能让自己的思想观念落伍，而应站在时代前沿去塑造和培养企业的团队灵魂，为企业打造出一支高素质的团队，使所有员工都能在分工协作的过程中充分施展自己的技能，促进团队工作的开展，同时顺应时代的潮流增强自身的适应力，进而提升企业的核心竞争力。

3. 从心理学角度来塑造团队灵魂

从心理学角度看，积极的精神可以促成积极的行为，而消极的精神则会使人变得颓丧，因此领导者在塑造团队灵魂时一定要打造出能获得全体

员工正面认同的积极精神，以此在员工之间播撒和传递正能量，使其在认同团队精神时增强对企业的认同感，同时进一步提升工作热情，在共同协作中促成高效目标的实现。

准则 33. 凝聚人心的力量：信任

管理学应该遵循的用人哲学是：用人不疑，疑人不用。但是许多领导者对手下员工缺乏最基本的信任，要么包揽公司大小事务，每天忙得不可开交，要么假意放权，实则经常对员工的工作进行监视和干涉。这样做往往形成这样一个局面：领导自己心累，员工被束手束脚，才干难以得到施展。

很多公司都存在这样的问题，GE（美国通用电气公司）前 CEO 上任时，这个庞大的组织几乎完全在高管的操控之下，韦尔奇认为："领导管得少，才能管得好。"之后他大力推广信任员工和充分授权的管理理念，最终使僵化的企业焕发出蓬勃的生机和活力。每个人都渴望被重视被信任，领导者能否大胆放手，给员工一个施展才能的机会，是影响员工忠诚度和团队凝聚力的关键因素，当代著名的系统论社会法学家卢曼说："信任是为了简化人与人之间的合作关系。"信任在一个组织中如同强力黏合剂，公司中的大部分工作都是人与人之间通过合作的方式共同完成的，信任是沟通人心的桥梁，是凝聚人心的一股力量。给予核心员工充分的信任和必要的决策权是驱策他们共同为企业效力的最好途径。

在诺曼底战役中，盟军总司令艾森豪威尔让一位军官出任第三集团的师长，第三集团司令巴顿认为这位军官没有军事才能，反对他担任师长一职，但是艾森豪威尔却坚持对那名军官委以重任。

没过多久，巴顿的想法就被证实了，那名军官果然能力有限，致使盟军吃了败仗。艾森豪威尔这才相信了巴顿的判断，立即命令那名失职的军官引咎辞职。巴顿却表示反对，这让所有人都感到困惑不解。

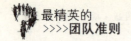
最先反对这位军官出任要职的人是巴顿，而当军官暴露了自己的无能，巴顿却想让他留在军队，艾森豪威尔也无法理解巴顿的做法，对此巴顿解释说："虽然他表现很差，但那时他是你们多余的军官，而今他是我的属下，我会充分信任他，并努力让他成长为一名合格的将军。"此语一出，在场的所有人都非常感动，那名军官对巴顿尤为感激，为了不辜负巴顿的期望，他从此奋发向上，努力训练自己，终于成为了一名合格的将军。

巴顿将军之所以广受将士们的爱戴，就是因为他信任和爱护下属，并把他们培养成了可用之才，所以将士们愿意围绕在他身边，听从他的号令，可见懂得信任和放手用人对提升团队凝聚力是大有益处的。其实很多领导者并非不晓得授权的好处，但是他们或是质疑下属的能力或是怀疑下属的品质，总想自己插手重大事务，员工由于不被信赖，积极性和主动性受到抑制，往往变得碌碌无为。

核心员工大多比较自主，渴望证明自身的价值，他们不想永远被遥控指挥，被动地接受上级的命令，在业务方面他们比领导者更为专业，领导者应消除疑虑，给予他们证明自己能力的机会，赋予他们充分施展才智的空间和权力。

民族资本家范旭东创立永利碱厂后，聘用侯德榜出任企业的总工程师。侯德榜非常敬业，每天夜以继日地拼命苦干，但是四年之后，研制的纯碱仍然比不上洋碱，在竞争中完全处于下风，永利碱厂面临着破产的风险。

股东们纷纷要求辞掉侯德榜，聘请外国人担任总工程师，但是范旭东却坚持力挺侯德榜，他在董事会上充分肯定了侯德榜四年来付出的努力，并希望董事们信任和支持侯德榜的工作，要求大家不要挫伤侯德榜的信心和锐气。侯德榜在得知这件事后，感动得热泪盈眶，他非常诚恳地说："范先生对我至诚相待，令我终生难忘，今日愿意以死拼来回报范先生。"为了回报范旭东对自己的信任和支持，侯德榜工作更加努力，最后终于研制出了品质优良的纯碱，使永利碱厂在国际展览会上拔得头筹，永利碱厂

不仅顺利渡过了危机，而且获得了很高的声誉。

员工是需要成长的，在担当大任之前或上任不久难免出现不适应的状况，他们就好比璞玉，需要经历打磨才能成为光彩照人的珍宝，领导者要信任他们、培养他们，使其成为真正的人才。信任员工，不但可以在精神上激励他们，使其迸发出无穷的力量，而且还可以令他们成为自己的得力助手，分担部分工作，促进企业的良性发展。但是在现代企业管理之中，信任危机仍然是普遍存在的，它不仅造成员工的流失，还大大阻碍了企业的健康发展。那么作为领导者，该如何化解信任危机呢？

1. 合理授权，改变事必躬亲的工作状态

事必躬亲并不是正确的工作方法，领导者的主要工作应该是管理，而非执行，再强悍的领导时间和精力都是有限的，包揽所有工作的结果就是效率低下，而且还阻碍了员工的晋升和成长。为此，领导者必须尝试着信任属下，赋予他们适当的权力和发挥空间，做到疑人不用，用人不疑。

2. 要信赖得力下属，敢于承担自己的责任

出现问题时，有的领导者理所当然地把责任推到下属身上，认为一切都是因为刚被提拔的下属不称职造成的，其实有时原因未必在下属身上，很可能问题出在自己身上，可是领导者由于不愿意承认自己能力上的局限和判断上的失误，很容易把刚刚上任的下属当成替罪羔羊，这样做会让下属失去安全感，从此不再信任企业。因此作为一名合格的领导者必须正确地认识自己工作中的失误，并勇敢地承担个人责任，与下属形成互信关系，与其在各自的工作岗位上共同推动企业的发展。

3. 对员工的失误要给予一定的宽容，为企业创建信任的氛围

美国的 3M 公司有一条十分著名的格言是：为了发现王子，你必须与无数个青蛙接吻。这句话的意思是在成功之前人要经历无数的失败，但失败并意味着结束，而是意味着新的开始。对于刚刚提拔的员工，领导者应该给予他们适应新岗位的时间，宽容他们在初期工作中出现的失误，在企业内部创建信任的氛围，鼓励其他员工支持和信任自己的部下，帮助他们更快地成长。

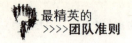
准则 34. 别让精英单打独斗，全力整合人才资源

在全球经济一体化的当代社会，很多工作都需要分工协作才能完成，单打独斗式的工作模式早已被团队合作所取代，越来越多的人认识到了团队合作的重要性。然而在实际工作中，想要让团队成员毫无间隙地通力合作并不是一件容易的事，每个人的个性、想法和追求都不一样，优秀人才更是特立独行，缺乏合作意识，那么作为领导者该如何使员工们忽略彼此的差异，同心协力地朝着一个共同的目标奋斗呢？

大部分领导人可能会有这样一种体会，平凡的员工大多没有棱角，也乐于与同事展开合作，但是优秀的人才却常常自恃过高，在心底里有些瞧不起别人，不愿意和同事合作，缺乏分享精神，结果就会造成一加一小于二的局面，即团队里如果有一个人才他便会大放异彩，有两个人才则变得星辉黯淡，有多名人才生产力反而降低，这样的局面对于整个团队的健康发展是极其有害的。

苹果公司堪称业界的翘楚，其出产的手机和平板电脑等产品凭借着简约的外观、新颖的设计和独到的时尚元素等优势至今备受消费者青睐。这样一家影响力巨大的创新型高科技公司，当然人才济济，曾有人说，苹果公司网罗了全球80％的电脑精英。然而就是这样一家技术过硬、实力超强的公司在激烈的市场竞争中，却败给了技术水平逊色于自己的微软公司，这是为什么呢？

乔布斯在公司失利后深刻地反省了苹果公司存在的问题，他认为根本原因在于苹果公司里的高级技术人才个个都很骄傲，把自己看成首屈一指的旷世奇才，看不起同事，也不屑于和他们合作和分享资源，每个人都把自己当成独一无二的人才，长期各自为战，几乎所有人才皆是独立的个体，团队只是一个松散的组织，合作是不存在的，结果就输给了懂得抱团合作的竞争对手。

乔布斯本人也曾经极为骄傲，不喜欢和别人合作，但是自从在市场竞争中受到教训以后，他完全改变了以往的工作态度，不但自己愿意主动融入团队，还充当了黏合剂的角色，引导技术性人才密切合作，把优秀人才的力量黏合起来，形成一种巨大的合力。后来苹果公司团队凝合力得到了增强，发展蒸蒸日上，技术更为精良，开发出的新产品竞争力更强，很多上市的新产品都受到了广大消费者的热捧，苹果品牌产品几乎成为个性、时尚和潮流的代名词。

团结的队伍才有战斗力，人才是团队不可或缺的资源，领导者只有懂得如何整合人才资源才能打造出一支打不垮、冲不散的高效团队。如果把团队比作一座高层建筑，优秀人才就是构筑这栋宏伟建筑的砖瓦，而领导者扮演的则是黏合剂的角色，其主要职责就是把每个性格迥异、需求不同的人才聚合起来，只有这样整个团队才能具备稳固和持久的优势，在商业竞争的激流中屹立不倒。那么团队领导者应该如何引导人才进行团队合作呢？以下几点建议可供参考：

1. 要让人才意识到个人成功和团队成功并不矛盾

人才往往更加看重个人理想和价值的实现，希望自己能脱颖而出发出夺目的光芒，会觉得自己的成功和团队的成功关系不大，甚至认为个人成功和团队成功是相矛盾的，因为如果团队中人人都很出彩，功劳是大家的，他便无法显示出自己的优势。团队领导者如果想要把抱有此种想法的人才聚合起来，必须像揉面团一样打造队伍，把各自的利益、追求、情感等因素全部揉进去，让个体能从团队的成功中受益，并产生强烈的自我成就感。领导者要做到的是把个人的成功和团队的成功统一起来，而不是高喊着"存天理，灭人欲"的口号，要求团队成员个个成为大公无私的楷模，在整合思想的同时，注意对不同利益的整合，往往比任何苦口婆心的说教都奏效。

2. 要善于当"和事佬"，化解团队内部纷争，促进人才之间的沟通与协作

人才通常具有很强的个性，因为棱角分明，互相之间难免出现各种摩

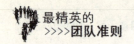
擦，又由于心高气傲，缺乏容忍之心，发生矛盾很容易演变成剑拔弩张的态势，水火不容的人才会造成团队的内耗，领导者如不能及时制止，很多工作都难以顺利开展。在团队内部出现由人才引发的纷争之后，领导者要善于扮演"和事佬"的角色，加强和人才的交流，使其消除彼此的敌意，化干戈为玉帛，在工作中继续开展合作。

当然，黏合剂的角色并不是那么好当的，和骄傲的人才打交道要比和普通员工打交道难得多。人才发生争执后，领导者找双方开诚布公地谈心，从而了解纷争产生的原因，沟通时不要指责任何人，而要旁敲侧击地指出双方的欠妥之处，引导他们换位思考，最后消除彼此的芥蒂，促成双方握手言和。

3. 引导人才加强内部交流，为其建设畅通的信息渠道

有的团队里尽管有很多优秀的员工，但是整体效益却十分不理想。主要原因在于他们在执行工作的过程中缺乏有效的交流和协调，每个人都在孤军奋战，虽然大家都很辛苦，但是工作成果却差强人意，团队的整体士气也因此受到影响。许多人才虽然技术高超，但是不喜欢主动和同事交流，这时领导者就应该为其搭建信息互享的平台，为人才构建畅通的信息渠道，促进他们的对话与沟通，改变他们过去各自闭门造车的不利局面。

领导在安排日常工作流程时，可适度增加开会研讨的次数，召集人才集思广益，发表自己的看法，分享有价值的信息，促成人才更多地参与交流，使他们在日后的工作中配合得更为紧密和协调，从而实现工作环节上的无缝对接。

准则 35. 严密的组织可以发挥出巨大的力量

对于团队而言，个人工作成果不会比团队的整体业绩重要。有些团队的领导者会发现这样一个问题：团队内部用好几名出色的员工，业绩非常好，然而团队的整体业绩却一直非常差。在这种情况下，领导者当然不会

为手下有几名明星员工而备感欢欣，而会为了团队糟糕的业绩而感到颇为惆怅。为什么员工个人能力很强，团队的整体业绩却上不去呢？原因在于团队组织缺乏严密性。

一个团队就如同一部高效运转的精密机械，如果各个零部件之间结合得不够紧密，那么这部机器是不可能正常运转的。在团队中，员工的能力有强有弱，这就好比零部件有大有小，但是只要把他们安排在合适的位置上，使其形成一个紧密的整体，促成天衣无缝的合作，这个团队就会无往不胜。

那么，作为团队的领导者，在组建团队的过程中，该如何保证组织的严密性呢？

1. 团队要有严明的组织系统

组织系统严明才能促使团队成员步调一致，密切配合同伴的工作。在团队内部，职位是有严格的等级的，下级员工必须服从上级领导，来确保行动的统一性。一个好的团队，必然拥有强大的执行力，下级员工能步伐一致地执行上级的指令，形成一个相互协作的整体，形成一股巨大的合力，推进工作的有序进行。

2. 明确目标，细化分工

每个团队的领导者都会给团队提出任务和目标，但是不是所有的目标都清晰明确，有时目标模糊或者不切合实际，就会大大削弱团队的凝聚力和执行力。团队目标明确具体，员工才能有步骤有计划地完成任务，否则工作就会混乱不堪。明确的团队目标一旦确立，领导者就应立即细化分工，让每位员工了解自己的工作任务，并检查和监督任务完成的情况，促成团队目标的实现。

3. 在团队内部建立畅通的沟通渠道

团队内部只有实现了有效畅通的沟通，才能保证行动的一致性，上下级之间以及同级之间在工作中必须保持畅通的信息交流，组织内部信息传达畅通无阻，才能使不同层级的员工朝着同一个方向前进。

4. 按照员工的特长为他们安排职位，做到人岗匹配

要想让员工更好地在团队中发挥效用，就应按照他们的特长为其安排

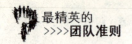
合理的岗位，使每个人最大限度地发挥自己的能力，游刃有余地配合其他员工的工作，从而使团队发挥最大的力量。领导者如果能把合适的人安排在合适的位置上，就能使企业上下形成一个组织严密的整体，从而从根本上提升企业的业绩。

准则 36. 人各有长短，学会扬长避短是关键

俗话说：尺有所短，寸有所长。一个人无论有多么聪明能干也不可能十全十美，一个人即使满身都是缺点也不可能一无是处。每个人都有长处和短处。有的领导者总是盯着员工的短处，不善于发现和利用他的长处。有的领导虽然懂得用人所长，但是还是造成了人才流失，这是为什么呢？其中最为关键的原因就是不能容人之短，在欣赏人才的长处时，总对这块微瑕的白璧感到不满，出现一点问题就弃用人才，这样做是十分不明智的。

领导者用人应学会扬长避短，让人才最大限度地发挥自己的优势，避开自己的弱势和短处。其中"扬长"是最为关键的一步。曾有一位人力资源专家说过："虽然扬长与避短是用人过程中对立统一的两个方面，但扬长是起决定性作用的主导方面。因为人的长处决定着一个人的价值，能够支配构成人的价值的其他因素。扬长不仅可以避短、抑短、补短，而且更重要的是，通过扬长能够强化人的才干和能力，使人的才干和能力朝着所需要的方向不断地成长和发展。"确实如此，用人就要使他一展所长，让他的优势得到最大发挥，短处和劣势得到弥补或抑制。

第二次世界大战后，松下幸之助致力于重新创建松下集团的胜利者唱片公司，他想任用一个出色的管理人才来出任公司的经理。人们本以为他会选择一位经验丰富、深谙音乐和唱片的人才，没想到他却任命对音乐和唱片一无所知的野村古三郎当经理。

野村古三郎原为海军上将，在日本战争中出任过特命全权大使一职，很有名气，但是他完全没有商业经验，更不了解唱片业。公司上下纷纷质

疑松下幸之助的用人选择，大多数人都觉得野村古三郎没有能力胜任经理一职。野村古三郎也对自己没有信心，他对业务一窍不通，但是面对松下幸之助的盛邀，他只好答应试试，但是条件是公司必须为他配备熟悉业务的助手，松下幸之助马上同意了。

野村古三郎上任以后，质疑声仍然不断。有一次在董事会上，大家提到了著名音乐作品《云雀》，野村古三郎竟问《云雀》的作者是谁。一个堂堂唱片公司的经理竟对人们耳熟能详的名曲一无所知，此事在公司流传了一段时间后，许多公司高层也开始对野村古三郎感到失望，一致劝松下幸之助辞掉野村古三郎，让更合适的人担任经理。松下幸之助却丝毫不怀疑自己的眼光，坚持重用野村古三郎。

松下幸之助在一片反对声中启用野村古三郎，自然有自己独到的想法，在他看来，野村古三郎心胸开阔、品格高尚，还非常会用人，并擅长经营，唯一的短处就是不懂唱片业。不过公司已经为他配置了业务能力出色的优秀人才，完全可以使野村古三郎避开短处，心无旁骛地专心于经营管理工作。事实证明，松下幸之助的用人策略是正确的，胜利者唱片公司在野村古三郎的精心打理下，企业效益猛增，未来发展形势颇好。

松下幸之助充分利用野村古三郎所长，在"扬长"的同时助其规避短处，为野村古三郎发挥自己的管理才能解除了羁绊，使整个团队在他的带领下为企业创造了良好的收益。领导者若要真正做到用人所长，就必须有容人之短的心胸，总抓住人才的缺点不放，便会阻碍人才能力的正常发挥。世上不存在绝对完美的人，太阳也是有黑子的，唯才是举就要用人所长，容人之短，只有遵循这一原则，才能为企业建立良好的用人机制，促成企业的高效发展。

人事总监崔紫玉在做人事主管时，曾遇到过这样的问题：公司有一名员工性格质朴老实，平时沉默寡言，不爱和同事交流，工作总是做不好。但是他一向循规蹈矩，从不违反公司的规章制度，对工作也很尽心。崔紫玉好几次都想辞退他，但是又非常欣赏他的敬业精神，本想安排他换岗，可是一时找不到合适的岗位。

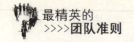
辞掉他崔紫玉有些于心不忍，但是如果让他在公司里闲着不做事，公司还得照付工资，有些不合情理，其他员工也会对此产生不满；其他工作大多不适合他，崔紫玉想来想去，也没想到解决的办法。正当她灰心时，公司的库管职位出现了空缺，工作内容主要是看管和盘点货物，公司上下没有人愿意去做这么枯燥乏味的工作，前任库管由于耐不住寂寞，常常离开坚守的岗位跑出去找人闲聊。崔紫玉心想那名老实的员工应该是做库管的最佳人选，于是就安排他打理公司的仓库。

那名员工非常适合这个岗位，他每日面对着一堆堆货物，从不感到厌烦和寂寞，他不善言谈，这项工作也不需要他说太多话，他为人诚实又忠于职守，把这项工作做得非常出色。崔紫玉非常庆幸当初自己包容了他的短处，否则公司在相当长的时间里都不可能找到像他这么称职的库管。

容忍之短是领导者在选人、用人时应当必备的一个品质，每个员工都有短处，只要不影响大局，没有妨害到公司的根本利益，完全可以使其避开短处，发扬长处为公司服务。领导者如能正确运用扬长避短的用人策略，无论是对企业还是对员工都是大有裨益的。站在团队和企业的立场来看，能促使人力资源得到优化整合，开创人尽其才的局面，迅速提升团队和企业效益；对于员工而言，他们能够在最适合的天地里施展自己的特长，规避自己所不擅长的事，自信心得到增强，能力也得到了提高。那么作为领导者，该如何运用扬长避短的用人法则呢？

1. 利用员工的短处为公司服务，但是要最大限度地减少其危害

领导者可对公司的员工进行性格测评，不但要让每个人尽情发挥自身的长处，还要利用他们的短处为企业做贡献。例如可以安排争强好胜的人负责生产管理工作，让虚荣心强、爱自我炫耀的人从事市场公关工作。

2. 整合团队人力资源，使团队成员形成优劣势互补的良好局面

团队里不可能出现全才，员工难免有这样或那样的短处，领导者要对团队成员的长处和短处了若指掌，巧妙地用其所长，同时使员工之间优劣势互补，打破"木桶定律"，不让任何人的弱势影响团队整体力量的发挥，而是利用优化整合的方法，把木桶的短板补齐，全面提升整个团队的综合

实力。

3. 为员工创造条件，把"劣马"变成"千里马"

柯达公司在制造感光材料时，员工必须置身于暗室工作，可是长期待在暗室里工作对视力损伤很大，员工的视力下降到一定程度，就没办法继续工作了，这个难题很难解决。后来一名主管主张聘用盲人来从事暗室的工作，盲人习惯了长期在黑暗中生活，恰好适合这项工作。柯达的这一用人策略大获成功，公司的劳动生产率得到了提高，还给社会留下了唯才是举的好印象，之后许多高学历人才和专业人才都争相到柯达公司工作。

柯达公司用人的妙处就在于能够从人的短处中挖掘出长处，缺点明显的人也是有长处的，"劣马"和"千里马"是相对的，为员工创造好必要的条件，"劣马"完全可以转变成"千里马"。领导者不要歧视缺点和弱点明显的员工，而要想办法促使他们把短处转化成长处，使其更好地为企业效力。

准则 37. 化解内部矛盾，降低内耗

在工作中，矛盾是无处不在的。团队内部员工之间由于价值观不同、个性迥异，互相之间常常会发生各种矛盾和冲突，这在一定上影响了团队的凝聚力，造成了内耗。为此，领导者就要妥善化解员工的内部矛盾和冲突，来有效降低企业内部成本的损耗。

领导者不要害怕团队内部出现分歧和矛盾，每个员工都有各自的想法和不同的做事风格，不可能变成一个绝对统一的整体，如果个体的差异性完全被泯灭了，对于团队而言也未必是件好事，因为那意味着整个团队呈现出死寂一般的僵化状态。可是领导者也不能对团队的内部矛盾视而不见，因为内部矛盾加剧会瓦解团队的聚合力，给企业造成不可估量的损失。

有一家生产塑料加工机械的工厂，有位年轻技师和生产组的老组长发

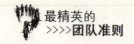
生了冲突。年轻技师是名牌大学毕业的高才生，已经在这家工厂工作了三年多，组长虽然只有高中文凭，但是已为公司服务了11年，资历颇深，两人对厂内生产的射出成型机的改良方式提出了不同的见解。技师建议在射出速度上安装一个自动控制钮，组长却认为根本不必那么麻烦，只要在射口上加以控制就行了。

技师是从机械结构理论来考虑的，组长是从实际操作的角度来提出的经验之举，两个人互不相让，在工作场合大声争吵起来。表面上看，他们都是为了将产品改良得更加完美，好像彼此都没有私心，而实际上他们却是暗自较劲。

组长想：我整体跟机械打交道，已经在工厂干了十多年了，实战经验比你这个黄毛小子丰富多了，你才来公司多久，不过掌握了点理论知识，就认为工作能力比我强了，简直是自不量力。

技师想："我比你更懂机械结构的原理，而且已经有了三年多的工作经验，理论和实际已经结合得很紧密了，你那种改造机械的方法根本就比不上我提出的方案。"

技师和组长之间的矛盾其实早已产生了，两个人互相都不服气，有了导火索，大战一触即发。冲突发生后，老板感到左右为难，他很重视高学历的专业人才，因为这类人才对企业的长远发展很重要；但是他又不想得罪组长，因为那样做会影响公司的生产。权衡再三之后，他想出了一个两全其美的好方法，那就是设立研发部门，让技师带着几个员工专门从事改进产品的工作，让组长负责抓生产，两个人权责已经划分得很清楚了，日后各司其职，就不会再发生直接的正面冲突了。

技师和组长虽然在工作上可以互不干涉，但是彼此之间还是需要沟通和交流的，老板必须想办法消除彼此的怨气，于是就把两个人分别叫到办公室里谈话。老板对年轻技师说自己对他寄予了很大的厚望，希望他能研发出更好的新产品。然后话锋一转，说那些老技工都有些倔脾气，希望他别太放在心上。技师见老板这样看中自己，顿时甚为感动，不打算和组长计较了，当即表示自己会以大局为重。

接着老板又和组长长谈了一次，语气平和地说："你身为生产组组长，怎么能在那么多员工面前和技师吵架呢？有什么不满你可以跟我讲，不要公开和人家吵闹。你在工厂已经工作十几年了，是比较有资历的老员工了，你的能力我是信得过的，但是公司开发新产品不能只靠你和我两个人，我们必须得吸收专业人才，理论知识也是有价值的，大公司负责产品开发的都是学有专长的人才，你是长辈，气量应该大一些，不要和年轻人计较，现在你们俩工作分开了，但是技师毕竟年轻，经验不如你多，日后的工作还是需要你多多支援，你应当尽力协助他，有什么委屈可以跟我反映，但是不要和人家当面吵。"组长本来想要向老板告状，听老板这么一说，半晌无话，既然老板非常认可他的能力，也承认他在企业中的地位，他还有什么怨言呢？为了企业日后的发展，他也打算和技师和解，必要时还会对这位年轻人提供一定的指导。

工厂老板用极其聪明的方法化解了员工的内部矛盾，有效地降低了内耗，使自己的得力部下能集中力量把自己的本职工作做好，而不是把精力浪费在互相怨恨和指责上。领导者要因势利导地化解员工的内部冲突，加强团队的管理，在处理矛盾时，要遵循以下原则：

1. 明察秋毫，详细了解情况

领导者在解决员工之间的矛盾和纠纷时，不能只听员工的一面之词，而应对事件的原委进行详细的调查，充分了解矛盾产生的原因及经过，深入分析冲突的实质，然后对症下药，巧妙地调解员工之间的纠纷。

2. 对员工进行耐心地引导和教育，必要时施加压力限期改正

调解矛盾的初衷是为了让员工打开心结，消除怨气，能更好地在工作中团结协作。领导者务必要做好沟通工作，帮助员工梳理好情绪，在引导和教育的基础上，令他们尽快纠正对抗行为，绝不能让矛盾长期纠缠不清，必要时限定他们在一定的期限内改正自己的做法，配合彼此的工作。

3. 不拖延，及时解决矛盾

如果领导者不能及时处理好员工的内部冲突，员工的矛盾就会越积越深，日后就会变得难以解决。员工有了纠纷，领导要及时召集他们谈话，

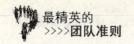
并认真地调查取证，找到矛盾的症结，引导员工站在对方的角度考虑问题，多多谅解同事，以此来消除他们的隔膜。

4. 利用共同的目标来化解内部成员的矛盾冲突

加盟企业的人才多是怀有抱负的，这样的员工除了关心自身的切身利益外，还非常关心企业的长远发展，领导者可引导此类员工站在企业的整体利益上来考虑问题，促使其为了完成企业的共同目标而放弃个人恩怨。

5. 双方矛盾无法化解时，可考虑安排他们分开工作

如果员工之间存在无法调和的矛盾，领导者费尽心力也无法协调冲突，这时只好考虑把他们的工作岗位分开，由于日后的工作彼此交集减少或者完全没有交集，双方之间发生摩擦的几率自然也就降到了最低。没有剑拔弩张的对峙和不友好的公开叫板，团队就会变得更加团结，凝聚力和向心力则会随之大增。

准则 38. 有效处理内部团体关系

无论是中小型企业，还是大公司，内部都存在着小团体。它们是由拥有共同的志趣或利益的人组成的集团。小团体的出现是不可避免的，任何一个团队都不可能像无缝可寻的钢筋水泥一样牢固，团队是由人组成的，而不是钢铁，俗话说，物以类聚人以群分，员工抱团形成小团体是一种客观现象。很多领导者因为小团体的存在而头痛不已，因为它们是一股不可忽视的力量，有可能集体反对自己的决策和工作，也有可能发生纷争，破坏团队凝聚力，面对这一管理难题，不少领导者都不知如何是好。

想要完全消灭小团体几乎是不可能的，小团体的存在自有其道理，首先它是利益的团体，内部成员利益趋于一致，拥有共同的目标。其次，它是友谊的团队，成员情投意合，感情甚笃，能够相互关怀和爱护。小团体对公司来说并非只有害处，它就像一个避风港，可以给员工带来安全感，成员经常沟通互相帮助，共同解决情感和工作中遇到的问题，为员工提供

精神支持，使其在工作时间保持心情愉快。

　　小团体虽对企业有正面影响，但是负面影响也是不容忽视的。小团体会给领导者的工作带来阻力，倘若领导为了企业的整体利益损害了某个小团体的利益，他们就会公开与公司对抗；此外小团体还可能成为谣言的发源地，平时内部成员频繁交换信息，有时会传播一些道听途说的虚假信息混淆视听，使员工对领导或者公司产生质疑，影响团队向心力。小团体最具破坏力的影响是割裂组织，破坏团队精神，不同团体由于利益和观念上的分歧，会引发激烈冲突，致使员工拉帮结派、争斗不休。有时小团体两败俱伤，会给企业造成巨大损失。

　　刘晨是一家电机制造厂的副总裁，该厂的主营产品是磁瓦、轴承、驱动轴等。他刚刚担任此职时，雄心万丈，一心想把公司打造成国内的领军企业。可是公司里还有另外一个副总裁，那位副总裁叫王哲浩，负责公司的两大业务——磁瓦和轴承，刘晨虽然掌管四项业务，但是多为盈利模式不明晰的业务部门。

　　王哲浩和公司总裁是亲属关系，深受信任，在公司有不可动摇的地位，有很多人鞍前马后地追随；而刘晨也不甘示弱，一心想巩固自己的地位，也开始拉帮结派。后来公司就形成了以王哲浩为首的和以刘晨为首的两大派。

　　两大派的员工表面上一团和气，私下里却经常明争暗斗。公司成立了芯片产品部以后，刘晨成了部门负责人，这项业务公司尤为重视，刘晨终于有了大显身手的机会。芯片正式投入市场后，销量一直不错，给公司带来了巨大的效益，公司很看好芯片未来的发展前景，推出了第二代芯片产品。第二代芯片却远远不如第一代产品受欢迎，销量不断下滑，主要原因是产品品质有问题。技术部门是由王哲浩负责的，为了解决产品技术问题，刘晨马上找到王哲浩沟通。

　　王哲浩却说产品销量低主因不是技术问题，而是产品部的营销工作没做好，第二代芯片产品比第一代产品先进，不过是有点瑕疵而已，客户既然能接受第一代产品，就应该能接受第二代产品，要马上解决技术问题并

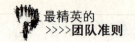
不是那么容易的事，技术部门还要开发其他产品，没有那么多时间来改良芯片。刘晨坚持要求技术部门解决第二代芯片的质量问题。王哲浩只好答应他尽量改进产品。可是刘晨离开后，王哲浩却吩咐技术部门的主管把精力集中在新产品的研发上，余下的时间再去解决芯片质量问题。

刘晨多次催促技术部门改进芯片质量，技术部门却总是以正在研发新产品为由推脱，两个月后客户的投诉越来越多，产品销量大幅度下滑，由于完不成业绩，产品部的员工工资越来越低，他们对技术部门越发不满，每次见到技术部门的员工都感到愤恨，两个部门的员工最终发展到水火不容的地步。

由于两大派的争斗，公司的新产品进入了滞销阶段，之前公司为了研发第二代芯片产品投入了巨大的人力、物力，而今亏损得非常厉害，不免元气大伤，王哲浩和刘晨两虎相争，最终两败俱伤，但是最大的输家却是公司。产品部和技术部成为仇敌，日后公司推出新产品，两个部门的人都不愿相互配合，给公司的业务造成了巨大的冲击。

一般情况下，公司都不鼓励内部出现小团体，因为它们就像一个个割据的诸侯，一旦发生混战就会给企业带来近乎毁灭性的打击。但是小团体形成之后，领导者很难拆散它们，打压和对抗都很难削弱它们的力量，有时还有可能起到完全相反的作用。那么作为领导者应该怎样管理小团体呢？

1. 领导者需保持中立，不能卷入团体纷争

企业内部形成一个和谐统一的整体，团队才有凝聚力，有的领导为了权欲、私欲或者其他目的，拉拢部分员工，这样做只会让内部关系更加恶化，致使团队内部纷争不断。领导者不能让自己变成某一团体的核心人物，而应该把自己定位为整个团队的带头人，绝不能为了个人利益和目的而损害团队的整体利益。

2. 明确各利益主体的责任，确保尊重员工利益

领导者若能充分尊重每位员工的权益和利益，员工就会更加依赖企业，而不会加入或倒向小团体。小团体是利益的集团，员工如果自感弱

势，便会靠依附小团体来为自己争取利益。因此领导者降低团体形成的概率，必须从尊重和保障员工的利益开始。

3. 利用小团体优势，推动大团体发展

领导者要引导小团体发挥正面作用，将它的负面作用降到最低。领导者要想方设法对小团体施加影响，将小团体转化成企业内部的一股正向力量，促进团队目标的达成。领导者可根据小团体的特点，委任团体内部成员分担工作，由于这些成员拥有共同的价值取向和目标，工作起来往往更加快速有效。

4. 及时遏制团体之争

对于恶性小团体，领导者要及时制止它们的明争暗斗，并进行相应地管理，绝不能让团体之争损害企业的整体利益，具体做法是削弱骨干成员对小团体的影响力，让牢牢抱团的小团体成为松散的一种组织，同时增强企业对内部成员的影响力，将小团体的破坏力降到最低。

准则 39. 加强团队建设，及时制止内讧

每个企业都非常看重团队精神建设，可是事实却常常不尽人意，人的心态是微妙和复杂的，在不良心态的影响下，就会出现互相拆台、恶语中伤的局面。它不同于竞争，良性竞争可以促进企业的快速发展。只要内讧现象普遍存在，团队就极有可能业绩惨淡。许多领导者对此感到无所适从。

有的企业具有很强的适应能力和抗压能力，没有被变化莫测的外部环境打败，也没有被强大的竞争对手击垮，但是却毁在了自己人手里。有的领带者总把眼光投向外面的世界，而对内部的是非重视不够，结果外战告捷，却被内战拖垮，这实在是一大遗憾。

有一家智能卡公司，创业之时公司仅有一间不足20平米的简陋办公室，公司的雇员也只有区区几人。后来公司不断发展壮大，员工增加到几

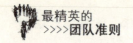

十人，有了自己的制造车间和宽敞明亮的办公室，年营业额逾千万，在当地成了小有名气的成功企业。

公司的发展并非一帆风顺，经历了很多风风雨雨才有了今日的成就，它一次次战胜了比自己强劲的竞争对手，根据市场的变化及时调整策略，使公司的产品始终保持着很高的市场占有率。因为公司的效益越来越好，老板对企业的骨干员工也变得慷慨起来，除了充分满足他们的各种需求外，还给他们派发了股份。

老板本意是鼓舞大家更努力地工作，然而结果却事与愿违，核心骨干为了自身的利益不但互相争斗，还常常向老板打小报告，甚至要求老板惩处自己的劲敌。老板感到非常恼火，他平时工作就忙得不可开交，公司业务上的很多事情都要操心，而今还得每天处理这些钩心斗角的事，怎能不闹心呢？

接下来发生的事情完全脱离了老板的掌控，生产部组长认为自己为公司立下过汗马功劳，不能接受自己的待遇低于营销部主管的事实，而营销部的主管坚持认为企业的利润主要是自己部门创造的，生产部负责的不过是基础性的工作。老板只好给两位核心骨干都涨了工资，但是两位骨干成员仍没有停止争斗。

生产部组长看不惯营销部主管，营销部主管也讨厌生产部组长，两人依旧轮番到老板那里诉苦和打小报告，还时常推荐别人来取代对方的职位。营销部主管经常在公司里散播谣言，对生产部组长大加中伤，很多经过添油加醋的故事传到了工人耳朵里，很多工人信以为真，对生产部组长产生了极大的不满。生产部组长平时对待工人比较严厉，有一次他不慎得罪了一名人缘颇好的老员工，老员工把听来的消息当着工人的面讲述了一番，工人群情激奋，约有三分之一的工人当天就举行了大罢工。后来加入罢工队伍的工人越来越多，营销部主管趁机建议老板辞掉生产部组长，并表示自己已经物色到了更合适的人选。

老板为了企业能正常运作，不得不辞退了资历颇深的生产部组长，但是新组长一上任就显得很不适应，工厂的劳动效率越来越低，管理陷入混乱。老板也想过再次换掉生产部组长，可是企业内部一时找不到合适的人选，短时期内也没办法在人才市场上外聘到合适的人选。最后企业效益不断下滑，后来沦落到被竞争对手收购的悲惨境地。

无论是什么类型的企业，只要出现了严重的内讧，公司效益就会受到严重影响，领导者必须果断采取措施予以干预，不能让内讧成为企业的定时炸弹，对于内讧者要给予必要的惩罚，向所有员工表明企业绝对不允许存在内讧现象，为了一己私利而损害整个团队利益的人一定会受到严厉惩处。要消除内讧，就必须先了解产生内讧的原因，然后对症下药，具体可以从以下几个方面着手：

1. 对于内部的利益之争，可把恶性竞争引入良性竞争的轨道

业务部门内部内讧，无非是为了争夺客户和订单，领导者可对陷入恶性竞争的员工加以引导，使他们的暗斗变成公开宣战，同时鼓励正面的竞争，把私下里的钩心斗角转变成良性竞争，让互为仇敌的员工成为竞争对手，以此促进团队整体业绩的上涨。

2. 冷淡对待爱打小报告的员工，严厉惩处搬弄是非的员工

有的员工忌妒心强，看到别人比自己出色就心理不平衡，总喜欢在背后搞小动作，屡次向领导进献谗言，作为领导不要理会这样的人，更不可听信此类员工的谣言，应对其进行批评教育工作，表明自己的立场，这类员工感到自讨没趣，自然也就不会那么热衷于打小报告了。

3. 严肃处理破坏团队团结的员工

对于恶语中伤他人的、不配合同事工作的、有意刁难其他员工的、把精力耗费在溜须拍马、制造矛盾的员工要给予严厉的处罚，企业不是藏污纳垢之所，绝不能姑息这些不良行为，更不能助长歪风邪气，对于严重影响团队团结的员工都应该及时清理，不要让团队为他们的错误行为埋单。

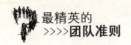
准则 40. 沟通让合作畅通无阻

沟通是合作的基础，在团队中，沟通几乎是无处不在的，随着时代的发展，沟通的手段和方式比过去要丰富得多，但是沟通的有效性却仍没有得到改善。很多沟通对行动并没有帮助，反而让工作变得更加复杂，这究竟是信息在传递的过程中出现了问题，还是领导者对沟通重视不够呢？

有关资料表明，多数领导者与员工进行沟通的时间已经达到了70％，沟通方式多种多样，开会、谈话、做报告为常见的沟通方式，这说明领导者已经普遍认识到了沟通的重要性。但是重视沟通不等于就能充分保障沟通的有效性。据研究，团队中70％的内部矛盾都是因为沟通障碍引发的，失败的沟通极大地影响了团队的凝聚力，降低了员工的工作效率和执行力，归根结底是由领导者的领导力和沟通水平造成的。

沟通的目的是为了让全体员工达成共识，在分享信息之后促成完美的协作，它是提升团队凝聚力、提高工作效率的重要途径。世界知名的巨头公司几乎都在企业内部创建了良好的沟通渠道，内部员工可以通过分享有效信息、交流经验和看法来提高合作的默契度。乐于沟通的人通常也愿意与人合作，"经营之神"松下幸之助认为，善于与人合作是一个领导者必备的素质，而是否善于与人合作则能考验出领导者的能力水平。领导者不能只要求员工具备合作精神，而自己却不愿心无旁骛地与员工沟通。

世界零售巨头沃尔玛公司成功的秘诀之一就是在企业内部建立了有效的沟通机制。沃尔玛总裁萨姆·沃尔顿曾说过："如果将沃尔玛管理体制浓缩成一种思想，那可能就是沟通，因为它是我们成功的真正关键之一。"

沃尔玛总部行政管理人员为了实现有效沟通，促进全球各地卖场的有序工作，每个星期都要花费很多时间乘飞机前往世界各地的各大商场，把公司的全部业务情况通报给相关人员，并召集员工开会，让所有员工了解公司的业务指标。在世界各地的每一个分店里，内部工作人员都会定期公布卖场的营业利润、销售情况以及进货和减价的信息，他们既向经理公布相关信息，也会把所有信息准确无误地传达给店里的每位员工，即便是临时工和兼职雇员也不例外。

沃尔玛在召开股东大会时，出席会议的不只限于股东，店经理和员工都有资格出席大会，公司旨在让全体员工了解企业的全貌，以期日后能合理地安排具体的工作，同时让更多的员工参与到企业管理中来，进一步促成层级之间的沟通和合作。这种沟通方式是沃尔玛公司常用的手段，总裁萨姆·沃尔顿在会议结束后，会邀请所有与会人员到自己家里参加野餐会，在野餐会上员工可以毫无顾忌地畅谈公司的未来。

为了使公司上下沟通渠道畅通无阻，沃尔玛总部与世界各地分店团队一直保持着密切的联系，领导者广泛收集员工的意见和建议，还经常让员工参加沃尔玛公司联欢会。

领导者必须善于运用沟通的方法来确保员工最大限度地合作，拒绝沟通就意味着拒绝合作。在现代企业中，沟通是团队高效运转的后盾，合作不能单凭指令来维持，而要让员工在掌握了足够丰富信息的情况下，充分了解企业的意图，密切配合自己的工作。有效的沟通可以使团队成员在同一个目标的指引下，协调一致地开展工作，大大提高企业整体的执行力。因此沟通是现代企业管理中非常重要的一项工作，也是领导者肩负的重要职责之一，那么作为领导者，如何提高沟通的有效性呢？

1. 构建开放、通畅的沟通渠道

领导者要保持和员工实现真正的沟通，就要在企业内部构建畅通无阻的沟通渠道，打破层级壁垒，消除部门之间信息传递的障碍，拆除员工之间隔阂的心墙，让所有团队和员工都能共享企业的重要信息，不要把重大信息封锁在高层管理层中，而要把它们传递给为公司效力的每一位员工，即使是最基层的员工也不例外。

2. 运用高效而不拘泥于形式的会议交流方式

会议沟通是一种较为传统的交流方式，它是领导者向员工传达重要信息首选的交流方式，但是由于气氛过于沉闷，往往达不到最佳沟通效果。

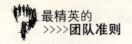

有的领导者习惯搞"一言堂",根本不给员工发表见解的机会,这样的沟通显然是无效的,工作中出现的很多问题都没有暴露出来。要改变这一局面就要打破原有的形式,让全体员工可以在会议上畅所欲言地发表意见,领导者可以与员工们及时交换意见,全面解决工作中出现的问题。

3. 采用非正式沟通的方法

非正式沟通不会让员工感到拘谨,又会使其感受到企业的人情味。通用电气公司前总裁杰克·韦尔奇就非常喜欢非正式沟通的交流方式。他经常给部门负责人和员工写便笺,语气亲切诚恳,皆是发自肺腑,这些只言片语发挥的影响力远比强硬的命令有效力,员工们不但感受到了总裁对自己的关怀,也了解了公司对自己的期望,受到热切的鼓励后,在行动上更加积极了。

韦尔奇认为,沟通主要是针对个人的,个人的沟通比所有程序化的沟通都更具效果,领导者和员工之间展开的看似随意的短暂对话比任何企业杂志或刊物上拟写的管理学文章都更富有价值,因为员工总会带给领导者意外的收获。韦尔奇经常不期造访工厂和办公室,常常和下属共进午餐,工作人员有很多机会和韦尔奇反映工作情况,当然他们总会收到韦尔奇手书的便笺,通过非正式的沟通把一个机构庞大、运行复杂的公司管理得井井有条。

由此可见,沟通的方式是非常重要的,选用员工易于接受的沟通方法比任何刻板正式的沟通更能达到沟通的目的。领导者应学会灵活选用能普遍受员工欢迎的沟通方式,而不要试图仅仅凭借着几种传统刻板的沟通方式就能到达理想的沟通效果。

第五章

"激励"这件事非常重要
——激发员工热情，铸就热血团队

　　员工工作的积极性不会自发地调动起来，没有外界的刺激，经过长时间的工作，积极性必然降低，这是人之常情。作为团队的领导者一定要学会运用有效的激励手段来激发员工的热情，使其精神饱满地投入工作，保持昂扬的亢奋状态，最大限度地发挥自己的聪明才智。

　　一般而言，激励方式包括物质激励和精神激励两种，物质激励是基础，精神激励是升华，优厚的待遇、可观的奖金可以从根本上改善员工的生活，让他们感觉到自己的付出有了回报。可是只有物质激励显然是不够的，想要打造出一支激情澎湃的热血团队，还需要辅以精神激励的手段，让员工感到自己受尊重、受重视、身心愉悦，在工作中实现自己的价值，把工作当成一种快乐而非苦役，每天心情愉快地投入工作。

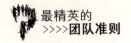
准则 41. 打好薪酬激励这张牌

激励是管理的核心，而薪酬激励是多数企业普遍使用的一种激励手段，它在众多的激励手段中虽然算不上一张王牌，但却是非常关键的一张牌，因为它能切实满足员工的刚性需求，激起员工强烈的工作欲望，如果这张牌打不好，激励方法不得当，就不可能达到预期激励的效果，有时还会适得其反。作为领导者，必须经常思考以下几个问题：公司是否真正满足了员工的薪酬需求？薪酬激励机制是否真的很健全了呢？关于薪酬激励方面的工作还有哪些地方是可以改进的？

薪酬激励虽然是一种物质上的激励，但实际上隐含了其他方面的内容，它不仅代表员工的劳动价值，还暗含着成就和地位的激励。员工期望通过出色的表现获得预期的回报，并能从中感受到一种自我价值感和被尊重、肯定的感觉，工资高的员工会感到自己的成就受到了肯定，并且在企业中占据更为重要的地位。

薪酬激励的目标就是要让员工感受到所得和贡献是成正比的，工资偏低，薪酬激励不到位，就会严重挫伤员工工作的积极性。想要让员工拿着微薄的薪水全身心地投入到劳苦的工作当中，显然是不可能的。根据马斯洛需求层次论来看，物质虽是员工最低层次的需求，但是却是最为基础的需求，它是驱策员工工作的动力和源泉，员工在这方面得不到满足，就会选择跳槽或者消极怠工。

有一家民营公司，成立初期为了调动员工工作的积极性和主动性，制定了一套薪酬管理制度。此后公司发展迅猛，在短短两年的时间内，业务就增长了 110%，规模也扩大了很多，员工的人数超过了 200 人。虽然公司的营业额和利润较两年前增长了很多，但是薪酬制度却没有发生任何改变，员工的薪资没有根据人才市场的变化做出调整，员工的工资始终是以不变应万变，这让大家感到非常不满。

由于员工普遍干劲不足，公司的业绩不断下滑，员工早就失去了工作的激情，都在得过且过地混日子消磨时光，一些技术骨干和高层管理人员纷纷跳槽，其他部门的员工也萌生了去意。工程部经理得知自己的薪水几乎和后勤部经理相差无几时，立即感到愤愤不平，因为他觉得自己负责的工作难度大、压力大，而后勤部经理工作悠闲却也拿和自己一样的工资，这实在太不合理了，很快就愤而辞职。因为员工流失严重，公司的经营陷入了危机。

领导高层经过分析，主要问题出在薪酬制度上，员工的薪水明显低于市场平均水平，企业自然缺乏吸引力，员工另谋高就是一种必然。此外，公司的薪酬结构也有问题，缺乏公平性，这是技术骨干纷纷离职的根本原因。针对薪酬问题，公司重新设计了一套完善合理的薪酬体系，建立了行之有效的薪酬激励制度，激发了员工工作的积极性和创造性，公司发展又回到了正轨。

从这一案例，我们可以看出薪酬激励制度不科学，对企业的发展会产生重大负面影响，严重时甚至会产生致命影响。公司薪酬水平过低，对外竞争就会丧失优势，对于人才而言，他们普遍抱有良禽择木而栖的心态。正所谓"人往高处走，水往低处流"，优秀员工不可能满足于与自身能力完全不匹配的待遇，即便是一般员工，如果觉得自己的收入明显低于其他企业雇员的收入，心理也会失衡，工作状态也会受到影响。核心员工离职，留下来的都是安于现状或暂时找不到工作的员工，由这样的人组成的团队给企业创造的价值将是十分有限的。领导者若要打造出一支高效稳定的优秀员工队伍，帮助企业实现可持续发展，就必须做好薪酬激励的管理工作，那么具体应该怎么做呢？

1. 公司的薪酬水平要与同行业类似的公司做比较，要合理调整员工薪水和奖金

有的公司在创建之初由于资金不足，设定的薪酬水平非常低，物质激励手段也非常有限，随着企业的发展壮大，员工的薪酬有所上涨，然而却严重低于同行业薪酬标准。有的领导者认为员工的薪水普遍增加了，奖金也比以前优厚

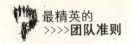

了，员工应该对自己的待遇感到满意，但是员工在纵向比较的同时也会采取横向比较，虽然自己现在比以前挣得多了，但是和同行业的其他员工相比收入仍存在着差距，由此就会对自己的收入感到不满。因此领导者在调整员工薪资时一定不能忘记参考同行业的标准，不要只是和过去做比较。

2. 工资要拉开档次，避免大锅饭

如果员工无论干得好或干得坏、干得多或干得少薪资都是一样的，就会使那些勤劳肯干的员工失去工作动力，他们会认为，既然不努力工作的员工也能得到同样的工资，自己凭什么要付出更多呢？平均主义是一种非常不公平的薪酬体系，大锅饭不会让员工越吃越香、越来越精神焕发，反而会让混吃混喝的人和吃白食的人人数增加，所以领导者在制定薪酬标准时一定要让员工的工资出现明显的层次性，让全体员工意识到肯为企业奉献和效力的员工得到的报酬更多，而工作散漫、业绩差的员工报酬会非常低，以此来激发员工的上进心。

3. 为员工搭建发展平台，改善他们的福利待遇

员工工资的涨幅和企业利润的涨幅在多数情况下是呈正相关的关系，即员工收入越高，工作积极性越高，为企业创造的利润越大。领导者要想办法来提高员工的收入，比如策划各种优惠活动来增加产品的销量，产品销量大增，员工得到的提成就会增多，于是更加努力地投入到销售工作当中，进一步促进销量，为企业创造更高的利润，由此形成良性循环。

4. 创建灵活的奖金制度

奖金是公司为了肯定员工做出的额外贡献而给予的奖励，它能激励员工把工作做得更好，然而许多企业都在沿用一种僵化的奖金制度，把奖金演化成了固定附加的工资，这样做显然不能达到明显的激励效果。为此，领导者应创建更为灵活的奖金制度，不能把奖金固定化，防止员工把奖金当成理所当然的收入，奖金的数额必须根据员工做出贡献的大小而浮动变化，让对公司贡献大的员工更有成就感。

5. 建立自助式福利体系

领导者应为员工设计个性化、自助式的福利体系，让员工根据自身的

需要来选择福利，员工有了对福利形式的发言权和选择权，对工作和公司的满意度就会提升，这不失为一项行之有效的福利政策。

准则 42. 让员工感觉自己"当家做主"

我们常听领导者抱怨多数员工总抱着打工者的心态，对企业的发展漠不关心，这深深地影响了卓越团队的打造。但是领导者是否躬身自问过，他们希望员工具有主人翁精神，可曾把员工当作企业的主人看待，可曾给过员工主人翁的感受？如果没有，这样的期待显然已经超出了员工的岗位职责。很多领导者一直高喊着要"增强员工主人翁意识"的口号，可是在行动上落实到位了吗？

让员工摆脱打工者的心态，切实感觉到自己"当家做主"，说起来容易，做起来却很难。当然如果企业真能做到这一点，员工对待工作的态度就能发生根本性的转变，工作对他们而言不再是换取生存物资的工具，而是一项令人热血沸腾的事业，在这种意念的支配下，员工的潜能能得到最大限度的发挥。

在惠普，员工关心公司就像关心自己一样，公司奉行"邻桌原则"，即每位员工在执行自己的工作时，要主动关心"邻桌"的员工在做什么，并及时为遇到困难的同事提供必要的帮助。从心理学的角度讲，每个人都有凸显自身能力的欲望，帮助"邻桌"解决工作难题无疑满足了员工的这种需求，他们不再只关心自己的工作，而且关心其他员工的工作，关心整个公司的运作情况，如此一来员工都不再把自己当成为赚取薪水而工作的打工者，而是将自己视为企业中的一员，这极大地增强了员工的主人翁责任感。

惠普公司还有一个传统，所有设计师都要把自己的作品摆在办公桌上，公司中的任何一位员工都可以随时走进办公室来评判设计作品，提出中肯的意见。由于每个人都有权参与对产品的改进工作，员工感觉自己在

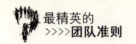
企业的地位得到了提升，他们受到了很大的鼓舞，非常关心企业的前途和产品的设计工作。

主人是地位的象征，也是一种荣耀的身份，当然主人肩负的责任也很重大。如果员工能把自己当成企业的主人，他们就会全心全意地奉献自己的劳动和才华，促进企业的高速发展。要让员工产生主人翁意识的前提是企业已经营造出了让员工当家做主的氛围，这是至关重要的。领导者不要试图用合约和工资来捆绑员工，而要设法增加企业的吸引力，其中最有效的激励手段莫过于使员工实现身份的巨大转变，完成从打工者到企业主人的蜕变，那么具体应该从何处入手呢？

1. 让员工充分享受"主人"的尊严，不要把他们看成创造利润的打工者

从所有权来看，企业是老板的，但是从公司生产经营的角度看，员工才是企业的承担者，企业的成功离不开员工的辛勤付出，企业要想发展壮大必须依靠员工，因此从这一层面上来看，员工便是主宰企业命运的主人。有的领导者片面地强调员工应该把企业的事当成自己的事，然而内心深处却把员工当成靠企业供养的打工者，对他们的权益漠不关心，在这种环境下工作，员工当然会觉得企业的未来完全与自己无关。

要想转变员工的思想观念，领导者首先应该修正自己的思想，只有这样才能使广大员工感觉到自己是企业的一分子，产生与企业共谋发展的愿望。

2. 要教育员工把自己当作企业的主人

员工进入企业，是为了得到更好的发展，如果企业为其创建了实现个人理想的条件，员工就应该热爱本职工作、踏实肯干，把公司的事情当成自己的事情，心系公司发展，当好企业的主人，而不应该对公司发展中出现的问题，摆出事不关己的冷漠态度。

3. 为员工构筑"当家做主"的平台

要开创民主管理的形式，健全员工参与企业经营管理的长效机制，让员工得到发表意见和提出改善工作建议的机会，如此他们就不是单纯从事

简单的重复劳动,而是有了一定的管理权,这既能利用集体的智慧更好地解决工作环节中出现的问题,又能增强员工对工作的主动性和积极性,使他们产生自己"当家做主"的感觉。

4. 培养员工主动工作的意识

越是有挑战性的工作,蕴含的知识、经验和技能越多,员工如果愿意接受挑战,主动完成有一定难度的工作,积累的经验和知识就会越多,工作能力也会因此得到极大提升。领导者要让员工知道自己付出越多,就会进步越快,人生就会更有前途。员工一旦形成了这样的惯性思维,就会乐于主动工作,主人翁精神自然在他的日常工作中体现了出来。

5. 为员工发放股票红利或者允许员工购买公司股票

在忽略员工利益的前提下,培养员工的主人翁意识是非常不现实的。岗位股份制公司理论认为,老板和员工都是公司的股东,老板是公司所有权和经营权的持有者,员工是岗位的主人。但是在管理实践中,要让老板改变观念承认员工名义上的股东地位,或是让员工彻底改变观念,在自己没有任何股份的情况下把自己当成企业的老板,都有很大的难度。

颠覆双方传统观念最直接的方法便是让员工成为公司真正的股东,使其持有一定数额的股票,无论是通过福利形式给工作出色的员工派发股票,还是放宽政策,让员工根据个人意愿来购买股票,都能使员工在彻底改变身份地位的前提下,更新自己的观念,将个人前途和公司发展紧密联系到一起,主动为公司的腾飞奉献激情和热血。

准则 43. 管理的"盗梦空间"——造梦与植入

作为领导者,也许你会发现,现在的很多年轻人都处于迷茫的状态,工作起来无精打采,丝毫没有干劲,大好年华就这样浪费掉了,不但个人发展受阻,还影响团队建设。本以为招募年轻的一代会给企业的发展注入新鲜的血液,没想到他们却呈现出未老先衰的状态,行动迟缓、神情木

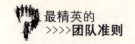
然，整天盼着早点下班结束工作，他们身上，你丝毫看不到一点希望，就这样任由他们消沉下去吗？当然不能，那么该如何激励他们积极地投身于工作呢？

想要解决这一问题，首先要弄清楚年轻人迷茫的原因，事实上他们感到工作没有意义、人生没有意义，大部分原因是他们心中没有梦想或者他们的梦想已经死亡。人是欲望的载体，而梦想是欲望的最高境界，拿走梦想，人类就会寻求低层次欲望的满足，比如只求温饱和衣食无忧、贪图舒适和享乐，而工作就会被视为不得不做的苦役，如此成功的大门就会向他们关闭，由这样的人组成的团队根本就没有绩效可言。领导者要改变这一状况，就要为员工们缔造"盗梦空间"，先造梦，然后再把梦想植入到员工的记忆和脑海中。

在科幻电影《盗梦空间》中，由莱昂纳多饰演的"盗梦者"，主要工作就是为客户盗取目标人物的想法，通过这种手段来判断该人物下一步的商业决策，从而保证客户在商战中胜出。后来，他接受了一项更为艰巨和复杂的任务，那便是潜入梦境，把特定的想法植入到目标人物的潜意识之中，以此来影响和操控目标人物未来的战略决策。

通过高科技手段造出的梦境必须与目标人物的潜意识实现完美对接，造梦者只有造出不让目标人物产生怀疑的梦境，才能成功盗取目标人物有价值的想法或者把特定的想法植入目标人物的大脑。如果这种链接出现了问题，引起了目标人物的警觉，那么一切都将功亏一篑。要想为一个人造梦，事先必须做好充分的准备工作，比如了解他（她）的资历背景、性格特质、意识特征、思维模式等，掌握了这些信息以后，你才能成功为他（她）造梦，影响他（她）未来的抉择。

管理中的造梦其实和《盗梦空间》的造梦有很多共通之处，为员工造梦就是把企业的梦想和员工个人主观意识里的梦想链接起来，如果这种对接得以实现，员工的主观能动性就会被最大限度地激发出来，能量的小宇宙便会全面爆发。这一切的前提是要让企业的价值观和员工的个人理想实现无缝对接，甚至到了不分彼此的地步，从而达到意识激励的目的。意识激励是非常有效的激励手段，它能改变员工的价值观念，进而改变员工的行为。那么作为领导者，该如何为员工量身打造梦想空间呢？

1. 用宏大的愿景照亮员工心中的梦想

每一个伟大的公司都有一个宏大的愿景，阿里巴巴的愿景是：让所有的商人都使用阿里巴巴。联想的愿景是：打造高科技的联想、服务的联想和国际化的联想。麦当劳的愿景是：控制全球食品服务业。索尼公司的愿景是：为股东、客户、员工、商业伙伴提供创造和实现美好梦想的机会。微软公司的愿景是：让计算机进入每个家庭，每个家庭都使用微软软件。迪斯尼公司的愿景是：成为全球超级娱乐公司。

这些美好的愿景给员工带来了强烈的使命感，使他们明白自己追求的是什么、公司的梦想是什么，有了共同愿景的指引，他们自觉地把个人的愿望和团队的愿望合为一体，并且有了事业心，愿意为了企业的目标而去奋斗。

马克·科普顿在描述愿景的激励作用时，这样写道："愿景可以团结人，愿景可以激励人，愿景是拨开迷雾指明航向的灯塔，愿景是困难时期或不断变化时代的方向舵，愿景是可用于竞争的有力武器，愿景能够建立起一个命运共同体。"的确，给员工勾勒一个美妙的愿景，就能使他们燃起梦想的光焰，和企业形成命运的共同体，追随领导者一路披荆斩棘，直至达到梦想的目的地。

2. 要对企业的梦想抱有信心，永远不要把困难看得大过梦想

实现梦想并不是那么容易的事，在追逐梦想的道路上会遇到很多困难和阻遏，无论遇到多么大的困难，领导者都不能动摇对梦想的信心，更不能向员工传递消极情绪。不可否认，梦想和现实确实是存在巨大差距的，正因如此，梦想才显得如此耀眼和绚烂，困难只是暂时的，它不会大过梦想，不要一遇到挫折就把梦想看成不可实现的乌托邦。在员工感到灰心时，领导者必须鼓舞大家重拾信心，继续在梦想的道路上前行，然后把企业的梦想转化成美好的现实。

3. 把梦想植入员工的大脑

造梦之后的步骤就是把梦想植入员工的潜意识，让员工对企业的梦想

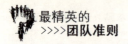
心驰神往，并愿意为了实现这个梦想而付出最大的努力。当然想要让员工完全认可企业的梦想，就必须造出能引发其兴奋的梦想，将企业的理念成功植入他们的大脑，令他们在梦想的驱策下朝着共同的目标奋进。

准则 44. 激励黄金宝典：肯定员工工作表现

有的企业给予员工高薪，福利待遇也强于竞争对手，可是员工的工作热情并不高，这是为什么呢？有些领导者百思不得其解，一再指责员工道德素质低下，斥责他们拿了高薪却不肯卖力工作。可是这真的是员工单方面的问题吗？

诚然，在激励措施之中，金钱是必不可少的，但是当员工已经对自己的高收入习以为常时，金钱的激励作用就会越来越弱，他们对其他方面的需求则会相应增加。在人类需求层次的金字塔上，物质需求只是位于第一层，它决定着整座金字塔结构的稳定性，所以是不可或缺的，但是当这方面的需求得到完全满足时，人类的需求就会上升到其他层次上。

领导者激励员工，必须清楚员工现在最想要的是什么？最渴望的又是什么？张瑞敏认为，员工最渴望的是自己的工作被肯定，对此他曾经有过非常直白的论述："员工最渴望的是我的成绩，你不要给我抹杀，我干得好的地方能够承认。"员工最渴望的是自己的工作表现受到认可，这种感觉是金钱买不来的，它就像是一种制造愉悦感觉的兴奋剂，在自己的行为受到赞赏后，日后就会不断加强或维持这种行为，整个过程可概括为"刺激——反应——结果"，刺激源是领导者的肯定，反应是员工心情愉悦、身心处于亢奋状态，结果便是员工努力把工作做得更好，以期得到更多的肯定，这是一个良性循环。

福克斯公司在早期急需一项技术改造，有一天，一位科学家带着一台能解决问题的原型机深夜造访总裁的办公室。总裁看到迫在眉睫的难题就这样迎刃而解了，心里十分高兴，他想马上奖励那位科学家，于是翻遍了办公室的所有抽屉，最后只找到了一只香蕉。当他躬身把香蕉递给科学家时，科学家欣然领受了。香蕉虽不是什么名贵的水果，但是却是总裁给予自己的奖励，它代表对自己工作的一种肯定。就这样，一位总裁用一只香蕉激励了给企业解了燃眉之急的科学家。

无独有偶，惠普公司的一位市场部经理，竟把几袋水果送给了部门业绩出色的推销员，以此表彰他的工作成就。推销员在拿到了高额订单后，最想得到的便是上司对自己的肯定，收到什么礼物并不重要，重要的是上司的认可。有时候几袋水果所起的作用比丰厚的奖金更大。

区区一点水果会因为被寄予了特殊含义而身价倍增，而有时候简简单单几句话就能产生巨大的效能。威尔逊在美国加州经营多家连锁超市，他每月都会和分店的经理开会，在会上，他用半小时的时间向分店经理讲述企业的现状以及公司对他们寄予的厚望。有一年夏天，威尔逊经营的几家超市业绩一路走低，威尔逊看完业绩报告后，认为超市的业绩虽没有显著提高，但是还是比以前进步了一些，于是就在会议上大力表扬了业绩有所进步的超市经理。他热情洋溢的话还没有讲完，每位经理的眼睛里都闪动着光芒，他们对超市的未来有了信心，心中陡然升起一股豪情。威尔逊刚刚把话说完，有一位经理主动提出了大胆的建议，他想在自己管辖的超市实行促进销售的新政策，以期提高超市的营业额。之前开会，经理们几乎一言不发，会议室只有威尔逊一个人在讲话，而今他们得到了威尔逊的一点肯定，便主动设法改进自己的工作，这种激励效果已经超出了威尔逊的意料。

这些案例对于现代领导者而言，是非常生动和重要的一课，给予员工正面的评价，肯定他们的工作成绩，就能产生极好的激励效果。人人皆有渴望获得他人认可和赏识的欲望，如果领导者能满足员工的这一欲望，就能充分激发员工的潜能，使其为企业创造更多的利润。认可和正面评价员工的工作表现其实是一种非常简单的事，可惜很多领导者都忽略了它的重要性，误以为一边挑剔员工的工作，一边给予员工高薪就能让他们最大限度地为企业创造价值，这种想法显然是错误的。那么作为领导者要怎么做

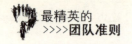
才能让员工感到自己被认可了呢？

1. 公开表扬员工的工作表现

实验证明，领导者公开表扬员工的工作成绩，能促使他们将工作效率提升 90%，而私下里表扬激励效果就远不及公开表扬，受到表扬的员工工作效率仅能提升 75%。领导者可在员工表彰大会上、公司例会上或是其他重要会议上，给予业绩优秀的员工正式的表彰，这代表着一种极大的认可，能激发出员工的自信心和自豪感，促使他们日后做出更大的成就。

2. 肯定员工的小成就

正面的表扬和评价无疑会对员工产生积极的影响，但是领导者不必等到员工取得显著成就时再予以表扬，哪怕是他们只取得了一点微不足道的成绩，也要给予其正面的评价，这样做同样也能激发他们取得更大的进步。著名行为学家郝茨伯格认为，及时肯定一个人的小成就，就能激励他尝试取得更大的成就。

有的领导者经常对员工的工作嗤之以鼻，认为他们没有任何值得表扬的"闪光点"，其实每个人都不可能把工作做得十全十美，但是只要领导者善于发现，员工的工作表现多半是值得肯定的，密苏里·路易斯大街时尚发廊经理卡拉埃文斯，以自己的经历对表扬员工提出过这样的看法："你可以说，你为那位难伺候的顾客做了解释，真是好极了；珍·爱丽丝，你昨天主动留下来整理信件，谢谢你……"这些员工虽然没有做出什么引以为傲的成就，但他们的工作态度是非常值得肯定的，这时领导者千万不要吝啬赞美的话语，简简单单几句话有时比任何激励手段效果都显著。

3. 表扬要具体，不能泛泛而谈

不要总对员工说"你是最棒的"、"你做得好极了"、"你是公司里不可多得的人才"等标准模式的套话，因为这样的句式已经被用烂了，而且缺乏针对性，属于泛泛而论，员工听多了也会感到腻烦。华而不实的话语很难引起员工深层次的心灵共鸣，而真诚的、具体的表扬，哪怕语言再平凡也能起到很好的激励效果。比如"你的策划方案做得不错，数据非常翔实可靠"就比"你的策划方案真是棒极了，你真是一名出色的策划师"要好得多，又如"你的设计很有特色，在色彩运用方面做得非常好"也比"你是一位设计天才"要更具体和更可信。

4. 表扬要直接明了，不要拐弯抹角

曲径通幽的谈话模式只适合批评，但不适合表扬，拐弯抹角的表扬永远都不会比开门见山的表扬更有激励效果，表扬不够直接，就会让员工误以为领导弦外有音，员工会因此变得警惕起来，表扬的话根本一句都听不进去，这样的表扬不能起到正激励作用，反而会起到负激励作用。所以领导赞赏员工工作时不妨直说，哪怕自己的语言未经过细致的加工或润色，只要态度足够真诚，员工仍然会感到很受用。

准则 45. 快乐激励法：让员工充分享受工作乐趣

员工长时间从事同一种工作，难免会感到倦怠和不快，由于在自己的岗位上找不到工作乐趣，就有可能逃离企业或者带着困惑感消极地对待工作。领导者尝试过多种激励方法来刺激员工的神经，但是往往效果甚微，员工在工作时还是快乐不起来，积极性也难以调动起来。当然没有一位领导者希望团队内的员工整日愁眉苦脸，可是想让他们由衷地露出灿烂的笑容，发自内心地爱上自己的工作又不是那么容易的事，面对这一情况，领导者该如何解决呢？

要想解决员工的情绪问题，当然得从员工的心情入手。有的领导者经常问员工："工作愉快吗？"这样的领导者比较懂得员工快乐工作对于企业的价值，因为员工的快乐是非常宝贵的，只有让他们感到快乐，才能使他们为企业创造出最大的效益。当然仅仅是问员工，是不可能找到真正的解决办法的，因为多数员工在回答此类问题时，都没有说实话。

让员工快乐工作听起来十分人性化，可是事实上，世上没有任何一项工作可以使人保持永久的快乐，一些较为新鲜有趣的工作，比如乐队指挥家之类的，有时也会对工作产生厌烦情绪。指挥家们要反反复复排练同一

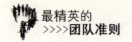
首曲目，还要频繁地出差，有时一首交响曲要表演 125 次，即使是最动听的名曲经过这样高频率重复的表演之后，也会变得索然无味。曾有人应聘到了一份非常令人羡慕的工作，它曾被誉为世上最好的工作，雇员可以免费在风光旖旎的小岛上尽情吃喝玩乐。起初这名雇员感到十分快乐，后来就感到有点痛苦，因为他每天都要按照雇佣方的要求玩乐不停，这让他非常疲累，可是他还得强颜欢笑。

看来要让员工在工作日时时刻刻都快乐工作是很不现实的，那么这是否就意味着领导者应放弃让员工感受工作乐趣的尝试呢？当然不是。调查显示，在多项具有精神激励作用的因素当中，排在首位的便是工作乐趣，其次是工作得到赞赏和从工作中找到事业感。员工工作状态不佳或选择离职，多半都是跟无法从工作中体验到乐趣有关。领导者不可能让员工每时每刻都快乐工作，但是要让员工在大部分时间都觉得工作是件非常有意思的事，使他们从现有的工作中得到满足感，领导者如能做到这一点，员工的工作态度和工作效率就会发生根本性的转变。

谷歌公司的员工快乐指数相较于其他企业要高出很多，走进谷歌的办公大厦，你会感受到那里到处弥漫着自由和快乐的氛围，在这里上班的员工不用统一着装，喜欢穿什么就穿什么，把孩子和宠物狗带进办公室也没有人反对。员工们编写程序感到疲劳时，可以随意地走进台球厅打台球或者到咖啡馆喝咖啡抑或到健身房里健身，公司里休闲娱乐配置非常全面，员工工作时会误以为自己在度假胜地度假。

员工在排队等咖啡时或者在健身时，创新想法不断涌出脑海，好点子层出不穷，他们之间的交流也是自由而迅速的。这些新奇的想法广泛应用于世界各地的新项目中。谷歌被《财富》杂志评为美国的最佳雇主，谷歌的工作方式是让员工把 80% 的时间投入到本职工作上，把 15%～20% 的时间花费在思考创意和互相交流上。这种快乐工作的法则极大地促进了员工的创新能力，这一管理策略推出以后激励效果显著，也受到了业界广泛的重视。

谷歌的工作方式令人羡慕，但是它的独特文化又是难以复制的，毕竟每个行业各有其不同，每个公司的情况也是不一样的，任何一家公司都不可能靠生搬照抄别家公司的运营模式而毫无障碍地取得成功。但谷歌的案例至少可以带给领导者一个非常重要的启示，即让员工把工作当成享受而不仅仅是职责是很重要的，员工靠埋头苦干获取的工作成果往往比不上在快乐状态下得到的收获多。那么作为领导者该如何激发员工的工作乐趣呢？

1. 创造条件激发员工的创造潜能

如果员工总是从事枯燥性的基础工作，自然容易感到厌倦，每个人都是一座待开发的金矿，每位员工都是有潜能的，只是他们在大多数情况下会被埋没。领导者应该为员工提供发挥创造力的机会，比如举办创意大赛，鼓励员工对工作环节或者公司产品进行改进和创新，给予优胜者以必要的表扬和奖励。

2. 通过轮岗让员工体验工作的新鲜感，并以此丰富他们的劳动技能

加拿大的北电网络公司从不让员工在一个岗位上一直做到退休，而是为工作满两年的员工提供轮岗工作的机会。员工在固定岗位上长期从事一项工作虽然能做得又专又精，但是极容易进入职业倦怠期，工作状态极有可能越来越差，而且每位员工如果只有一项专长，如有员工请假或离职，没有人能及时替补他（她）的位置，也会给企业的运转带来阻力。让员工轮岗可以激发员工的学习兴趣，在新鲜感的刺激下，他们的工作动力十足，不但丰富了自己的劳动技能，还能及时弥补岗位的空缺，更重要的是脱离职业倦怠，以饱满的热情投入到日常工作中去。

3. 要让员工的兴趣和本职工作相匹配

要找到员工快乐工作的源泉，必须了解员工的本职兴趣，只有从事自己喜欢和擅长的工作，他们才能把工作做得更好。领导者应该根据员工的兴趣特征，为其安排相应的工作，使兴趣和岗位相匹配，这样做可保证员工在相当长的时间内充分享受到工作的乐趣，并可能在自己热爱的领域做出惊人的成就。

4. 主动制造快乐

美国西南航空公司的创始人之一赫伯·凯莱赫把星期五定为快乐日，

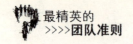

他把自己装扮成猫王的样子，以此来娱乐员工。该公司的欢乐文化缔造了一个商业奇迹，它自1973年首次盈利后从来就没有亏损过。

一家玻璃公司的CEO设立了"夏威夷日"，员工每三个月就可以在办公室里欢度"海滩假日"，当天，员工身着夏威夷式的花衬衫，头戴夏威夷花冠，快乐地啜饮鸡尾酒。夏威夷日的激励效果是惊人的，这个节日设立以后，公司的销售量从以前的5％上升到了25％。

由此可见，领导者主动制造快乐，对员工的工作是非常有帮助的，虽然不能让员工每时每刻都感受到快乐，但是如果能成功把欢乐元素融进办公场地，就能为员工减压，消除他们的倦怠情绪，激发他们的正能量，促使他们把工作做得更出色。

准则46. 高品质的培训是对员工最好的奖赏

领导者有时会面临这样的困境：公司外聘不到高级人才，内部也找不到合适的人选，一旦重要岗位出现空缺，公司立即随着骨干员工的退休或离职陷入青黄不接的状态，而很多有潜质的员工也对公司感到不满意，认为公司从未重视过自己，没有为自己提供历练和成长的机会，因为怀才不遇而感到郁闷，纷纷失望离去。这种局面是怎么造成的呢？主要是培训机制出现了问题。

培训是公司给予员工的一项重要福利，也是非常好的激励手段，强化员工培训，不但有助于增强企业的竞争力，还能满足员工自我发展和自我实现的需要，调动他们的工作积极性，促成员工和企业的双赢。培训机制不完善无论对企业还是对员工都是一种损失，那些辉煌百年的知名大公司，内部皆建立了高效的人才培训机制，它们之所以能焕发持久的生命力当然得益于高明的培训策略。企业就好比一个生命体，人才好比血细胞，企业自身的造血功能是非常重要的，而这一切都有赖于培训系统的建设。

西门子公司创造了特色人才培训体系，人才培训计划囊括新员工培训、大学精英培训和员工培训，培训的内容涉及对员工业务技能、交流沟通能力和管理能力的培养，这种培训方式为公司培育和储备了大量的生产、技术和管理方面的人才，使企业始终保持着强大的竞争力。

西门子为了完善培训机制，不惜花费巨资，早在 1992 年就设立了专门用于培训工人的专项基金，迄今为止公司在世界范围内已经建立了六十多个培训场所，在公司总部慕尼黑和爱尔兰设立的学院均配备顶尖的设备，每年的培训费用接近八亿马克。在中国，西门子公司和北京市国际技术合作中心联合设立了北京技术培训中心，西门子投入了 4000 万马克的资金，该中心每年培训 800 名员工。西门子为公司全体员工提供最好的培训和个人发展机会，人才是企业最宝贵的资源和公司获得成功的基石，他们日益增长的知识和不断提高的技能将促进企业不断迈向新台阶。

微软公司对员工素养和技能培训的重视程度不亚于西门子公司，它为每位员工提供为期一个月的封闭式培训，旨在把员工培育成出色的微软职业人。培训的内容非常丰富，包括很多细节方面的培训，比如公司要求员工按照手册上的说明来接电话，第一句话一定要说："你好，微软公司！"

微软公司会为员工提供语言礼仪方面的培训，技术培训更是重中之重，公司内部采用的是师傅终身制，公司为全体员工配备教授自己职业技能的师傅，员工可以得到为期三个月的培训，平时也能得到很多学习的机会，表现出色的员工将有机会参加美国一年一度的技术大会。微软公司每月都会安排高级专家为员工讲课，每个星期都会召开技术交流会。此外，公司的培训内容还拓展到演讲、管理时间和沟通技巧等方面的职业培训。

培训对于企业的发展和员工的职业发展都是至关重要的，有效的培训可以为企业培养出一批又一批可造之才，又能让员工实现自己的职业理想，可谓是一举两得。对于有上进心的员工而言，原地踏步是不可忍受的，他们渴望有更广阔的舞台和更大的发展空间，企业内部的培训就是最直接和最速效的实现途径，可以说高品质的培训是对他们最好的奖赏。如果企业能做好这方面的工作，他们自然愿意死心塌地地为企业效力。培训的激励作用是毋庸置疑的，那么领导者应当如何健全和完善企业的内部培

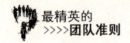
训机制呢？

1. 建立"学习型组织"，在企业内部实行"终生教育"

俗话说：活到老学到老。当今社会发展迅猛，知识和技术更新可谓日新月异，跟不上时代步伐就会被这个世界淘汰。企业要想保持长久的生命力和强大的核心竞争力，就必须不断地进步，内部员工也必须不断充电、与时俱进，而这一切都需要依托于能为全体员工提供"终生教育"的培训机制。领导者应在企业内部建立多种"学习型组织"，不断地把新知识和新技术教授给员工，以此提高员工的工作能力。

2. 建立人才储备渠道，重点培养高素质高潜质员工

企业应做好人才储备计划，避免出现"将到用时方恨少"的局面。重点培养高素质、高潜质员工，可以极大地增强他们的自信心和自豪感，作为后备人才，他们感到自己随时都有可能受到重用，工作积极性自然会被调动起来，潜能也会因此得到最大限度地开发。

3. 通过多种形式来让员工开阔眼界和增长见闻

可组织员工参观著名企业，感受名企的企业文化，了解这些成功企业的运营模式，从而促使他们得到有益的启发；还可定期安排优秀员工出国考察，让员工更加直接和深入地了解国际先进文化和技术以及优秀的管理理念。这些措施都有益于员工从封闭的环境走出来，具有更广阔的视野和更开拓的思维，对他们日后的发展是非常重要的。

4. 在培训过程中，要将企业文化灌输给员工

企业文化代表着企业的价值观和发展观，它对企业以及对员工的影响十分深远，培训内容中不能缺少企业文化培训这一重要环节，因此只有员工认可企业的价值观，日后才能自觉地按照公司的要求工作，对公司的认同感和满意度也会有所提升。可以说企业文化传播是培训过程中不可或缺的一环，领导者一定要做好相关工作。

准则 47. 遣将不如激将

有的员工逆反心理严重，越是不让他做什么，他就偏要做什么，非常难以管理。有的员工自信心严重不足，总是怀疑自己的工作能力，干什么都畏手畏脚，无论用什么方法激励都无法使其走出消沉的状态。这两类员工该如何激励和管理呢？

俗话说：遣将不如激将，每个人都是有自尊心的，为了维护自尊就会产生"不服气"的情绪，进而转化成一种奋发向上的驱动力，领导者如果能正确使用激将法就能收获到意想不到的结果。

罗密欧与朱丽叶的凄美爱情故事打动过无数痴男怨女的心，这个经典的爱情绝唱之所以盛传不衰，虽然和其中缠绵悱恻的浪漫元素有关，但是一个更为重要的原因是男女主角对于爱情的执着与坚守。由于两家是世仇，他们的结合受到了双方家族的干涉，但是两大家族越是棒打鸳鸯拆散他们，他们越是不肯离开对方，反而爱得无法自拔，最终双双殉情。

罗密欧和朱丽叶的故事告诉我们外在的力量越强大，人越是会坚定地走向相反的方向，这就是他们的爱情受到阻挠后不但没有终结反而变得更加牢固的深层次原因。这说明人一旦被强令或指示，就会本能地产生抗拒心理。

东京迪士尼乐园曾经利用人的这种心理来规范游客的行为。当爱吸烟的游客发现公园里没有烟灰缸时，就会询问管理员公园是否禁烟，管理员的回答颇为有趣："不，不禁烟，烟灰请直接往下丢就行了。"但是周围却完全找不到烟蒂的痕迹，游客即使平时有乱丢烟蒂的习惯，但是当被人公开地说"请随便丢烟蒂"时，也会感到不好意思。对待员工也可以采用这种方法，在命令失去效力、正面说教无效时，不妨尝试着使用激将法，用反话来使其产生羞愧心理，以此来使他们的行为步入正常轨道。

用激将法激起对方的好胜心，可以使信心不足的人放弃犹豫，立即投

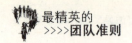
入行动。每位员工都希望自己能出色地完成工作，但是由于不太自信，总是拖延着不愿着手眼前的工作，说教或是许诺给予丰厚的奖励都不起作用。此类员工是调遣不了的，但是可以在激将法的作用下变得信心坚定起来。

诸葛亮非常善用激将法，他奉命出使江东劝说孙权和刘备联合对抗曹操时，将激将法发挥得淋漓尽致。初次见到孙权，他见孙权碧眼紫髯、仪表堂堂，很有威仪，便知此人个性固执，不容易被说动，于是便打算用言语激他。当孙权问起曹操军马数量时，诸葛亮故意夸大其词地说曹操的马步水军超过百万。孙权不信。诸葛亮又说其实曹军数量超过 150 万，他当初谎说 100 万，是怕惊吓了江东之士。

孙权见诸葛亮如此小看自己，当然不悦，但仍隐忍不发，又问曹操有多少谋士和战将，诸葛亮回答说不下一两千人。孙权慨叹曹操野心甚大，有吞并江东的意图，但是对于当下是否出战还是犹豫不决。诸葛亮趁机大赞曹操在官渡之战取得大捷和攻破荆州的赫赫功绩，奉劝孙权投降。孙权又问为何不让刘备投降曹操呢，诸葛亮回答说，齐国田横只是一名壮士尚且不甘受辱、笃守节义，刘备乃堂堂皇室后裔，更不能屈居人下了。

诸葛亮的这番话激怒了孙权，刘备不能屈居曹操之下，他是堂堂江东之主，难道就该投降受辱，屈居于曹操之下？孙权气冲冲地退入后堂，鲁肃埋怨诸葛亮不该如此藐视孙权。诸葛亮笑称自己早有破曹良策，孙权不问，他也不便说。鲁肃立即传话给孙权，孙权高兴地设宴款待了诸葛亮，坚定了联刘抗曹的决心。

军营里有多少将帅抛出一句"你敢立下军令状吗"就激起无数热血男儿奋战沙场，立下赫赫战功。领导对初出茅庐的年轻人说："你这么年轻，能把这项工作做好吗？"年轻人本来并不相信自己的能力，但是为了争口气，便会语气坚定地答道："保证完成任务。"为了不失信，会加倍努力把工作做好。看来激将法如果运用得当，确实能激励员工按照自己的预期去卖力工作，那么在使用这种激励方法时应该注意哪些呢？

1. 激将法不能滥用，使用时一定要看清对象、环境和条件激将法虽然能利用员工的自尊心和逆反心理，来激起其不服输的情绪，促使他们释放潜能，但并非所有员工都适合这种激励方法，所以领导者在使用激将法时应因人而异。过于敏感和脆弱的人不适合这一方法，因为此种方法不但难以唤起他们的斗志，反而会让他们误以为自己受到了羞辱，意志会变得更加消沉。激将法适用于个性爽朗的员工，运用得当就会产生非常惊人的效果。

2. 运用激将法要掌握分寸

不痛不痒的语言难以起到激将的作用，言辞过于刻薄就会过犹不及。使用激将法一定要把握好分寸，掌握好火候，既不能隔靴搔痒，也不能过分刺伤员工的自尊心，更不能侮辱员工的人格，注意激将不是羞辱，而是有技巧地激发员工的自尊心和自信心，如果把握不好分寸还不如不用。

3. 注意激将时不能过分逼迫员工

不要对员工说"你必须马上下定决心"、"这份工作你是想做还是不想做，做不了干脆别做"，也不要下最后通牒以示威胁，本来员工受到自尊心的驱使是想把工作做好的，经过领导一再威逼，反而打消了马上投身于工作的欲望，所以领导者在运用激将法时语气不要过于强硬，切记不要让员工感到难堪和反感。

准则 48. 明确目标，引爆员工潜能

很多员工并不清楚自己期待的是什么，也不知道工作的意义是什么，习惯了当一天和尚撞一天钟地混日子，工作起来一点积极性和主动性都没有，面对这样的员工，领导者该怎么办呢？

首先领导者要弄清员工工作状态差的深层次原因，其实这类员工普遍心中没有目标，因为找不到方向而备感空虚，这并非是员工个人的错，而是因为领导者没有为他们设立清晰的团队目标。目标对于员工能形成一种心理引力，一个振奋人心的目标可以鼓舞团队成员的士气，起到良好的激

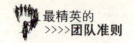

励作用。

目标是行动的指南针，任何伟大的成就都是源于一个伟大的目标。阿波罗能成功登上月球，完成了人类太空史的壮举，是因为总统肯尼迪为美国确立了"一定要把人类送上月球"的目标。在这之前登月只不过是一个虚无缥缈的幻想而已，当美国确立了把登月当成一个切实可行的目标时，一切都有了实质性的改变，国家在投入了大量人力、物力的成本以后，终于使宇航员把自己的足迹印在了月球上。可见拥有目标对人类而言是一件非常重要的事。

一位哲人说过：目标和起点隔着坎坷和荆棘，理想和现实之间的矛盾只能靠奋斗来统一，困难会让孱弱者却步，却能唤起强者昂扬的斗志，远大的目标不可能像黄莺一样婉转地啼叫着翩然而来，而要让我们像傲然的雄鹰那样迅猛地朝它飞去，一直飞到它的顶峰。目标激励具有很好的导向性，它能让员工正确定位自己的工作，对未来充满期待，并愿意为了把远大的目标转化成现实而倾尽自己所有的努力。

日本经济大萧条时期，本田技研工业公司由于经济持续低迷而受到严重影响，公司制定了特殊时期的紧急对策，要求所有员工都要竭尽所能地为企业节省开支，杜绝任何浪费。当时，公司每个月都要回收装工资的纸袋，以实现循环利用。就在公司陷入危机时，本田社长本田宗一郎为大家设立了一个遥不可及的目标"公司要训练出世界一流的选手，骑上本田牌摩托车，参加国际长途锦标赛"。

国际锦标赛使用的摩托车都是经过包括热力学、流体力学、机械学和原子工艺学等综合性考验过后筛选出来的，它们质量一流、品质不凡，这样的产品绝非一般的摩托车制造厂能制造出来的，而本田技研工业公司既没有过硬的技术也没有雄厚的资金，想要与世界知名的制造厂商一较高下，实在有做白日梦之嫌。但是本田宗一郎却不是随口说说，他确定目标以后就投入到了积极的行动上了，他每天都在为设计新型摩托车而奔忙，在节假日也在工作。

很多员工当初都认为这个目标是不可能实现的，但是后来员工们把这一目标当成了共同的理想，大家在本田宗一郎的带领下热火朝天地奋斗着。结果出产的本田牌摩托车不但成为了 1960 年国际长途锦标赛选拔出的摩托车，还在大赛中大放光彩，一举夺得了团体冠军，产品自此名声大噪，成功进军国际商场，本田技研工业公司进入了崭新的发展阶段。

目标是一种诱引，可以诱发员工积极工作的动机，它具有超强的吸引力，能对团队的整体行为产生重要影响。员工需要目标激励，团队更需要目标激励，一名优秀的领导者势必懂得如何运用目标激励来激活整个团队，使所有员工都精神抖擞、斗志昂扬，以充沛的热情和辛勤的工作促成团队目标的实现。那么作为团队领导者该如何运用目标激励呢？

1. 分解目标，督促员工将自己的工作和细化后的子目标紧密结合起来

远大的目标并非是在朝夕间能实现的，它的实现是一个缓慢而漫长的过程，领导者要把整体目标按照阶段分解成若干个子目标，确立近期目标、中期目标和远期目标，制定年度、半年度、每月和每个工作日的业务目标任务，不但要把目标任务下达分配给团队，还要具体分配给每一位员工，促使团队中所有成员都朝着共同的方向前进。

2. 目标必须是切实可行的

激励理论认为，目标能否发挥出最大的激励作用，主要取决于两个因素：目标意义和实现的可能性。它们的这种关系可以通过一个简单明了的公式来表示：激励作用＝目标意义×实现可能性。由此可见，目标本身具有重要意义，如果实现的可能性不大，激励作用就会减弱。没有人喜欢白费力气去实践根本实现不了的目标，不管这样的目标对自己和他人意味着什么，只有可转化成现实的目标才会让人毫无顾忌地投入大量的时间和精力，因此领导者在设置团队目标时，一定要保证它的可行性。

3. 目标必须是明晰而具体的

目标不清会让员工感到迷惘，工作起来难以入手，模糊的目标或者是一句空洞的口号不可能起到任何激励作用，只有明晰的具体的目标才能让全体员工看清团队的方向，看到未来的前景，并且在同一目标的引导下全

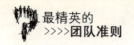
力以赴地协同奋斗。

4. 制定目标实现后的奖励方案

实现目标无疑会使企业获利，可是如果员工得不到任何利益，他们就没有办法把团队目标和自己紧密连接起来，不少人会认为团队的目标与自己无关，当然不会有干劲，所以领导者在确立目标以后，还要设计出一套鼓励人心的奖励方案，以此来激发员工的工作热情。

准则 49. 搭建晋升的阶梯，助员工"升值"

相对于物质奖励而言，职位晋升对员工的激励作用更大，一旦优秀员工脱颖而出，得到了晋升机会，不但工资和奖金会大幅度增加，能力得到肯定，本人也会越来越受公司器重，因此可以说晋升是一种非常有效的激励手段。可是如果企业晋升机制不合理，有才能的员工就会晋升无望，这不但造成了人才资源的巨大浪费，还会迫使人才离开企业另谋更好的发展。

我们知道晋升具有两大功能：一是为企业选拔人才，二是激励员工工作积极性。它本该发挥正向激励作用，但如果晋升机制出了问题，就会演变成负激励的效果。晋升制度是员工努力攀爬的阶梯，它为员工的职业生涯开通了一个通道，使员工打破了原有层级的壁垒，实现了良性的流动。正是因为这种正向的流动，企业才变成了一潭活水，员工的工作热忱被激活，致力于通过出色的表现在企业获得更好的地位，企业由于员工能力的提升而得到了持续稳步的发展。但凡成功的企业，都有一套完备的、科学的晋升机制，很值得那些晋升机制不健全的企业研究和借鉴，所谓"他山之石，可以攻玉"，想要让晋升激励发挥它的积极作用，不妨了解一下那些优秀企业的做法。

麦当劳建立了一套从零开始的快速晋升制度。每一位员工都可以凭借自身的实力得到晋升的机会，每一个平凡的岗位上的员工都有可能在未来成为餐饮经理。刚刚参加工作的年轻人，只要能力出众就不可能被埋没，在短短一年半的时间内完全有望晋升为餐厅经理，两年之内极有可能当上监督管理员。

员工的晋升过程是这样的：一个有才干的年轻人会做4～6个月的实习经理，期间他要经常从事基层工作，负责炸薯条、收款和烤生排以及清洁地面和服务顾客等，这些工作对于他们积累管理经验都是大有帮助的，如果表现出色他们会成为二级助理。进入这一阶段，他们开始正式负责管理工作，负责订货、排班和统计等，8～14个月后，假如表现突出将继续得到提升，晋升为一级助理，成为经理的得力助手。晋升到这一层级，就必须在餐厅中独当一面，此时他已经积累了非常丰富的管理经验，日后很有可能晋升为经理和质量监督员，负责掌管三四家餐厅的工作。三年之后，就有可能成为地区顾问，负责总公司和分公司的信息传递工作，日后再被提拔，则有可能成为麦当劳总公司的董事长。在麦当劳，一切皆有可能，只要你有能力，就能受到重用，以飞快的速度升到极高的职位上。

总之，人才是企业最为宝贵的资源，对公司的发展起着巨大的作用，企业应该最大限度地利用他们的才干和能力，为他们打通晋升的渠道，激励他们将自己全部的潜能开发出来，这些都有赖于晋升机制的建设。那么作为领导者，该如何打造一套具有良好激励作用的晋升机制呢？

1. 晋升体系要激发员工的成就感

行为理论认为，已满足的需要提供的是满足感，而尚未满足的需要才能起到激励作用，因为它代表着一种期望和强烈的欲望，并能激发出人们对成就的渴望。成就激励不是建立在人们已经取得的成就的基础上，而是建立在人们对成就的渴望上的。每个人都希望取得比别人更大的成就，这种欲望越强烈，员工在晋升时受到的激励越大，因此领导者在设计晋升体系时，一定要让员工在不断晋升的过程中，被激起获得成就的渴望，让高层职位的员工享受到普通员工无可比拟的成就感，激发继续上进，获取更大成就的热望。

2. 晋升体系要凸显权力激励

员工不断晋升到更高的职位和更重要的岗位，权力范围会不断扩大，

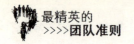
从人的本性上来讲，很多人都有支配他人和自主工作的欲望，而权力恰好能实现这一点，优秀员工有了更大的权力，就能有更多的空间发挥创造，并施展更大的能力。领导者在打造晋升体系、建立晋升机制时一定要使员工晋升的职位和其掌控的权力相匹配，不要让员工处在有名无实的高阶岗位上，没有权力的虚职或者权力太小的职位对于员工几乎起不到激励作用。

3. 晋升体系要和薪酬相对应

晋升岗位和薪酬相对应才能更好地发挥激励作用，有的公司虽然让员工升职，给予的薪酬却只是做出了很小的调整，即升职的员工薪水并没有出现太大涨幅，这样的晋升显然没有十足的诱惑力。正常的晋升体系应该让员工的薪酬随着职位的提升而水涨船高，只有这样才能实现激励的目的。

4. 建立公平的晋升体制

有才能的员工未必能受到重用，有时由于晋升体制的缺陷，很多能人将才都被企业埋没了，而一些能力平庸的员工凭借着其他资源而非实力却一路平步青云，这是非常不公平的，不但会引起员工不满，还会严重影响企业的前途。所以领导者一定要创建一个公平公正的晋升体制，让企业内部能者上庸者下，人才的价值得到最大限度的利用，而不要让庸才抢占了人才的位置和资源，只有这样才能使优秀员工对自己未来的职业生涯充满信心，对职位晋升产生强烈的渴望。

准则 50. 善用奖励新形式——旅游奖励

目前，国内的很多企业奖励员工的方式还是比较单一的，多元化程度太低，领导者不清楚员工究竟最想要什么，也不知道该怎样丰富激励手段。当今时代，大多数企业都以物质奖励为主，并辅以几项精神奖励，员工对很多奖励形式都感到习以为常了，甚至认为这些都是自己应得的，导致激励效果不明显。

旅游奖励是国内新兴的一种激励方式，很多领导者还没有意识到这种激励手段所带来的潜在力量，一些跨国大企业却早已把它当成了一项非常重要的奖励方式。很多员工都心怀一个梦想，那便是游遍名山大川，尽揽世界无限风光，但是由于资金不足或者时间不充裕，这种需求只能成为一种奢想。如果企业助其实现多年的梦想，自然会对他们产生明显的激励作用。

有一家存储技术公司为优秀员工提供了令人羡慕的豪华游奖励，工作业绩突出的员工可带家属到国际知名的美丽海岛度假。王女士有幸随其在该公司任职的丈夫参加了三次奖励旅游，一次在迈阿密南部小岛，一次在澳大利亚大堡礁的一座小岛，一次是在加纳利群岛中的一座小岛。公司不但报销往返机票，还负担吃、住、行等一切费用。

员工们在风景优美的海岛上钓鱼、潜水、打高尔夫，玩得不亦乐乎，金牌销售员们聚在一起做各种培训游戏以拓展思路，公司总裁和副总裁也开始"与民同乐"，加入到了欢乐的阵营当中。有一天，公司在露天游泳池举办了一场别开生面的晚会，形状各异的游泳池和清澈见底的人工小溪、小河穿行其中，设计独到，令人眼前为之一亮。晚会开始后，员工们听着电影《007》巅峰主题音乐，看着总裁穿着詹姆斯·邦德的衣服手持火把开着水上摩托风驰电掣地驰来，音乐到了高潮，总裁开着水上交通工具越过了小桥……

奖励旅游是一种现代管理手段，在激励中的作用越来越突出，甚至被一些企业誉为管理的法宝，在国际上，奖励旅游早已成为了公司激励和嘉奖员工的方式，在中国采用奖励旅游来激励员工的企业并不是很多。造成这一局面的原因有很多，但是最为重要的一个原因是领导者对奖励旅游在激励体系中的作用和地位认识不够，重视程度也不够。

美国纽约奖励旅游组织协会认为，奖励旅游可为员工提供度假旅游的机会，这种奖励方式能激励员工日后高质量地完成工作，对实现企业目标是大有好处的，这种激励方式完全是全球适用的。国内一些学者也认为，

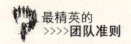
奖励旅游是一种非常有效的管理手段和激励手段，它能激励员工为企业做出卓越的贡献。但是领导者需要注意的是，获得此项奖励的都是企业内出类拔萃的优秀员工，他们对人对已要求都很高，对任何事物也皆有高标准的要求，倘若企业在实施奖励旅游时出现差错或者做得不那么完美，将会大大影响这项奖励的激励功能。那么怎么做才能让奖励旅游充分发挥激励作用呢？

1. 做好计划，做足充分的准备

在推行奖励旅游计划之前，公司要制定好公司的业绩目标，并分配给每个部门和每个员工，能完成或超越业绩目标的部门或员工，便可成为奖励旅游的对象。在实施奖励制度前还要注意以下几点：一、在实施制度前，需把获取奖励的业绩目标准确无误地传达给每个员工；二、整个奖励制度制定的过程必须是公开、公正和透明的；三、如出现特殊情况，不能如期推行奖励方案，必须给员工一个合理的解释；四、听取和尊重员工的建议，让所有人一起参与到奖励计划的筹备工作中；五、选择旅游度假地时要充分考虑那里的基础设施是否完备以及环境是否适合度假等。

2. 注重奖励旅游的激励性，使激励的边际效用最大化

奖励旅游旨在奖励员工和鼓舞士气，它既强调竞争性又鼓励团队精神，但是企业只有处理好奖励和员工需求的关系，才能促使激励的边际效用最大化。领导者在做奖励旅游计划时，一定要了解员工的真正需求，契合他们的心理需要，以此达到激励的目的。

3. 设计富有创意的旅游活动，给予员工更多惊喜的体验

奖励旅游除了要保证优质的服务品质外，还要设计出更有创造性的旅游活动，让获得此项奖励的员工收获与众不同的独特体验，可设计一些有趣且富有挑战性的冒险活动，让员工感受新鲜刺激的感觉；还可事先保留一份神秘感，突然宣布享用豪华晚宴或者参加其他有意思的活动，以此给员工带来额外的惊喜。

第六章

赢在沟通
——没有沟通就没有效能

据《圣经·旧约》记载，人类的祖先起先都讲同一种语言，他们在两河流域——幼发拉底河和底格里斯河发现了一块适合居住的宝地，就在那里安然定居下来，并筑起城池，修建起繁华的巴比伦城邦。后来人类生活越来越富足，开始变得骄傲自大，为了彰显自己的不凡，便在巴比伦修建了一座通天之塔，很快高塔就修筑得高耸入云。上帝知道了此事，非常恼怒，决定教训一下狂妄自大的人类，于是让人类的语言发生了混乱，人们由于语言不通，互相之间不能理解对方的意思，工作难以开展下去，通天塔工程最终半途而废。

这则传说故事给我们的启示是，没有良好的沟通，任何工作都是无法做成的，因为没有沟通就没有效能。对于一个团队而言，同级之间如不能正常沟通，分工协作便无从谈起；上下级之间如果存在沟通障碍，工作就无法被不折不扣地执行，一个团队的高效运作离不开高效沟通，因此作为领导者，一定要重视做好沟通工作。

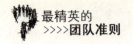
最精英的
>>>>团队准则

准则 51. 把发言权交给员工

沟通在工作中是如此重要，各大公司为了实现高效沟通耗费了大量的时间和精力，但是绝大多数沟通却都没有达到预期的效果，沟通中经常出现各种问题，是因为领导者和员工个性差异太大、矛盾不可调和，还是因为沟通的方式有问题？其实最主要的原因是双方地位不对等引起的。

沟通是一种双向的行为，双方都积极参与，沟通才会有效。可是在各大公司我们常看到这样一种现象，说话的话语权完全掌握在领导者手中，他们从来没兴趣倾听员工的诉求，却要求员工用心记住自己的每一句话，领导者扮演的永远是那个侃侃而谈的角色，而员工绝大多数时间都在被动地倾听，这样的单向交谈我们当然不能称为沟通。很多领导者不愿意倾听员工的意见，员工刚开口话语立即被打断，他们不相信员工能提出有价值的建议，也不愿听到员工找借口，而只是一味地热衷于把自己的观点强加给员工，强迫员工按照自己的指令办事。这样做的结果是员工或许在行为上不会有什么忤逆行动，但是永远都不可能与领导者达成共识，长此以往，双方的合作就会出现严重问题。

若要破除沟通障碍，解开沟通的死结，我们不妨向印第安人取经。印第安人有一个古老的传统，每次议事时，会上都会有一个代表着发言权的权杖，谁得到这个权杖，谁才能获得发言权。得到权杖的唯一方式便是重复上一个人的话语，并要获得对方认同，在充分理解了对方言语中的意思之后，经对方同意，自己才有资格讲话。这一传统有数百年的历史，最初的权杖是由金属制成的，之后被木质的权杖取而代之，后来有形的权杖又被无形的权杖所取代，因为它深藏在每个人的心中，大家聚在一起议事时，无须再借助任何权杖，也能按照约定俗成的规则沟通。

有一家公司在会上讨论近期发生的一个棘手问题，由于采购部不能采购到足够的货物，无法供应营销部签下的订单，产品迟迟制造不出来。会议刚召开不久，采购部的胡经理和生产部的马经理就吵得不可开交。胡经理说原材料长期断货，采购部的员工每天都在积极和供应商沟通，但是未来的情形还是不容乐观。马经理立即抢话说采购部分明是在找借口。胡经理一听，立即气冲冲地说采购部有自己的工作方式，用不着生产部来插手。马经理气呼呼地说生产部由于材料不到位，大家没活干，很多人都想辞职不干了。胡经理立即表示这是生产部自己管理不力，与自己无关。

总经理听着两位经理你一言我一语地回敬，双方都不示弱，再这样吵下去也解决不了问题，于是建议用印第安人的权杖法来沟通。他拿出一把扇子，对经理们说："这把扇子就相当于印第安人的权杖，首先拿到这把扇子的人可以先说话，在他话没有讲完之前，任何人只能用心倾听不能抢话，这一点是不容易做到的。刚才的情形大家都看到了，胡经理和马经理每次都容不得对方讲完就急于表达自己的观点，这种做法在印第安人的会议上是绝对不允许的。谁若想发言，必须先重复前一个人讲的话，倘若充分理解了对方的意思，并受到对方认可就可以发言表达自己的观点，如果做不到这一点就要继续听对方讲，而后再试着重复对方的话，直到对方点头为止。这种沟通方式的效果是很神奇的，因为总想抢话否定别人的人在复述完对方的话语后，反而变得无话可说了，为什么呢？因为他完全理解了对方的意思，不需要再反驳什么了。"

在总经理的主持下，公司按照印第安人的传统进行着，首先发言的是生产部的胡经理，他说："最近生产部的原材料供应确实出现了严重的问题，我们所需的原材料突然价格飞涨，一顿的价格已经翻了一倍。"

马经理想要发言，于是重复了胡经理的叙述，他说："你的意思是原材料价格大涨，公司预算不足，你们采购不了原材料是不是？"

"不是，你没有明白我的意思，请继续听我讲吧。供应商要求改变供货的方式，以前是先发货再收款，现在由于原材料价格飞升，他们要求我们先预付5000万，再发货给我们公司，具体的供货时间不能确定。如果按照这种供货方式，公司将面临很大的资金压力，可是如果不这么做，我们就有可能面临断货的风险。"胡经理解释道。

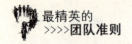
马经理这次听懂了，于是重复道："你的意思是我们公司需要预付一大笔钱，但是具体的供货时间无法确定，生产部现在还在和供应商沟通，期望情况出现变化，对吗？"

"你说对了，马经理，现在这把扇子可以交给你了，你可以发言了。"胡经理认可了马经理，马经理拿起扇子，犹豫了一会儿，最后说："我现在没有什么问题了，请其他人发言吧。"

一场纠纷就这样解决了，总经理舒了一口气，看来运用印第安人的权杖法则来召开会议的确能提高工作效率，互相指责和怨恨的人在倾听与理解中认可了对方的观点，歧义自然也就消失于无形了。

印第安人的权杖给予每一个人以平等的话语权，在发言者没有充分表达完自己的观点之前，别人是不可以插言和提出相反意见的。在现代企业中，极少有领导者能把话语的权杖交给员工，这是导致沟通失败的根本原因。不让员工发言，又如何能知道他们的所思所想和所需呢？更不可能了解工作中出现各种问题的具体原因，想要达成共识一起解决问题更是难上加难。领导者想要实现畅通无阻的高效沟通，必须打破原有的沟通模式，学会运用印第安人权杖的法则，那么具体应该注意哪些问题呢？

1. 学会倾听，以此来从员工那里获取有效信息

懂得倾听比能言善辩更重要，沟通首先是倾听的艺术，有时费尽唇舌地说了很多话，由于并不了解当前的状况，也不了解员工的想法，结果员工一句也听不进去。如果先从员工口中事先了解情况，把话语权交给员工，然后有的放矢地沟通，沟通的结果一定会比自说自话更有效。倾听的能力对于领导者而言是非常重要的，它甚至比出色的口才更为重要，善于倾听的领导才能从员工那里收集到有价值的信息，以此了解员工的心理和想法，进而提高自己的沟通水平和管理水平。

2. 忽略职务级别，减少沟通障碍

领导者在与员工沟通时要放弃居高临下的沟通方式，忽略职务的级别，完全按照印第安人的权杖法则来实现有效沟通，首先把话语权交给员工，在员工没有完全把话说完之前，不要急于否定他们的观点，耐心地听

他们讲完，然后重复他们讲过的话，厘清他们的想法，再发表自己的意见。

3. 控制自己的操控欲和表现欲，给予员工充分的发言权

个性强势的领导者往往操控欲和表现欲非常强，他们常常会剥夺员工的发言权，致使双向交流变成了员工单向的聆听诚命。想要纠正这种非正常的沟通，领导者必须克制自己的操控欲和表现欲，给予员工发言的机会，实现真正的双向沟通。

准则 52. 破除心墙，让员工口吐真言

鲍威尔曾经说过："发号施令总是孤独的。"很多的领导者或许都有这种高处不胜寒的体验，身居高位时能听到真话的概率非常少，大部分员工对自己敬而远之，不愿意去戳管理者的软肋，长期保持沉默，有的员工则一味讨好自己，总用甜言蜜语麻痹自己。每次开会，自己声音洪亮地慷慨陈词，无论怎样鼓励员工发言都没有一个人提出实质性的建议，他们要么一言不发，要么避重就轻、顾左右而言其他，要么就是当即表示认同领导的说法。很多领导者因此很是困惑，他们分明给了员工畅所欲言表达的机会，为什么所有人都不说实话呢？

员工不发言或者不说真话，原因有很多，有的员工资历不深、自信心不足，觉得自己在公司没有分量，认为自己的意见未必会受到领导重视，倘若不慎说错了什么可能还会受到领导呵斥，还不如索性当个闷葫芦。有资历的老员工也不愿意出头，他们相信树大招风、枪打出头鸟的处事法则，为了获得足够的安全感宁愿表现得低调些，所以要么成为附和派要么什么都不讲。总之，员工不说真话，不是因为他们不想说，而是因为领导者没有成功地为员工创建一个可以安全发言的和谐环境。

某核电集团的一位清洁工有一天在做清洁工作时，看到机器有个部位覆盖了些许灰尘，便用抹布擦了一下，竟不慎触动了机器开关，启动了核

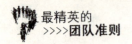
反应堆，造成了长达两天的断电。如果这件事情发生在其他企业，一定会对清洁工严惩不贷，但是该集团只是让那名闯祸的清洁工如实讲明真相，既没有开除她，也没有扣发她的工资和奖金。

该集团的这一做法表面看似令人费解，其实完全合乎常理。对于核电企业来说，安全尤为重要，企业必须竭尽所能地清除所有的安全隐患，准确地收集有关这方面的信息，只有员工敢讲真话，企业才能及时了解真正的信息。如果当初公司只是一味追究核电停电的责任，清洁工未必有勇气讲出实情，免去追究相关责任，才能让清洁工在毫无压力的情况下将事情的原委和盘托出，公司才能有效避免防止同类事故发生。

沟通本质上是信息的传递，信息的真实性尤为重要，领导者通过沟通了解到真实可靠的信息，沟通才有价值。想要了解事情，就必须鼓励员工排除各种顾虑，畅所欲言地发表观点，这对于一个企业的发展是非常重要的，比尔·盖茨曾经说过："如果人人都能提出建议，就说明人人都在关心公司，公司才会有前途。"通用电气前首席执行官杰克·韦尔奇认为，下属服从领导的指令有利于工作的有效开展，可是如果员工不加分析地盲目地遵从上司的指令，那么就会使公司的运营陷入僵化。他觉得员工敢于建言献策，消除隔阂，更有助于减少对抗，增进沟通的效果，如此对公司的发展更为有利。那么，作为领导者，该怎样才能破除员工的心墙，让他们无所顾忌地打开话匣子，对自己口吐真言呢？

1. 要为员工创建坦诚沟通的氛围

许多领导者在沟通时，把大量的注意力集中在了沟通方式和沟通技巧上，却往往忽略了沟通中最为重要的一个因素——坦诚，沟通是需要开诚布公的，想要听到员工的真话，自己必须胸怀坦荡、足够坦诚。有的领导者表面奉行"坦诚沟通"的理念，而实际上却刚愎自用，不愿听到任何不同的声音。在这种情况下员工当然不敢敞开心扉发表意见了，这就是为什么在很多会议上，绝大多数员工要么随声附和，要么不痛不痒地说些无关的言论的原因。这种氛围是怎么造成的？问题主要出在领导者身上，因此领导者必须放开心胸，允许员工质疑自己的工作，听取各种不同的意见，才能听到真实的声音。

2. 不要让敢直言者受到任何伤害

员工在和领导沟通时总喜欢保留自己的意见，却能和关系密切的同事或好友开诚布公地交谈，这是为什么呢？其主要原因是和关系比较近的人随心所欲地交谈并不会受到伤害，但是和领导无所顾忌地谈话就极有可能受到伤害。如果自己道出的实情不是领导喜欢听的，自己日后在公司的日子就有可能很不好过，所以他们宁可缄默不语或者说些不触碰实质性问题的话。领导者要扭转这一局面，就必须首先承诺无论员工说什么，只要所讲内容属实，自己就绝不会发怒或是做出任何伤害员工的行为，从而打消他们心头的顾虑，让他们敢于实话实说。

3. 提高双方信任度，让员工敢于对自己说真话

互信是沟通的基础，领导者必须拆除员工设防的心墙，使其充分信任自己，并且信任员工，这样才能使双方的沟通更有效。当然要获取员工的信任，并不是短期内能办到的，领导者平时需要加强和员工的沟通和交流，消除彼此的隔阂，促使双方增进了解，才能提高员工对自己的信任度，同时领导者也要充分相信员工，一定要给予他们发表意见的平台。

准则 53. 破解性格密码，促成零距离沟通

由于性格不同，沟通双方思考问题的模式就会存在差异，这种差异无疑会影响沟通效果。比如 A 是一个做事严谨、凡事追根究底的人，而 B 则是一个性格大大咧咧、活泼开朗的人。A 问 B："现在是什么时间了？"B 随口答道："很晚了。"A 显然不能对这样的答案感到满意，于是说道："我问的是具体的时间。"B 又说："是该走的时间了。"A 有些沉不住气了，提高声音分贝追问道："告诉我现在的时间。"B 也有些不悦，看了看表说："五点多了。"A 气得大吼起来："我想知道精确的时间，请明确回答我。"B 锁着眉头看着 A："你为什么总是这么挑剔呢？"在与员工沟通的过程中，

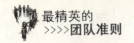
此类问题是会经常出现的，大发雷霆是没有意义的，改变对方也是不现实的，那么领导者怎么做才能促成双方的良好沟通呢？

答案是你必须了解员工的性格差异，破解他们的性格密码，对于不同的员工采用不同的沟通模式，有针对性地了解不同员工所能接受的沟通方式，就能实现与员工的零距离沟通。我们可以把所有员工简单地划分为四种类型的性格。

第一种类型的员工是活泼型。这类员工的核心价值观是和谐，希望获得关注和认可，喜欢与人交往，非常在乎别人的看法，最大的渴望是受欢迎和博得上司的赞赏。

张琪是一名活泼的销售员，她个性活泼，表达能力强，接待客户热情大方，但是销售业绩却非常一般，其原因是她在和客户沟通方面存在诸多问题。张琪活泼开朗，有亲和力，易于让客户喜欢，但是表现欲过强，精力大部分耗在博得听众赞赏上，往往忽略了客户的诉求和需要。她经常滔滔不绝地跟客户介绍产品，却无法断定客户的购买欲望，有时兴致大发，欢天喜地地一连和客户交谈了好几个小时，临走时却忘记了向目标客户索要联系方式。像张琪这样的员工，可能很难了解客户的购买意向，就算口才再好签单量也会十分有限。

领导者与活泼型员工的沟通策略：先不遗余力地表扬他（她），告诉他（她）给公司带来了活力，并且很受客户喜欢。对于活跃性的员工来说，上司的赞赏就是自己加倍工作的动力，听到表扬他（她）会感到心花怒放。随后领导者可以委婉地表示希望他（她）能再接再厉，把业绩提上去。这时活跃型员工就会困惑地问："我很努力地工作，为什么业绩始终上不去呢？"

此时领导者可扮演传道授业解惑的老师角色，帮他（她）分析业绩不突出的具体原因，并给予其中肯的建议，让他（她）学会倾听顾客讲话，挖掘和了解客户需求，随后再抓住机会有针对性地推销产品。

第二种类型的员工是完美型。此类员工追求卓越和完美，对自己和工作有着非常高的要求，对事物的品质有着近乎苛刻的要求，办事有条不素，喜欢留意细节，压力过大，由于担心自己不能把工作做到十全十美而一再拖延。此类员工很难从工作中获得快乐的体验，比较容易陷入抑郁。

张明远是一名完美型员工，工作起来总是力图把每一个细节做到尽善尽美，总是不能如期完成领导下达的任务目标，为此他感到非常沮丧，一度对自己的能力产生了怀疑。他工作进度虽然不是十分理想，但是工作态度十分认真，工作质量也强于其他员工。张明远有吹毛求疵的毛病，对别人如此，对自己也是如此，因此在办公室里他过得很不舒心，经常引发人际冲突。

领导者与完美型员工的沟通策略：不要直接批评完美型员工的拖延症，因为对这类员工而言，否定是非常有摧毁性和杀伤力的，他们要求自己做到完美，直言不讳否定他们的工作就会毁掉他们的战斗力。最好先肯定他们的优点，例如对细节精到的把握，以及对工作品质的执着要求，然后帮助他们制订合理的工作计划，鼓励他们在身心放松的状态下有步骤有计划地完成阶段工作，压力减小以后，他们极有可能改变忧郁的状态，露出久违的笑脸，与同事的冲突也会相应减少。

第三种类型的员工是力量型。这类员工能力过人，是实干家，非常喜欢接受有挑战性的工作，其控制欲比较强，也较为自信，他们行事果断，最忌讳优柔寡断，喜欢确切的答案。

李超是设计部的负责人，想要变更现场销售大厅的设计，但是销售现场已经施工了，他想要和负责施工的工程人员商量解决方案。这位工程员是典型的力量型员工，起初李超用商量的口吻说："这个设计现在虽然已经开工了，但是为了让效果做得更好一些，现在要调整一下，你看行不行呢？"结果工程员很不配合地说："不行，这是办不到的。"李超吃了闭门羹，心里有些生气，但是沟通工作还是要继续下去的，于是他换了一种更为坚决的语气说："在销售现场已经开工的情况下再做出变动确实很不容易，这项工作很有难度，对你来说是个不小的挑战，但我相信你是能做好这项工作的，现在我们来商量一下新方案。"工程人员语气也完全改变了，饶有兴趣地问："要改动的地方都有哪些呢？"

领导者与力量型员工的沟通策略：绝不能用模棱两可的话语来跟力量

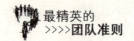

型的员工商量。因为这类员工最不喜欢听到那种犹豫、拖泥带水的话，也讨厌变更工作，要想让力量型员工调整工作，语气一定要坚定有力，不容置疑，而且言语间要展露对力量型员工的信任，表明眼前的工作是一个新的挑战，只有这样才能把他（她）引导到工作程序之中。

第四种类型的员工是和平型。和平型员工个性内敛，性格稳重，喜欢稳定的工作和与世无争的生活，他们与人相处融洽，一般情况下不会发生太大冲突，但是他们独立性较差，自我意识不强，因为一味认同他人，缺乏自我决断能力，因而不易发挥自己的潜能。

刘珊珊是办事处的一名职员，她是典型的和平型员工，已经在办事处足足做了三年，状态非常稳定，与同事相处得也很不错，但是在组织大型活动时推进力度明显不足，她缺乏独当一面的能力，由于办事处工作人员较少，一时找不出更合适的组织活动的人选。

领导就目前的情况和刘珊珊商谈了几次，表示信任她的能力，领导对用欣赏的语气对她说："办事处里你做事是最踏实的，我相信你能组织好这场盛大的活动，但是任何工作都需要发扬团队合作精神，你可以和其他部门的工作人员沟通一下，把他们有价值的想法和建议归纳出来，然后做个方案出来。"在各部门的协作下，刘珊珊把公司的活动活动办得很成功，她也变得更加自信起来。

领导者与和平型员工的沟通策略：和平型的员工不善做决定，但是工作能力并不差，领导者要善于帮助他们做决定，不要责备和批评他们的优柔寡断，更不要强迫他们去做重大决定，在对其委以重任以后，可安排其他员工协助其工作，但是注意不能让他（她）感到自己不被信任，虽然这类员工做事缺乏魄力，可是协调能力较强、办事稳重，只要能把他（她）带入工作程序，依旧能使其做出优异的成绩。

准则 54. 揭开情感交流的"核心 DNA"——换位思考

在日常管理活动中，领导者和员工之间难免会发生冲突，进而促使彼此产生对立情绪。因为互相反感，在工作中沟通起来障碍就会加大。面对这种情况，领导者该怎么办呢？其实沟通并没有那么难，人与人之间的矛盾也没有那么难解开，只要领导者学会换位思考，撤除固有的成见，多多体谅员工，就能有效解决问题。

换位思考是揭示情感交流的"核心 DNA"，领导者若能学会站在员工的角度看问题，充分理解员工的难处，就能消除人际沟通中所有的芥蒂。然而，在很多企业当中，领导者总喜欢戴着有色眼镜看员工，总是摆出一副高人一等的"官架子"，沟通方式过于粗暴，结果越沟通越不通，双方的成见和误会越来越深，严重影响了工作进程。

有一位汽车美容中心的负责人，一天看到一名员工没有在现场工作，而是躲在室内休息。他感到非常生气，心想现在的员工真是越来越懒惰了，只要自己不在场监督，他们就立即找机会偷懒。他绝不能纵容这种行为，于是气愤地冲进室内，劈头盖脸地把那位员工大骂了一顿，还宣布要扣发奖金。

那名员工脸色苍白，好几次欲言又止，每次刚想开口说话就被领导批评的话语堵住了。那名员工见自己没有辩解的机会，只好走出室内立即投入工作。其他员工见状，很为其鸣不平，他们告诉领导这名员工已经感冒好几天了，可是最近公司业务繁忙，他只好带病坚持工作，实在熬不住了才到室内休息了片刻。这位负责人一听，脸立即红了，他没想到自己竟然错怪那名敬业的员工，于是立即给他批了假，允许他回家休息。

每个人的思维都具有局限性，人的主观认识难免受到各种条件的限制，这样就会使我们的判断出现偏差。领导者要突破条条框框的限制，就必须跳出原有的认知，站在另一个角度去观察和考虑问题。可是换位思考说起来容易做起来难，领导者一旦发现员工工作表现不佳，往往第一反应便是愤怒，他们难以理解员工在工作中出现的突发状况，也难以理解员工在具体工作中究竟遇到了哪些困难，而是惯于把懒惰的帽子扣在员工头上，认为他们缺乏最基本的责任感，有意不配合自己的工作，于是忍不住责难员工。

领导者和员工在工作中出现分歧是很正常的，领导者想要化解分歧应

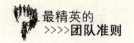
抛弃自己的成见,客观冷静地去分析问题,站在对方的立场和角度上重新
审视问题,正所谓"横看成岭侧成峰",换一个位置观察,就会看到不同
的景象。美国有一个名为《卧底老板》的真人秀节目,每集跟拍一位老板
假扮成员工潜进自己公司基层工作的实况,尽管很多老板在节目里出尽了
洋相,但是他们却深入了解了一线员工的生存状态,这对他们日后改善企
业和员工的关系打下了基础。领导者难以站在员工立场上看问题,是因为
他们摆脱不了身份的束缚,而《卧底老板》中的企业家们真正当了一回员
工,对员工的了解自然也就增进了一层。那么,领导者如何增强自己换位
思考的能力呢?

1. 培养自己客观评价人或事物的能力

上下级之间很多的误会一部分源于领导者过于主观臆断,只要员工的
表现无法让自己满意,他们立即失去了理智,对员工的评价变得情绪化,
更加不可能设身处地地站在员工角度来分析和看待问题。因此扭转这一局
面的方法便是抛开偏见和情绪化,在自己做出不准确的判断前,要理性地
调查取证,不要没有弄清事情的缘由就给员工定下 N 宗罪,因为这样做是
不公平的,对于日后双方的合作和沟通也会产生极为消极的影响。

2. 加强对员工的工作和生活的了解,提高换位思考的能力

有些领导者扮演的只是一个指挥家的角色,对于自己手下的员工了解
甚少,由于所处的环境不同,想要无障碍地理解对方几乎是不可能的。领
导者应该多花些时间来接触基层员工,了解他们的工作状态和生活状态,
只有这样双方发生矛盾时,才能以更加理性的方式来思考问题,做到换位
思考,及时化解双方的矛盾。

3. 给予员工解释的机会

有的领导者不允许员工为自己辩驳,也不想听任何理由,只是凭借自
己的直觉来评判员工,这样做的后果是领导者永远都不可能了解事情的真
相,误会也不会自动消除,双方的沟通就会陷入僵局。如果领导者换位思
考的能力较弱,不妨让员工说出自己的理由,在理由充分的情况下,再进
行换位思考,这样做有助于增强互信和理解,实现沟通的预期目的。

准则 55. 高效沟通撒手锏：掌握对方心理变化

为什么花了大量的时间和精力来和员工交流，沟通效果却很差？为什么费尽口舌多次强调的问题，员工却总是听不进心里？为什么员工有时候说话会言不由衷？这些情况表明，领导者和员工存在着沟通障碍。那么该如何排除沟通障碍，实现完美沟通呢？

沟通应该从心开始，领导者与员工沟通不畅，多半原因是因为不了解员工的心理造成。由于没有充分掌握员工的心态变化，领导者即使每天口若悬河地讲话，也不能保证员工就能认同自己。沟通并不是单纯的语言、文字或其他形式的信息交流，而是双方情感的互动，员工只有在心里完全接受了领导者的观点和看法，才能由衷地坦诚自己的想法，实现情感的流通和信息的交换。

第二次世界大战以后，美国制定了援助欧洲复兴的"马歇尔计划"，虽然绝大多数美国人都支持美国对欧洲施以援手，但是马歇尔却担心国会提出反对意见，毕竟支援欧洲需要耗用美国一大笔钱。

一天，国会拨款委员会通知马歇尔不久将举行听证会研讨"马歇尔计划"。为了能使这项计划成功被国会批准，国务院的两名专家夜以继日地起草发言稿，他们列举了大量的事实，阐述了欧洲重建计划的必要性，并提出了很多令人信服的理由，还辅以许多权威性的细节来论述该计划必须付诸实施的依据，旨在强调"马歇尔计划"对欧洲和美国来讲意义重大。稿件拟定完毕后，两人把精心准备的稿子交给了马歇尔。

马歇尔读完之后，沉默了良久，之后靠在椅背上说："我不想用这个发言稿了。"两名专家听后非常失望，以为是自己撰写的稿子达不到马歇尔的要求。马歇尔看着他们黯然的表情，马上解释说："别误会，我认为稿件写得非常出色，可是你们想过没有听证会想要的是什么？他们想知道我本人对于这个计划的看法，而不是你们两位对于该计划的看法。我在听

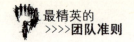
证会上读发言稿，他们当然会明白里面的内容和观点是出自你们，而非是我本人。所以我认为不把讲稿带到听证会会更好些，因为这样大家就会认为我想先发表一篇声明，我出席听证会的当天会回答各种问题，无论他们提出什么样的问题，我都会用你们在发言稿中列举的各种理由来回答，委员会会因此而感到满意。他们想知道的无非是我对于这个计划的看法，我给了他们确切的解答，就会获得他们的支持。"

事实证明马歇尔的分析是正确的，由于掌握了拨款委员会成员的微妙心理，他终于得到了国会批准的款项，使得重振欧洲的计划得以实现。这则历史故事说明，在沟通时，不要只考虑自身的需要，还要尽可能地掌握对方的心理变化，感受对方的情绪，只有这样才能扫清沟通的障碍，获得对方的理解和支持。作为领导者应该掌握必要的心理沟通艺术，将沟通进行到底，那么具体有哪些实用的方法呢？

1. 实话要巧说

英国诗人拜伦有一次在街上看到一个盲人乞丐在乞讨，牌子上写着凄苦的词句："自幼失明，沿街乞讨。"可是过往的人都对这句话无动于衷，没有人把零钱放进盲人身边的盆子里。拜伦见状，在牌子上又加了一行字："春天来了，我看不见。"行人纷纷慷慨地施舍乞丐。

实话实说有时候未必能取得良好的沟通效果，实话未必动人和动听，有时并不能引起他人的共鸣，有时还可能会伤人，所以实话应该巧说，领导者在沟通过程中应该根据员工的心理特点加以润色，以员工能够接受和会意的方式来表达。

2. 找准"纹路"劈柴

按照纹路劈柴才能做到斧到柴裂，而不按文理劈柴就算耗尽所有的力气都是在做无用功。员工的思维特点和心理特征就好比木柴上的纹路，领导者必须了解它们的差异，看清其中的脉络，根据员工的特点来沟通。只有这样才能一语中的，使员工形成心灵深处的共鸣，将沟通推向一个新境界。

3. 注意反馈

领导者要充分掌握员工的心理变化，必须注意员工对于自己话语的发

�，从他们的面部表情、眼神变化和肢体动作等一系列的反应来揣摩他们的心理状态。一般而言，很多信息都会暴露出来，领导者要根据现场反馈的信息来及时调整和修正自己的说话内容，确保把话说到员工心坎儿上。

4. 感受员工情绪，了解其心理需求

领导者想要实现完美沟通，必须契合员工的心理需求，但是在沟通过程中，员工不可能将自己的需求和盘托出，这时领导者可根据他们当时的情绪来判断他们的心理活动状况。比如交谈时他们表现出明显的抗拒，情绪非常低沉，这说明领导者没有把握好他们的心理。此时领导者应当反思自己的沟通方式，尽量采用一种令双方都感到愉悦和轻松的方式来开展对话。

准则 56. 冲突源于错误的口吻

由于双方的地位不同，领导者在进行沟通时，难免有一种居高临下的优越感，在沟通过程中完全无视下属的感受，喜欢滔滔不绝地训话，脱口而出的经常是伤害员工自尊和情感的语言。这样的沟通不仅让员工反感，还严重阻碍了上下级沟通的效果。

以上问题皆是由错误的沟通语言引起的，汤玛斯·高登和克里斯·科尔等心理学家把不当的沟通语言划分为四类，结合我们企业在下行沟通时的实际情况，我们可以将其划分为：发号施令型、傲慢无礼型、讽刺挖苦型和隔靴搔痒型四类。

发号施令型是领导者对下级使用最频繁的一种，它的优点是见效快，能让员工迅速按照自己的指令做事，缺点是容易引起员工的反感，激起他们的反抗情绪。惯用发号施令型的领导口头禅是"应该"、"必须"，口吻不容置疑，有时还会威胁员工，表示如果他们不能如期完成工作任务，就要受到严厉惩罚。这种语言可产生两种效果，一是出于恐惧而屈从，另一种是引发敌意，引起员工的强烈对抗，有的员工会想："无论你说什么，

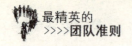

我都不会配合，大不了辞职走人。"

傲慢无礼型语言容易刺伤员工的自尊心，导致员工产生自卑心理，进而封闭自己，或者仇视和憎恶领导。我们常听到有的领导者在训斥员工时，这样说："这么简单的工作你都做不好，真应该到学校回炉重修，真不明白你以前都在学校学到了什么，专业知识全都当饭吃了吗？"有的领导喜欢给员工贴标签，总是这样斥责员工："我发现公司里一出问题，每次都有你的份儿。我早就清楚你能力不行，以后也永远都改不好了。"员工听了这样的话，就会破罐子破摔，反正领导已经认为自己没希望了，何必再卖力表现呢？

讽刺挖苦型语言杀伤力非常大，虽然经常使用这类语言的领导者并没有直接骂员工，但是看似含蓄的言语里句句流露出对员工的鄙视和侮辱，这类语言最让员工反感。比如对一位从名牌大学毕业不久的新员工说："都快到年底了你才完成60％的任务，现在还是一点都不知道着急，看来还真有气定神闲的大将之风啊，名牌大学毕业的学生果真不一般啊。"再比如对一名把报告写得差强人意的员工说："你的报告做得真是太好了，水平高得连我都看不懂，你以为自己是巴菲特吗？"

隔靴搔痒型的语言表面看似温和，无关痛痒，其实也会让员工感到痛苦和失望。比如对一个正经历不幸的员工用怜悯的口吻说："别难过了，太阳每天都会照常升起，你会好起来的，以后你的人生还很漫长呢。"这类语言丝毫起不到安慰的作用，因为领导者没有站在对方的立场讲话，一般不会被自尊心强的员工所接受。再比如评价员工时泛泛地说："总的来说，你基本上算是一个合格的员工，以后你好自为之吧，继续发扬优点，把身上的缺点都改改。"这种评价当然会让员工感到非常不舒服。

有时领导者使用不当的口吻，无意的一句话就会伤害到员工。领导者在进行沟通工作时，一定要注意自己的言辞，不要让错误的语言成为沟通的杀手，沟通的目的不是通过刺伤别人的方式来开展工作，而是与对方达成和解和共识，共同实现企业的任务目标。

在职场小说《杜拉拉升职记》中，中层领导杜拉拉吩咐自己的下属海伦使用上海办行政报告（上司玫瑰曾经负责的区域）的格式取代广州办原先的报告格式，上司玫瑰由于得到了她惯用的格式，查阅数据时驾轻就熟，果然非常高兴，对杜拉拉的好感也增了几分。可是下属海伦却感到不满。

杜拉拉在和海伦谈心时，对她说："如果你是高层领导，是希望每个办事处每月都有不同格式的报告，还是希望所有办事处都使用统一的格式？"海伦回答说："使用统一的格式当然更方便些。"杜拉拉又问："那么你喜欢自己熟悉的格式还是喜欢自己不熟悉的格式？"海伦不假思索地说："当然喜欢自己熟悉的格式啦。"杜拉拉说："所以玫瑰也喜欢自己熟悉的格式。"

海伦一时不知道说什么好，后来还是有点不服气地说："我们以前使用的格式也挺好的，现在突然换成另一种格式，需要花很多时间熟悉表格。"杜拉拉笑着说："那你以后可要更加努力地工作，等到升到更高的位置，下级都会以你的意见为主，可是现在高层领导是玫瑰而不是你。"海伦听罢哑口无言，于是就按照杜拉拉要求的格式写报告。

杜拉拉在和员工沟通时，态度非常和善，语气是循循善诱的，即使员工不那么情愿地配合自己的工作，她也没有因此而生气，而是试图用温和的方式来说服对方。可是在现实生活中，多数领导者都无法做到这一点，遇到和杜拉拉同样的情况，多半会采用命令的口吻说话，如果下属牢骚抱怨，则会大为光火。杜拉拉的处理方式显然更加技高一筹，她在没有使用任何强势字眼儿的情况下就成功说服了下属海伦，这一点是非常值得领导者学习的。那么作为团队领导者，在与员工沟通的过程中，应该注意哪些问题呢？

1. 指出员工工作中出现的问题时，不要伤害他们的自尊与自信

员工无法把工作做到十全十美，可能他们的工作成果和自己的预期存在着一定差距，但是在指明问题时，切忌伤害他们的自尊心，也不能打击他们的自信心。指出问题是为了他们把工作做得更好，但是伤害他们的自尊和自信，非但不能提高他们的工作水平，还会引起诸多情绪问题，并导

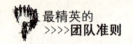
致双方关系紧张，因此在和员工沟通时语气最好柔和和委婉一些，可以说："你以前表现得一直很出色，希望以后不要再犯同类的错误。"或者说："我相信像你这么聪明的人，以后应该不会再犯同类的错误了。"

2. 不要当众指责员工

批评员工最好选择单独的场合，比如独立的办公室或者安静的会议室，最好不要在大庭广众之下大声斥责员工，切忌动辄对员工采取通报批评的方式。当众指责员工会瞬间引爆彼此的对立情绪，因为每个人都是有自尊心的，让别人当众出丑对双方都是没有好处的。所以，批评员工时要尽量私下进行。

3. 以友好的方式结束批评

批评完下属以后，对方心里或多或少都有些不畅快，如果领导者批评下属导致双方不欢而散，就会给日后的沟通带来许多障碍。因此，每次批评员工时最好用友好的语气来结束谈话，这样才能减除员工的消极情绪，比如不要用"今后不许再犯"这种警告的话来结束一场交谈，而要把自己殷切的希望传达给对方，可以说："我相信你会做得更好。"让员工在回忆过往的交谈时，印象当中是以鼓励为主，而不是一次次伤害和打击，这样做才能帮助他们改正自己的错误，更快地恢复信心。

准则 57. 用提问的方式激发员工的思考能力

不少领导者喜欢直接对员工下达命令，员工始终处于被动接收命令的状态，没有一点主动思考的能力和解决问题的能力，俨然沦为执行指令的机器。如此局面非常不利于工作的良性开展，因为只要领导者有一点细枝末节没有考虑到位，员工就有可能因为不知道如何操作，而使工作陷于混乱。企业需要的是有自主性和创造性的劳动者，而不是事事都要领导交代清楚、自己没有一点主见的木偶人，但是问题果真全部出在员工身上吗？当然不是，出现这种情况领导者应负大部分责任，因为这是错误的沟通方式引起的。

员工不会思考，主要原因是领导者不曾给予过他们思考的机会。领导者如果能换一种沟通方式，用提问的方式加以引导，就会使员工由原来的被动接受命令转变为主动思考，从而培养起自己独立解决问题的能力。可惜在大多数情况下，领导者没有耐心启发员工，总是热衷告诉员工该怎么做、要使用哪种工作、该获得什么样的成果。他们把工作中的每个环节都交代清楚了，员工无须思考，只要负责执行就可以了，久而久之就会产生严重的依赖感，出现新问题马上请示领导，根本无心自己去解决。

优秀的领导者绝不单纯是发布命令，而应该懂得启发员工和自己一起寻找答案。帮助员工迅速成长，也减轻了自己的工作，一旦员工独立处理问题的能力增强，根本无须自己事无巨细地吩咐，管理工作也会变得更加省心。

美国通用公司前总裁杰克·韦尔奇在任时非常重视引导员工主动思考，他创建了著名的克鲁顿维尔学习中心，旨在教育和培训员工。他还经常和学员交谈，在沟通过程中，他从来不发表冗长的演说，而是和学员公开探讨问题，以此促进团队的成长。

韦尔奇通常会采用开放式的互动沟通方式来和员工交谈，他善于通过提问来引发员工的思考。在培训课上，他会给每位员工发一份手稿，列明课上将要讨论的问题，还针对不同的员工设置不同的问题，比如他会问经理人："我们今天讨论 A、B、C 三家竞争者，你们认为三者有什么不同点？""在通用公司的事业生涯中，你们感到最不满意，最希望改变的是哪一点？"

通过设置各种问题，韦尔奇激发了员工积极思考的热情，并在课堂上向员工传授自己的个人经验，还和大家分享了当年自己在工作中碰到的难题，用抛砖引玉的方式让员工提出自己在实际工作中出现的问题，并把相关经验与所有人分享。课下韦尔奇要求员工回答三个问题："你觉得课程设计中哪些方面富有建设性？哪些地方解决了你以往的疑虑、哪些地方让你感到困惑？你最大的心得是什么？"

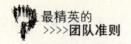
韦尔奇将提问的沟通方式运用得十分巧妙,通过发问,成功地让员工改变了被动工作的状态,促使他们以更为主动的态度融入工作中,通用公司因此得到了更好的发展。

员工习惯了凡事请示上级,此时领导者一定要克制住显示自己优越感的机会,而要像韦尔奇那样通过提问的方式来帮助员工学会思考。员工求助时不要给出他们完美的答案,把以往"交给我,让我考虑考虑"的话转变为"你是怎么考虑的?你有什么想法",不要直接告诉员工解决的方案,而要启发他们理清思路,引导他们独立思考和寻找解决之道。那么,具体应该怎么做呢?

1. 少说多听,通过提问来启发员工思考

让员工适应这种沟通方式需要有一个过程,因为他们习惯了直接得到答案,作为领导者要彻底改变这种局面,因为你不可能永远都给员工答案,自己的精力和时间有限,员工也不能永远依赖现成的答案,他们是需要进步和成长的。当你想把全部答案公布出来时,一定要克制住自己的欲望,少说话多倾听,让员工发表自己的看法,自己时不时提出问题引导他们、点拨他们,逐渐培养他们独立处理问题的能力。

2. 掌握解决问题惯用的框架,通过追加提问启发员工一步步深入思考

领导者必须对解决问题的答案了然于胸,只有这样才能启发员工找到化解难题的途径。积累了丰富的经验以后,领导者应掌握一些解决问题的框架,并据此来设置一个个引导员工递进思考的问题,在不断追加问题的过程中,使员工思考得越来越深入,逐渐接近事物的本质,直到找出最佳解决方案。

3. 边看边问,边听边问

不要把所有的问题一口气全部提出来,而要边听边沟通,根据看到的、听到的情况及时对自己提出的问题加以调整,提高自己发问的水平,使提出问题高度契合员工遇到的问题,在整个沟通的环节中,要注意与员工形成互动。

4. 不要直接代下属修正错误，而要启发他们自己解决问题

很多领导者喜欢直接在员工的报告上进行修改，然后把改好的报告发放给员工，这样做对员工的成长是不利的。领导者代替员工工作不利于员工的进步，正所谓"授人以鱼，不如授之以渔"，教会员工做报告比一次次帮助他们修改报告更为明智。在发现员工的报告有诸多问题时，不妨通过提问的方式为他们指明问题所在，比如"你在做这个议案时，还有什么因素没有考虑到呢？""在资源方面，还有哪些可利用的呢？""你报告中的数据分析是否可以再完善一下呢？"结束讨论之后最好再抛出一个问题："下次再做类似的方案，你觉得有哪些地方是值得借鉴的呢？"

准则 58. 讲话的语调和语气一定要注意轻重缓急

有时领导者会面临这样一个恼人的局面：自己早已明确告诉员工要尽快完成工作任务，员工工作起来却仍然不慌不忙；把多项任务交给员工时，本来已经强调过哪些工作更为重要，要提前做完，员工却忙于其他工作，把紧急工作排在了后面。这究竟是员工有意跟自己作对，还是自己没有把工作交代清楚呢？

其实原因多半出在沟通的语气和语调上，事情有轻重缓急，可是在传递重要信息时，如果语气和语调不合适，就不能让员工充分理解你的意图，造成他们对信息的误读。比如有的领导者平时讲话没有抑扬顿挫的变化，声调始终保持在一个水平线上，而且丝毫不带有任何感情色彩，这样在表达急切心情时员工仍无法体会到那种迫切的感觉，所以根本辨不清哪些工作必须马上完成、哪些工作可以暂缓一下再做。语调和语气与当时的情境不符，会直接影响到沟通的效果，还会给正常工作带来极为不利的影响。

1990 年 1 月 25 日晚 7:40，阿维安卡 52 航班在南新泽西海岸上空飞行，飞机上的油量可维持大约两小时的航程，正常情况下飞机只需不到半

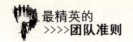
小时就可以在纽约肯尼迪机场降落，这一航程本来是没有问题的。可是当天却遭遇了一系列突发情况。到了晚上 8:00，由于出现了严重的交通问题，机场人员不得不通知 52 航班的飞行员暂时不要着陆，而要驾驶飞机在机场上空盘旋。晚上 8:45 分，52 航班的副驾驶员通知肯尼迪机场工作人员，飞机的燃料快用完了。直到晚上 9:24 分，航班的飞机都没有被批准降落。在这段时间，52 航班没有再向肯尼迪机场发布危急信息。

晚上 9:24 分，52 航班首次迫降失败，飞机高度太低能见度非常差，安全着陆的可能性不大。肯尼迪机场工作人员通知 52 航班尝试第二次迫降，52 航班的机组人员再次报告说飞机的燃料快要耗尽了，结果晚上9:32分时，飞机的引擎出现故障，燃料耗尽的飞机两分钟后就在长岛坠毁了，73 名乘客在那场空难中罹难。

经过调查，人们发现这场空难的原因竟是由沟通障碍引起的。飞行员说"油量不足"或是"燃料快用完了"之类的话是非常普通的一个信息，机场人员会以为每架飞机都会出现燃料问题，所以并未引起重视。倘若当时飞行员发出"燃料危急"的求救信息，机场人员必然会马上优先为其导航，允许飞机早点着陆，悲剧就不会发生了。机场规定，在紧急情况下，工作人员不必考虑既定的规则和程序，可以最快的速度引导处于危急状态中的飞机降落。

令人感到遗憾的是，52 航班的飞行员没有发出"情况危急"的紧迫呼声，而只是平静地陈述了燃料将尽的事实，机场工作人员当然无法了解真实情况。52 航班飞行员的语调和语气并没有急迫感，他们的声音过于冷静和职业化，致使机场人员认识不到事情的严重性，因此延误了飞机安全着陆的时间。

由于沟通失误，一架航班就这样坠毁了。由此可见，语气和语调对于沟通的影响有多大。语气的轻重缓急、语调的抑扬顿挫能充分表达出你当时的处境和心情，把信息准确地传递给对方，所以沟通时，你讲话的语调和语气一定要和自己所讲述的内容相吻合，以免给对方造成误解。在工作中，领导者尤其要注意这一点，不要期望自己不疾不徐地讲话会激起员工的紧迫感，也不要期望自己温吞吞地布置多项工作任务，能让员工立刻弄清其中的先后次序。那么领导者应怎样利用语气和语调的变化来实现高效沟通呢？

1. 语气、语调、语速要同步

由于性格不同，每个人讲话的语速都不相同，有的人讲话飞快，而有的人则习惯了慢吞吞地说话。人们说话的语气和语调也会因为性格差异而出现差别，比如个性柔和的人语气总是比较温柔，而个性火爆的人语气向来比较强硬，较为感性的人语调通常富于变化，而偏理性的人语调变化较少，甚至任何时刻都采用一个语调说话。

语气、语调、语速不同步，会给双方的交流带来障碍，容易造成误解。领导者必须学会纠正自己语气、语调、语速不合拍的弊病，要根据自己表达的内容，对这三种要素进行必要的调整，让员工准确无误地理解自己对于工作的要求。

2. 掌握恰当的语调，融入自己的感情色彩，调动员工的情绪

讲话的语调中需要流露出自己的感情色彩，不同的语调要表达出不同的情感，并以此调动员工的情绪，使其充分理解自己所表达的意思。在使用疑问句、反诘句、短促的命令语句时用高声调，在使用感叹句、祈使句、保证、下决心、表示赞扬、祝愿等情感句子时用降抑调，在表达叙述、说明或表示迟疑、思索、冷淡等句子时用平直调，在表达夸张、强调、双关、特别惊异等特殊情感的句子时用曲折调。

3. 语气语调要有轻重缓急之分

人们在演讲时，会刻意重读某些重要的词语，其目的在于起到强调作用。突出强调的词或词组往往会给听众留下更为强烈的印象。领导者在与员工沟通时要根据自己沟通的目的来刻意强调某些内容，对强调的部分在语气语调上一定要做特殊处理，让员工感觉到它们的重要性。此外，在下达紧急任务时语气一定要流露出紧迫感，对于需要暂缓提交的工作任务要采用舒缓的语气表达，以此让员工辨清工作中的主次，优先处理更重要的工作。

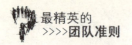
准则 59. 跳出沟通中的"位差效应"

　　企业的高速运转离不开各部门各层级之间的信息沟通，只有部门之间信息流通畅通无阻，信息在上传下达时迅捷而有效，企业才能充满生机与活力。英特尔公司前任 CEO 安迪·格鲁夫说："领导公司成功的方法是沟通、沟通、再沟通。"可见沟通对于企业管理的重要性。阻碍沟通的因素很多，企业成员由于地位不同而造成的隔阂被称为"位差效应"，意思是处于高位的人存在某种优越感，而处于地位的人感到自卑，这种隔阂严重影响了沟通的效果。

　　美国加利福尼亚州立大学曾做过一项有关"位差效应"的著名研究，得出的结论是"来自领导层的信息只有 20%～25%被下级知道并正确理解，从下到上反馈的信息不超过 10%，平行交流的效率则可达到 90%以上。"这是一个惊人的数字，说明信息在一个水平的平台上交流，效率最高，如果信息交流平台不能保持同一水平，也就是说存在位差，高端信息易流向低端，但低端信息却很难流向高端，正如水不会往高处流一样，位差效应造成沟通效率的悬殊。但这种影响是可以得到控制的，只要领导者能果断采取适当的措施可有效削减它带来的不良影响。

　　1998 年，摩托罗拉（中国）电子有限公司举办了一场名为"沟通宣传周"的活动，其中有项重要内容就是向全体员工介绍公司有关沟通的 12 种方式，包括以书面形式提出改善工作的建议，对公司的各种问题提出意见或投诉，定期举办座谈会，回答员工的各种问题，并会在一个星期之内公布对相关问题的处理结果。此外，公司每年都会为员工提供和高层管理人员对话的机会，高层领导在对话会上会向员工公布公司的运营情况和重大决策，总裁和人力资源总监会当场回答员工代表提出的问题。

　　摩托罗拉公司沟通的方式多种多样，而沃尔玛公司也非常重视信息自下而上的流通，公司强调倾听一线员工建议的重要性，创建了开放性的沟通渠道，任何时候、任何地点，员工都有机会发言，可通过口头或书面的形式与高层管理人员沟通，可以提出有建设性的意见也可以投诉。公司对于这些建议非常重视，倘若具有一定可行性，员工的意见将会被采纳。各地的基层员工都可以到总部面见董事长，董事长会从百忙之中抽出时间来接待他们，耐心地听他们反映情况，并认真地处理员工反映的真实问题。董事长要求公司的每位管理者都必须重视员工的意见，绝不能做表面文章。

联想保障信息畅通的方式不同于摩托罗拉公司和沃尔玛公司，它的实现手段是缔造一个和谐温馨的沟通环境。联想的企业文化手册中明确规定，管理者要多多考虑员工的感受，不能不分场合地教训人，不能总盯着别人的缺点不放，多多鼓励和表扬员工，还要关心员工的生活，了解他们的困难，给予他们必要的帮助。通过营造和谐健康的工作环境，联想集团上下同心，信息交流无比畅通，有力地推动了企业的发展。

一些知名企业基本解决了"位差效应"的问题，可是对于大多数企业而言，解决位差效应带来的沟通问题还需假以时日，因为上下级的对话无论表面上看是多么民主和平等，都无法改变既定的秩序和从属关系。这种地位的不对等会让双方形成"心理定势"，上级会认为下级能力和眼界远在自己之下，言论片面、意见不足为取，而下级则会因为戒备或恐惧，不敢敞开心扉发表意见，时时看领导脸色说话，常常附和和恭维领导。那么作为领导者，该如何避免"位差效应"造成的负面影响呢？

1. 在沟通过程中，尽可能获取第一手资料

第一手资料即为原始信息，和其他资料相比，它更具真实性和准确性。日本管理学家证实，信息每经过一个层次，失真率就约达 10%～15%。美国著名企业家艾科卡也认为信息经过多次传递后已经失去了真实性，不利于总裁做出正确的决策。所以，领导者在和员工交流时，一定要尽最大努力获得最为原始的信息，保证信息内容的准确性。

2. 增强民主意识，广开言论

领导者绝不能把自己打扮成大权在握的领袖，而应尽量表现出平民风范，消除员工对自己的忌惮心理，不做任何表面工作，而要在管理工作中切实贯彻民主之风，广开言论，让员工参与管理，大力提倡与下级之间的

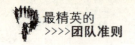
平行沟通和交流。

3. 克服虚荣心，主动承认自己的过失，并进行自我批评

通常情况下，领导者都是在批评员工，即使自己犯下错误，也不可能在员工面前承认错误，如此一来员工不可能向其反映管理工作中存在的问题和漏洞，不利于领导者认清问题和改善自己的管理工作。领导者若要改变这种状况，必须克服自己的虚荣心，勇于承担责任，在企业内部开展自我批评的活动，鼓励员工对自己的工作提出问题。

4. 放下领导的架子，克服客观存在的位差影响，跳出沟通中的"位差效应"

高效交流是建立在"平行交流"的基础上的，实现"平行交流"，双方必须忽略地位和资历的差异，保证彼此在一个平等的交流平台上对话，这是消除"位差效应"的直接途径。这就要求高端一方即领导者要主动放下架子，放弃原来的优势地位，把自己降到与员工平等的位置上，这样才能保证信息在传递的过程中不至扭曲和失真。

准则 60. 走向第一线，从基层获取第一手信息

公司的层级越多，信息传递的阻力越大，失真度越高，这就好比一句话经过多人口头传播之后完全走样，最后一个得到信息的人所掌握的情况与第一个传话人传达的信息早已相距甚远，有时还会出现一些啼笑皆非的情况，失真程度不亚于把一匹马讲成一头鹿。我们知道企业的许多重大决策都是高阶领导做出的，但是他们所掌握的信息与信息源头传播的内容早已大相径庭，这个问题该怎么解决呢？

很多企业都已认识到层级对沟通的阻碍，所以致力于向扁平化发展，但是即使公司结构已经演变成像薄饼一样扁平，也不能完全保障高阶领导完全了解基层情况。对于身处高位的领导者来说，想要打破一堵堵阻隔信息传递的高墙，让信息变得透明化，是很难办到的。确切地说，这是坐在

办公室里办不到的，改变这一局面的最佳方式是走出办公室，用走动管理的方式实现走动沟通，从基层获取第一手信息。

走动管理方式的发明者是麦当劳创始人雷·克罗克。雷·克罗克是一位非常勤勉的企业家，他不像其他企业家那样整天舒服地坐在办公室里办公，而是把三分之二以上的时间花在"走动管理"上，他经常到分公司和各部门进行实地考察，及时了解企业运营情况，以便更快地解决管理上的疏漏问题。

麦当劳曾出现过一次特大财务危机，雷·克罗克发现部门经理非常懒惰，他们从不关心企业基层的情况，每天都靠在椅背上发号施令，把大部分工作时间耗费在空谈上。每次公司出现了棘手的问题，他们纷纷像踢皮球一样互相推诿，谁也不愿意站出来解决问题。由于公司处处弥漫着不正之风，公司整体工作效率十分低下，最终造成了严重的亏损。

雷·克罗克为此感到不安，他知道仅仅靠批评教育是不可能改变部门经理的工作风格的，于是想出了一个绝妙的主意——把经理们的椅背统统锯掉。起初员工们并不理解他的做法，经理们也备感困惑，后来才了解到了他的良苦用心。椅背被锯掉后，经理们觉得坐着非常不舒服，宁愿站起来来回走动，他们体会到了雷·克罗克的用意，纷纷走出办公室，深入基层了解情况，致力于在现场发现问题和解决问题。通过和基层员工的沟通和交流，经理们及时掌握了公司最有价值的内部信息，提高了管理水平，终于使公司扭亏为盈。

走动管理并不只是到各部门走动一下而已，其目的在于为企业搜集最直接最有用的信息，用以弥补日常沟通中的不足。平时信息在上传和下达的过程中，由于层层转达，会造成信息完成性的缺失和信息的失实，影响高阶领导的判断。走动管理促使上层领导主动到基层获取信息而非被动接收信息，有助于了解企业的真实情况。

很多领导者认为管理就是管人，其实管理工作中很大一部分都和信息交流有关，做好信息管理工作就能大大提高管理水平。我们知道信息在逐层传递的过程中会受到过滤作用的影响，比如每一层级汇总的各种报表其实都会过滤掉很多信息。如果领导者每天待在办公室里看报表，即使发现了一点小问题，也不可能明白它对于企业运作的风险，有时表面的小问题

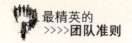
实际上是非常大的问题，只有亲自深入一线，和基层员工面对面交流，才能及时和预防影响企业发展的各种隐患。因此可以说高效沟通离不开走动管理，那么领导者在实行走动管理的过程中，需要注意哪些问题呢？

1. 在实行走动管理的工作中，必须建立起务真求实的工作氛围

如果高层领导经常到各部门走动，员工没有说真话，这样的走动就是毫无意义的，因为领导者并不能通过这种方式获取有用的信息。员工不务真求实，原因是多方面的，但是更为重要的原因可能在领导者自己身上，领导者若是本身不思进取、不愿意听任何反映自己管理漏洞的话，而只是推行形式主义，那么员工当然不会向其反映真实的情况。因此，领导者需要锐意进取、敢于变革，拥有接纳批评的心胸，鼓励员工说实话，这样才能使走动管理奏效。

2. 必须具有敏锐的观察力

领导在深入基层的过程中，必须具备敏锐的观察力，及时了解员工透露的信息，尤其要对员工的回答、肢体语言、表情等做出迅速的判断，深入洞察员工的内心，以此获得重要讯息。员工打破心理障碍，毫无戒备地向领导如实反映情况需要有一个过程，领导者获取员工的信任需要时间，在双方都没有完全排除障碍之前，领导者只能靠自己的观察力来甄辨信息的真伪，以期达到预期的沟通效果。

3. 带着问题去走动

高阶领导到基层走动时，最好带着问题有针对性地发现问题。带着问题和基层员工沟通可以了解更多具体的情况，而漫无目的地走动和沟通会浪费很多时间，影响工作效率，还会给员工带来压力。

4. 不可滥用走动管理，它更适用于高阶主管，不适合低阶主管

企业要避免盲目滥用走动管理，它主要适用于离一线较远的高阶主管，由于组织过于庞大，高阶主管无法准确获得一线真实的信息，因此需要通过走动管理的方式来弥补沟通的缺憾。而低阶主管离工作现场较近，很容易就能收集到自己所需的信息，根本没有必要把过多的时间浪费在频繁地走动和过量的沟通上。

你必须要懂得团队心理
——运用心理学强化团队管理

　　人的心理是无比微妙的，虽然每个人的心理感受可能各不相同，具有个体差异，但是人与人之间的心理趋向也具有一定的共性，共同的心理特征会导致相似或相同的行为。心理学家霍曼斯曾经对团体行为进行过深入的剖析，指出团体行为包括三个要素：一是任务活动，指的是人们为完成组织目标进行的工作活动；二是相互作用，指的是人们在完成目标任务的活动中，各成员之间的行为互相影响；三是情感活动，指的是个体之间、个体与团体以及个体与工作之间的情感反应。

　　由于团体行为与团体心理息息相关，人的行为是受心理操控的，有什么样的团体心理，就会产生什么样的团体行为。对于一个团队领导者而言，想要掌控团队的行为，必须从掌握团队心理学入手。

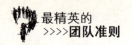
准则 61. 团队中的刺猬效应

在团队生活中，人们既渴望靠近他人，又希望能够保持独立的自我，心态非常矛盾，总在两种力量之间不断挣扎。团队成员乐于靠近彼此，形成团结紧密的关系就形成了凝聚力量；他们倾向于保持独立性，不愿意向集体靠拢就形成了分散力量。当凝聚力量压倒分散力量时，企业就能打造出一支高绩效团队，反之团队就会形同散沙。团队成员的这种矛盾心理叫作刺猬效应。

叔本华在《哲学小品》中阐述过这样的故事，讲述的是在寒冷的冬天里，两只冻得浑身颤抖的刺猬想要靠在一起互相取暖。可是由于它们各自的身上长着尖利的刺，挨得太紧便被对方扎伤，为了避免进一步受到伤害，它们只好分开一段距离。没过多久，它们又冷得无法忍受，于是再次凑到了一起。几经尝试后，两只刺猬终于找到了合适的距离，它们在安全距离内既能互相取暖又不至于被对方扎伤。

在团队内部，刺猬效应无处不在，员工也常琢磨和同事保持多大的距离才是恰到好处，彼此之间又该设定怎样的界限呢？什么时候应该向别人敞开心扉，什么时候又应该保守自己的小秘密呢？因为每个人或多或少都存有这样的想法，致使人心不齐，有时会直接导致团队合作的失败。

其实人和人之间既存在引力又存在斥力，人在本能上渴望受到他人的关注和关爱，但是又不愿意去冒失去自我的风险，所以当别人试图与自己发展成亲密无间的关系时，他（她）会本能地把对方推远。可是别人距离自己太远，又会备感孤独，安全感降低，随之又会主动靠近对方。

我们知道团队既是情感的集合又是利益的集合，员工会因为情感和利益的需要而选择牢牢抱团或者各走各路，绝大多数团队无法在两个极端之间找到最佳平衡点，结果要么过于紧密要么过于松散，给领导者的管理工作带来了很多麻烦。团队松散必然会影响协作能力，可是团队过于紧密就会失去竞争力和活力，虽然很多领导者认为没有完美的个人，只有完美的团队，但是个体不存，集体势必变质。

有人曾经做过这样一项实验：在一个刚开门不久的阅览室里，当偌大的空间只有一位读者时，心理学家就故意搬起椅子试探着坐在那位孤独的读者旁边。实验进行了无数次，几乎大多数人会选择默默地离开原地到别处坐下，然后独自享受阅读时光。有人因为感到不舒服会很直接地问心理学家："你想干什么？"实验重复了80次，人们的反应几乎趋于一致，如果空荡荡的阅览室里只有两名读者，几乎没有人愿意一个陌生人悄无声息地紧挨着自己坐下。

这个实验说明人与人之间是存在心理距离的，每个人都需要有一个自我的空间，它完全属于自己的领地，一旦有人踏入，人就会感到被冒犯，随后会主动与对方拉开距离。由此可见凝聚得密不透风、仿佛铁板一样的团队是不存在的，因为人和人关系即便再怎么密切也不可能合二为一，归根结底人都是独立的个体。

法国前总统戴高乐主张与他人保持一定的距离，在他从政的十年里，他始终和顾问、智囊团和参谋们刻意保持距离，协助其工作的顾问和智囊团工作年限从未超过两年。他经常对刚赴任的办公厅主任说："我使用你两年，正如人们不能以参谋部的工作作为自己的职业，你也不能以办公厅主任作为自己的职业。"戴高乐经常重组他的团队，自然有他的考量，作为现代企业的领导者当然不能像他那样经常对团队进行大换血，但至少可以从中悟出一个道理，即人与人之间的心理距离会对工作产生重大影响。

刺猬效应是一种非常微妙的心理，它极有可能成为破坏团队合作的一个重要因素。刺猬效应泛滥的团队，人与人变得疏离和冷漠，员工对同事充满不信任感，对团队也没有归属感，常常感到焦虑，时刻都准备启动防御机制来保护自己不受伤害。这样的团队就是一个彻底分裂的团队，如果领导者不及时加以干预，团队就会走向瓦解。打造高绩效团队的前提便是增强凝聚力，最大限度地削减破坏力量，那么作为团队领导者应该怎么做才能降低刺猬效应对团队的不良影响呢？

1. 构建并维护高效的团队合作环境

领导者需要为员工构建和谐高效的团队合作环境，降低员工的猜忌感

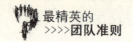
和不安全感,把安全感和友谊植入团队内部,使团队中的每位成员都能和平共处、坦诚沟通。领导者需要以身作则,主动融入团队,打破上下级关系的束缚,把自己变成一条拉近团队成员距离的红线,使团队成员抛开以往的戒备心理,主动靠近和关怀彼此,并在分工协作中不断加强彼此的联系。

2. 从团队成员的个人体验和相互关系入手促成他们的融合

把一群性格各异、背景不同、阅历和期望不同的人聚合成一个高效统一的合作组并非易事,每位成员的情绪和行为不一样,他们的个人体验各有不同,与其他成员之间有亲疏之别。想要让他们求同存异,形成协调统一的整体,就必须从个体的个人体验和相互关系入手,因为团队是由一个个个体组成的,解决个体问题是解决整体问题的基础。领导者需要抑制个体中不利于团结的思想和行为,促成个体和个体的融合,最终把所有成员都牢牢圈定在团队中。

3. 放弃英雄式的领导风格,让自己成为高水平的团队合作者

个人英雄式的领导风格在过去的时代里曾经很受欢迎,然而现在越来越多的员工反感这种领导风格,因为一个高高在上的领导总是让人产生距离感,显得亲和力不足。领导者领导团队的前提是成为团队中的一员,而非游离于团队之外,如果团队领头人带头奉行个人主义,那么员工的价值观念就更不可能向集体主义倾斜。因此领导者首先要让自己成为高水平的合作者,然后才能纠正团队成员的不合作行为,进而通过个人影响来促进团队成员的相互合作。

准则 62. 把负能量清除出团队

团队犹如波澜不惊的海面,表面看去非常平静,而海面下却潜藏着涌动的暗流。这股暗流会产生人心的扰动,成为杀伤力大、辐射面广的负能量磁场,只要你稍不留心,员工就会纷纷卷进负能量的旋涡,变得消极倦怠,严重影响日常工作。

那么团队负能量是怎么形成的呢？它主要源于心理传染。在团队中，鼓舞人心、积极向上的正面情绪可以快速传染，消极、怠惰、患得患失的负面情绪也会由个体传染给一个部门，再由一个部门传染给整个公司，导致整个团队集体中毒。团队中难免会有一些喜欢自怨自艾、爱发牢骚的人，自己无心工作，还整天传播负面情绪，搅得别人不得安宁，还有一些经常动摇军心的悲观者，总是向他人散播不好的言论，导致员工对自己的发展丧失信心。

既然心理传染是由某个人或某部分人引起的，那么这个传播过程又是怎样的呢？其实和病毒的传播过程是有相似点的，某个或某些心理消极的人成为病毒源，不断地向自己周围的人扩散，直到使附近的人大部分或者全部受到感染。如此说来被感染的员工好像完全是被动的受害者，其实不然，其他员工之所以受到这样的侵害，在某种程度上说是基于一种盲从行为。

某高校曾经举办过一次别开生面的活动，校方请来了一名化学家给学生们展示他刚刚发明的一种挥发性液体。化学家蓄着大胡子，戴着一副墨镜，他刚走上讲台就对学生说："我最近发明了一种强烈的挥发性液体，现在我来做个实验，看看这种液体从讲台挥发到整个教室需要多长时间，谁闻到了挥发的味道，就请举手示意，我要计算出准确的时间。"

说完，化学家拧开了密封严实的瓶塞，让液体挥发到空气中，还没到两分钟，坐在前排、中排和后排的学生都纷纷举手表示自己闻到了挥发液体的气味。化学家好像早已料到了这个结果，忍不住哈哈大笑起来，他一把扯掉了脸上的假须，摘下了墨镜。学生们不禁呆住了，原来他不是什么化学家，而是学校的英语老师。他笑着向学生们宣布："瓶子里装的是蒸馏水。"

这个实验说明个体之间是会互相影响的，看到有人举手表示闻到了气味，自己也会盲目地跟着把手举起来，这种行为并不是出于效仿，而是因为受到了别人行为的暗示，误以为自己真的闻到了挥发的气味。当个体受到外界影响时，往往会由于信心不坚定而改变自己的判断，促使自身的行为和别人保持某种程度上的一致性。这种被周围人的行为和情绪所感染的

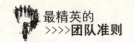
现象，就是心理学中所说的"心理传染"。

每个人身上都存在着正能量和负能量，积极进取的人会主动压制负能量为团队传播正能量，而消沉落后的人却总是向别人传播负能量，用坏情绪和坏消息感染别人，致使整个团队人心浮动、萎靡不振。对于一个团队而言，破坏比建设更快更容易，领导者辛辛苦苦地创建团队，结果只因为团队中出现了几个负能量的携带者，把消极有害的情绪传染给了大家，以前所有的工作都功亏一篑。那么作为团队的领导者，如何才能抑制负能量的传播呢？

1. 主动传播正能量，用积极情绪感染员工

任何能量的传播都需要有源头，正能量的传播也是如此，不要期望员工会突然变得豪情万丈，而要把自己变成正能量的传播源，精神振奋地投入工作，用果敢有力的行动和饱满的激情来感染员工，激活他们的情绪。

2. 设立"情绪倾诉站"，帮助员工排解负能量

如发现某位员工工作心不在焉，过度焦虑、意志消沉，经常发表对公司不满的言论，就要及时帮助他（她）排解掉心中的负能量，否则他（她）就会将负能量辐射给整个团队，其后果不堪设想。可以单独找机会跟他（她）谈心，任其尽情倾诉自己的烦恼，通过沟通来了解问题的症结所在，然后及时铲除他（她）坏情绪的根源。

3. 给情绪不佳的员工放"情绪假"

员工带着坏情绪上班，工作效率很低，而且容易出错，受到批评后，情绪进一步恶化，成为更大的负能量场，对其他员工会造成更糟糕的影响。与其让这样的员工勉强留在公司里工作，还不如给他（她）一些缓解情绪的时间，等他（她）放松下来情绪略好之后再上班，对其本人和同事而言都是有益处的。"情绪假"不宜过长，一般为1～2天，这段假期不扣除工资和奖金，日后可安排他（她）补班。

由于人们工作和生活节奏越来越快，员工的心理压力倍增，他们很容易出现情绪问题，成为一个个负能量的携带者。为此，领导者不能一味责怪员工，在他们心理出现问题时，最好给他们放"情绪假"，员工情绪恢复后工作效率也会提升，负能量的传播途径也会因此而被阻断。

准则 63. 及时治疗职场"妒忌症"

职场上妒忌无处不在，看到某位同事获得晋升或加薪，或者看到某个项目小组得到了更多优势资源，有些员工就会变得眼红起来，酸溜溜地讽刺挖苦别人，或者干脆不配合别人的工作。美国西北大学凯洛格商学院教授雷文·汤普森研究发现，在同一个机构工作的人更容易对同事产生妒忌心理。这就意味着如果一个人妒忌自己的同事，就不会倾向于和自己忌妒的对象合作，这种行为不但会伤害到对方，还会使整个团队受到损害。

"妒忌症"在团队蔓延，无疑会破坏团队合作精神，那么这种有害心理是怎么产生的呢？每个人都天生具有攀比和比较心理，人人都想超越别人，获得更多的荣誉和资源，于是便产生了竞争，竞争的异化就演变成了妒忌。领导者的某些表彰和奖励行为会加重员工的妒忌心理，被快速提拔平步青云的员工往往会在非常短的时期内被大多数同事所疏远，根本原因在于他们抑制不了自己的妒忌心理。

好妒忌的员工会拒绝与同事分享重要信息或故意提供错误的数据给别人，甚至会发展成散布谣言、诋毁同事的极端行为，这不仅会导致两败俱伤，还会深刻地影响到团队的团结，进而影响到团队的正常运作，为此领导者一定要加以警惕。

刘洁是一名年轻的策划师，她所供职的公司一共有两名策划师，同事李彤和自己年龄相仿，工作水平不相上下，好胜的刘洁常常在暗中和她竞争。两人的专业都是广告学，但是刘洁认为自己毕业的学校略好些，因此心理上略微有些优越感。可是李彤的工作经验比刘洁丰富，不仅在毕业前在广告公司实习过，还接触过一些公关宣传部的工作，所以工作起来得心应手，颇受上司信赖。公司总把大项目交给李彤来做，刘洁一直负责小项目，心里非常不服气。

李彤虽然能力过人，但毕竟不是资深策划师，遇到问题经常向别人请教，还常常和刘洁商量。刘洁趁机插手她的项目，故意鸡蛋里挑骨头，然

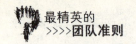
后提出自己的见解和思路。李彤为人谦虚，以为名牌大学毕业的刘洁真心想帮助自己，就按照刘洁的思路来做策划方案。刘洁由于受到忌妒心的驱使故意提出错误的意见，导致李彤的策划方案被领导批评。

李彤终于察觉出了刘洁的用心，气冲冲地质问她说："你不是说这样改没有问题吗？可是为什么行不通呢？"刘洁反驳说："策划案主要是按你的想法做的，我不过是提供修改意见，出了问题怎么能怪我呢？"李彤气得满脸通红："你分明就是故意害我。"

此后两个人互相仇视，谁也不再插手谁的工作，有时领导安排她们合做一个项目，两人从不沟通，各行其是，结果把工作搞得一塌糊涂。客户为此感到非常不满意，领导多次批评她们合作能力差，可是无论怎么调节，两个人就是不肯配合彼此的工作。

刘洁妒忌李彤是因为才能不及李彤，也不如李彤受重视，可见处于下风的人容易对强于自己的人产生敌意。团队需要优秀的员工，然而优秀的员工会被平庸者所记恨，甚至会被孤立和中伤，领导者若不能妥善处理好这个问题，就会导致人才的流失，使得团队资源被平庸者所占据。那么作为领导者，该如何治疗团队中的"妒忌症"呢？

1. 把妒忌转化成一种建设性的力量

尽管妒忌具有种种破坏作用，但是如果领导者能引导员工正确认识这种情绪，就能成功把它转化为驱策自己向上的动力。妒忌是一种警钟，它在提醒员工自己还没有攀上事业的高峰，工作上还存在各种不足，其他的同事比自己优秀，自己必须积极进取才能受到公司的认可和重视。变相打击报复别人，并不能使人走向进步，反而会使自己失去学习的机会和重要合作伙伴，只有虚心向他人学习，超越对手，日后才能取得更大的成就。

2. 公平地对待每位员工，最大限度地减少团队里的不公平感

有的员工妒忌同事是因为觉得自己的能力与同事旗鼓相当，同事被加薪，而自己却没有受到任何奖励，心里就会产生强烈的不公平感，因为他（她）认为同事加薪的理由不充分。如果领导者能使加薪、升职等竞争机制公开透明，向员工讲明加薪的理由，制定明确的晋升标准，员工妒忌的情绪就会有所缓解，还能激励他们努力提升业绩。

准则 64. 引进"鲶鱼"，激活"沙丁鱼"团队

员工长期从事枯燥单调的工作就会丧失激情，不愿意对现有的工作做出任何改进，渐渐形成了一种集体的惰性，贪图安逸，没有竞争意识和危机意识，缺乏主动性和创新性，致使整个团队活力丧失。

大部分失败的公司，事先都出现过预示危险的征兆，可是由于团队气氛沉闷，员工惰性太强，谁也没有那种挽救企业的意愿，领导者也没有力挽狂澜的能力，只能眼睁睁看着企业失去生机。这是因为企业在陷入危机以前已经进入了僵死的状态，整个团队就像毫无希望的死水。领导者把死水变成活水是一门非常棘手的学问。

挪威人喜食沙丁鱼，尤爱新鲜的活鱼，因此活鱼的售价比死鱼贵很多。渔民为了获得丰厚的收入，总想把沙丁鱼活着运送到市场上售卖，他们使出了浑身解数，大部分沙丁鱼仍是在运送途中死于窒息。唯有一条渔船顺利地把活蹦乱跳的沙丁鱼运到了渔港。

人们很想知道这条渔船的秘密，船长却始终保持缄默，直到其过世，这个困扰了大家很久的谜底才得以揭晓。原来船长把一条专门以沙丁鱼为食的鲶鱼放进了鱼槽里，沙丁鱼见到了自己的天敌，非常害怕，为了保住性命，只好加速游动，这样沙丁鱼就不会因为缺氧窒息而死了，大部分沙丁鱼因此幸存了下来，平安抵达了渔港。这就是有名的"鲶鱼效应"。

正所谓"生于忧患，死于安乐"，领导者想要改变团队死气沉沉的状态，就必须利用外在刺激激起员工的忧患意识，最直接的方法是把"鲶鱼型"人才引进团队，以此制造紧张气氛，让员工感觉到如果自己再不努力工作就会被超越或者淘汰、地位不保或是自尊心严重受损。

从心理学角度讲，员工工作既为了获取物质资源，也是为了证明自己的价值，满足内心自我实现的需要。当"鲶鱼型"人才加入团队后，必然会给一些老员工带来压力，因为被新来的员工超越会让他们感到羞愧。为了避免发生这种情况，他们会一改往日懒散的工作状态，不得不更加卖力

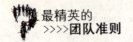
地工作。对于那些庸庸碌碌的员工来说，"鲶鱼"的到来是一个十分危险的信号，因为如果他们再任由自己止步不前，就有可能被清除出团队，就算能继续留下来，也不敢再继续懈怠下去。因此，在合适的时机引入"鲶鱼"，可以迅速刺激团队战斗力爆发。

日本本田公司在激活团队战斗力方面做得十分出色。本田赴欧美企业实地考察后，发现终日浑浑噩噩、拖团队后退的员工比例达到了20%，而在自己的公司里这种缺乏进取心的沙丁鱼型员工数量还要更多些。如何才能削弱他们对团队的负面影响呢？将他们完全淘汰显然是行不通的，他由于受到鲶鱼效应的启发，对企业进行了大刀阔斧的改革，最终改变了沙丁鱼型员工的工作状态。

本田认为销售部经理过于守旧刻板，已经影响到了团队精神，于是打算引进一条"鲶鱼"，改变销售部安于现状的沉闷状态，于是他果断启用松和公司销售部副经理武太郎。武太郎年轻有为，年仅35岁就展露出惊人的才华，接任销售部经理职位后，把销售部管理得井井有条。由于他经验丰富、学识渊博，又富有敬业精神和工作激情，赢得了所有员工的尊敬和爱戴，整个团队的精神面貌焕然一新，大家以极大的热情投入工作，销售额连连攀升。

本田为自己的这一举措而感到满意，引进一条"鲶鱼"，救活了整个团队，这个结果无疑令他非常欣慰。此后，本田公司每年都会外聘一些思维敏捷的年轻干将，有时还会引进董事级别的"大鲶鱼"，公司的沙丁鱼团队在鲶鱼的刺激下，产生了触电般的反应，员工变得更加活跃和积极，部门业绩扶摇直上。

团队只有有了压力和竞争氛围，员工才能产生危机感，为了保留尊严或者仅仅是出于生存的需要，他们会最大限度地激发自己的能量，逼迫自己加速游弋，因为他们知道假如自己落后就会像被鲶鱼追上的沙丁鱼那样，后果极为悲惨。鲶鱼的介入，会使团队成员迅速产生紧迫感，他们在压力的鞭策下最大限度地发挥了自己的潜能，给企业注入了无限的活力。可见引进"鲶鱼"是企业整顿团队风气的有力举措，那么在实施的过程中要注意哪些问题呢？

1. 做好辅助工作，帮助"鲶鱼型"人才立足

"鲶鱼型"人才大多个性鲜明，工作能力突出，具有创新思维，这类人在某些情况下会大受员工欢迎，但是在很多时候又可能遭致员工的抵制。对于沙丁鱼型员工来说，鲶鱼型人才是对自己潜在的威胁，由此他们可能会对此类人才产生敌意，联合起来抵制和打压"鲶鱼型"人才，使得很多工作难以开展。

作为团队领导者绝不能对此袖手旁观，否则"鲶鱼"被"沙丁鱼"挤走，团队建设就会停步。领导者应全力辅助"鲶鱼型"人才的工作，赋予其大刀阔斧改革的权力，帮助他们在公司立足，促使他们发挥自己最大的能力。

2. 合理控制团队中的"鲶鱼"数量

一个团队如果引进了太多的"鲶鱼"，局面就会失控，每个"鲶鱼"都十分出色，但是聚在一起却会把整个团队搅得鸡犬不宁，所谓"一山不容二虎"，团队中的"鲶鱼"数量过多，合作和沟通也就不复存在了，因为他们都会各自为政，忙于彰显自己的个人能力，不但不能增强团队凝聚力，反而会使团队走向分裂。因此，日本企业多奉行"一流管理者，二流员工"的用人策略，倘若引进一条鲶鱼就能使沙丁鱼团队焕发活力，那么根本就无须再引进第二条"鲶鱼"了。

3. 合理配置岗位和人、财、物资源，让团队产生动力与激情

在配置岗位和资源时，要保证"鲶鱼"和"沙丁鱼"能各司其职，最重要的是激发"鲶鱼"和"沙丁鱼"工作的激情，为"鲶鱼"设置具有挑战性的工作内容，使其充分发挥自己的作用，还要了解"鲶鱼"的偏好，如果"鲶鱼"不喜欢自己的工作，就会变得碌碌无为，最终变成平庸的"沙丁鱼"。因此领导者一定要保证岗位的设置和资源的匹配契合"鲶鱼"的需求，如此才能使其发挥鲶鱼效应的作用，推动整个团队的发展。

准则 65. 帮员工走出"习得性无助"阴影

企业的发展不可能永远都一帆风顺，在前进的道路上既会经历高峰也

会经历低谷。企业处于上升期，团队大部分时间都会保持一团和气的状态，但是一旦步入了衰退期，各种指责、抱怨就会接踵而至，团队成员不再互相尊重，而是互相抨击和憎恨，使本来已经糟糕的局面持续恶化，企业陷入这种局势，想要扭转颓势就很难了。员工们为什么会在企业陷入困境时变得判若两人？其实并不是因为人性善变，而是因为前景不乐观时，人人都会产生无能为力之感，这种无助感引起了愤怒情绪，由此导致了人们怨恨的增加和行为上的混乱。

回顾一些大公司的历史，由无助感引发的恐慌和消极情绪曾一度使本来已经危机四伏的企业更加步履维艰。吉列公司在 20 世纪 90 年代中期，业绩非常卓著，后来由于经营管理不力，公司在 2001 年业绩突然出现了下滑，可是员工们从上到下都没有把精力放在解决问题上，反而不再像过去那样互相尊重。

1999 年，英国广播公司在竞争中出现了颓势，收视率下降，市场份额缩水，员工们并没有因为面临危机而更加团结，反而没完没了地怀疑和嘲讽同事。团队士气低落，员工们认为自己不仅受到外部的压力，还要经常忍受来自内部的打击。节目开发员因为报选题时必须忍受烦琐的程序，大部分选题最终被否决而怨恨广播专员摆布自己；广播事业部的雇员认为他们受尊重的程度比不上电视部的雇员，因此心生不满；体育事业部的雇员则责怪公司没有给自己部门的栏目设定有利的播放时间。公司的员工们纷纷向媒体发表怨言，互相指责的风气越来越浓。

英维思集团是一家以从事工业和能源服务业为主的多元化集团企业，截至 2001 年旗下的员工已经超过了五万人。后来公司出现了巨额亏损，濒临破产。管理人员制定不出让企业成功渡过危机的策略，很少召开全体会议，几乎已经放弃了内部沟通。本来没有业务交叉的部门居然展开了竞争，高层领导并没有站出来调节双方的矛盾，而是不停地调整公司的结构，管理人员厌倦了频繁的变化，心里非常恐惧，对公司和领导的满意度越来越低。当新上任的 CEO 请高层经理列举出公司里他们最尊敬的三个人时，多数管理人员都认为公司里再也没有能令自己肃然起敬的人，一位都找不出，更不可能找出三位了。

这三家公司在衰败时期，员工们的表现竟是惊人地相似，他们互相指责，变得消沉，不再尊敬和信任同事，内心充满了委屈和无助感。这种消极的情绪一再蔓延和强化后，就会把处于危机状态中的公司进一步拖向泥潭。员工的这种心理定势就叫作"习得性无助"，这个概念是由美国心理学家马丁·塞利格曼提出的，指的是由于遭受接连的失败和打击，而表现出的一种对现实感到无望和无可奈何的行为和心理状态。

在公司业绩持续低迷时，员工们看不到任何希望，由于没有能力去改变现状而感到不安和恐慌，继而引发愤怒情绪，接着把各种负面情绪发泄到同事身上，以减弱自己的不适心理。公司内部产生了隔阂，所有人都感到无能为力和孤立无援，病态情绪全面蔓延，后来所有人都开始推卸责任。这就是由习得性无助引发的后果。领导者要想扭转公司衰退局面，使员工恢复信心，就必须帮助他们摆脱习得性无助的阴影，那么具体该怎么做呢？

1. 促进对话，帮员工舒缓情绪

员工沉浸在习得性无助的状态中，容易走向封闭，这时领导者的首要任务就是打开沟通的渠道，让大家能够坦诚地对话，以多种方式促成内部沟通和交流。如每周可召开一次员工大会，让管理人员进行业务回顾，给员工提出问题和述说烦恼的机会，还可在网上设置专页，以便员工随时通过网络来联系公司。领导者要及时回答员工的问题，消除他们的疑惑。

2. 以尊重来取代互相指责

公司要扭转颓势不仅有赖于信息的分享，还有赖于团队内部良好的人际关系。公司发展出现重大问题，员工们会对各部门的相关责任人产生敌意，希望他们对工作的失误背负责任，而各部门则互相推诿，互相指责，谁也不愿意承认过错。领导者绝不能让这种状态持续下去，一定要促成同事间的和解，促使大家在尊重彼此的前提下共同应对危机，告诉员工事已至此，再去追究过去的错误、惩罚相关责任人已经毫无意义了，现在最重要的是渡过眼下的难关，只要大家学会彼此尊重，不再相互指责，共同努力工作，就有可能使公司摆脱危机，共创美好的明天。

3. 促进各部门通力合作

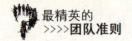

在习得性无助的影响下，部门之间的关系变得较为脆弱，易于走向分裂，而每个部门成为一个个孤岛以后，无助感和不安全感又会变得更加强烈。领导者必须使部门之间开展更多的合作，才能消除员工心中那种孤军奋战、孤立无援的感受，也只有促使各部门加强合作，才能集合总部门的力量来抵御外界的危机，从而为企业找到一线生机。

4. 激发员工工作的主动性

员工工作的主动性并不是自发产生的，当习得性无助席卷整个公司时，高层管理人员也未必能幸免，公司自上而下都会变得消沉和被动，领导者所要做的工作是让员工由被动工作转变为主动工作。鼓励每一位员工考虑创意，为公司出谋划策，各部门都要对创新点子给予支持，同时评选出最佳创意，为此提供项目资金，让员工看到公司发生的可喜变化，重新点燃他们心中的希望。

准则66. 聚合人心，打造金刚石无敌团队

团队并不是单纯由人组成的集体，而是一种能量的聚合，通过既定的规则，团队被赋予了某种力量和精神，在排列组合后凝聚成了一个整体。而整体的力量也绝不是简单的相加，可以由于各种因素的干扰而加强或虚弱，可成为无敌的团队，也可能成为不堪一击的垃圾团队。

由于人类的心理无比微妙，团队成员的表现各不相同，有的人埋头苦干，有的人却偷懒耍滑，有的人乐于和别人合作和分享信息，有的人却自私自利，不愿意配合别人的工作，也不想把经验传授给任何人，有的部门非常团结，有的部门却各自为营……团队和团队的差异就好比金刚石和石墨的差异，两种物质同是由碳原子构成，前者是坚不可摧的天然宝石，价值连城，后者却是自然界中最为柔软的物质之一，然而却既普通又廉价。深究其原因只是因为碳原子的排列结构不同造成的，金刚石的碳原子是正四面体结构，而石墨中的碳原子是正六边形层状结构。团队是由人组成的元素，每一个人好比一个碳原子，结成金刚石组合就会成为牢不可破的联

合体，而结成石墨组合则会成为一击即垮的弱势团体。

在自然界中，蜜蜂团队可谓是金刚石组合的典范。蜜蜂是群居性很强的队伍，通常情况下会有数万只蜜蜂聚居在一起工作和生活，它们的团队意识非常强，虽然每一只蜜蜂的力量都很弱小，但是它们懂得精诚团结的重要性，从来没有对自己的组织产生过二心，在日常的分工合作中不断强化了团队的凝聚力。

蜂群由蜂王、雄蜂和工蜂组成，蜂王负责繁衍生息，雄蜂的职责是跟蜂王交配，工蜂负责更为繁杂的工作，它们平时要花费很多时间辛勤地采花酿蜜，还要负责打扫巢房、喂养幼蜂、保护蜂王、共御强敌等工作。它们平素各司其职，工作起来有条不紊，内部互相信赖，没有任何一只蜜蜂会怀有异心，因此它们成为了像金刚石一样紧密结实的整体。

工蜂的工作是非常辛苦的，它们每天都要在花间飞来飞去采蜜，当有工蜂发现蜜源之后，就会以各种舞蹈动作把信息传递给同伴，同伴们随之一同前来采蜜，呈现出一派繁忙的景象。从没有一只蜜蜂会独吞蜂蜜，或是产生不把蜜源信息告知同伴的心理。

蜜蜂在劳动时富有合作精神，在外敌来犯时显得更为团结。它们的刺是捍卫家园的有力武器，在强敌面前，小小的蜜蜂丝毫不胆怯，它们一拥而上，把矛头一起指向敌人，穷追不舍，直到将敌人彻底打败。

蜜蜂抵御敌人靠的是它们的武器蜇刺，抵御寒冷靠的却是集体的温暖。即使温度降到了$-30℃$，它们仍能安然度过冬天，因为温度越低，它们就会团结得越紧密，结成一团之后群体的温度就会温暖它们渺小微弱的个体，所以严寒并不能摧毁它们的生命。

有些企业能在短短几年内从名不见经传的小公司发展成令世人瞩目的集团企业，靠的是什么？是像蜜蜂一样团结、像金刚石一样紧密坚硬的团队。在组织内部，员工互相信任和依赖，在工作上互相支持，不曾产生过其他想法，形成了命运共同体。而有的企业创建了十年，甚至20年发展仍十分滞缓，原因在哪里呢？因为团队内部成员从来没有把组织放在心上，总是各打各的算盘，这样的团队就像石墨一样软弱，发展壮大又从何谈起呢？那么作为领导者，怎样才能成功打造出金刚石团队呢？

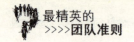
1. 让每位员工认识到自己的重要性，增强团队凝聚力和战斗力

领导者必须让团队中的每位员工都强烈地感受到他们是金刚石结构中的碳原子，都是不可或缺的一分子，碳原子的紧密排列是金刚石质地坚硬的基础，只有全体员工众志成城，步调一致地协作才能最大限度地发挥集体的合力作用。

当然人皆有私心，但是员工们各有各的想法，就会导致团队凝聚力减弱，领导者不可能消除员工的私心，但是却可以通过增强团队吸引力的方式来凝聚人心，比如让他们认识到每个人对于团队的重要性。同时也要让他们认识到团队对于每个人而言同样非常重要，只有团队前途光明，员工的利益才能得到保障，如果为了个人私欲而背离团队，把团队拖入泥淖之中，那么个人的权益也将受到损害。团队和个人是一荣俱荣、一损俱损的关系，团队和个人应该是互相依存的，所以每位员工都应该毫无二心地为团队效力。

2. 整合团队资源，通过分工协作拉紧团队成员之间的关系

有的企业过于注重工作效率，强调分工的重要性，却忽略了部门和部门之间以及员工之间的协作，就像石墨一样成为了一个松散的组织。员工感受不到团队的向心力，也没有把自己当成团队中非常重要的一分子，而是把自己看成了一个独立体，这样的组织框架显然不利于凝聚人心。领导者在设计团队结构时最好呈现出金刚石内部碳原子的三维结构，让部门和部门、员工和员工之间工作内容可以互相渗透，加强他们的联系，使员工们在互相协作时增强对其他成员以及集体的依赖感，在提高团队绩效的同时增强团队的凝聚力。

3. 给团队适度加温加压，把石墨团队催化成金刚石团队

石墨在 1.5 万个大气压、1500℃的高温条件下可以转化成金刚石。锻造金刚石团队必须给团队施加一定的温度和压力，但是加温加压并不等于挥舞大棒逼迫员工在高温高压的环境中苦闷工作。它指的是用企业文化的软熏陶和规章制度的硬约束来影响员工的心理，进而影响他们的行为。企业文化是团队的温度，公司制度则是一种无形的压力，它们都起能规范员工行为的作用，还能促使团队内部产生巨变。任何一个适应力强、富有战

斗力的团队无一不是在优秀企业文化的熏陶下和健全规章制度的管理下锤炼出来的。

准则 67. 皮格马利翁效应：期望和赞美能创造奇迹

我们经常听到这样一句通俗的顺口溜"说你行，不行也行；说你不行，行也不行"，这句话虽然平实浅显，但是却体现出一个非常重要的心理学原理——皮格马利翁效应。一个人对自我的判断会受到外界的直接影响，即使本身能力不是很强，受到鼓励和称赞后，也会因为自信心倍增，能量全面爆发，不行也就变成了行；反之，如果一个人的能力较强，但是却一再被否定和批评，自尊心和自信心备受打击，能力受到抑制，限制了聪明才智的发挥，行也就变成了不行。

揭示皮格马利翁效应的人是罗森塔尔教授，他是从实验中得出这个结论的。当年他把两群老鼠交给了两名实验员，对其中一名实验员说："交给你的这群老鼠比其他老鼠要聪明，希望你能好好训练它们。"对另外一名实验员说："我交给你的只是普通的老鼠，请你训练它们。"

过了一段时间，两名实验员把训练好的老鼠交给罗森塔尔教授测试，罗森塔尔教授以让老鼠穿越迷宫的方式来检测它们的智力，结果发现被冠以聪明鼠头衔的老鼠表现得更为机智，它们率先跑出了迷宫。事实上，这两群老鼠本是随机分组的，没有人知道它们当中谁更聪明一些。当他告诉实验员自己训练的老鼠非常聪明时，实验员便会用训练聪明老鼠的方法训练它们，这些老鼠后来果真变成了聪明的老鼠，而另一位实验员则以训练普通老鼠的方式训练那批老鼠，结果那群老鼠果真都很不长进。

后来罗森塔尔教授又把实验的对象变成了人。他和雅各布森教授对一所普通小学的学生进行了一项名为"发展潜力"的测验。两人在六个年级的 18 个班里随机选择了一些学生，然后把拟好的名单交给了授课老师，并告诉老师名单中的学生都是最有发展潜力的学生，并嘱咐他们要对此保守秘密，不能让这些学生知道，平时只要多多留心观察这些高潜质的学生就

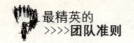

可以了。

过了八个月，罗森塔尔教授和雅各布森教授再次来到了那所小学，他们发现名单上的学生不仅学习进步飞速，而且成为了品学兼优、兴趣广泛的优等生。实验的原理和聪明老鼠的原理几乎是一致的，老师们由于受到了暗示，对高潜质的学生寄予了更多的厚望，并竭力培养他们，使得他们发生了可喜的变化。人们把这种现象叫作"期望效应"，后来又用古希腊典故命名，将其称为"皮格马利翁效应"。

皮格马利翁效应带给我们的启示是，自尊和自信作为人的两大精神支柱，直接影响人的成败。赞美和期望能带给人巨大的心理能量，使人变得更加自尊和自信，成为其发展自己的动力。在现代企业管理中，领导者如能正确运用皮格马利翁效应的原理，适时赞美员工，并对其给予厚望，就能调动员工工作的积极性，使他们人尽其才、才尽其能，从而令整个团队的工作效能达到最优。那么作为领导者在管理实践中，该如何运用皮格马利翁效应呢？

1. 经常赞美员工，用赞美来激活他们的自信心

莎士比亚曾经说过："赞美是照在人心灵上的阳光。没有阳光，我们就不能生长。"说明听到赞美之音是人类心灵最迫切的需要。心理学家威廉姆·杰尔士说："人性最深切的需求就是渴望别人的欣赏。"每个人都希望能得到别人赞赏，有时领导者简单的几句话就能成为激励员工奋发向上的灵丹妙药。

安德鲁·卡耐基同样重视皮格马利翁效应在企业管理中的应用，他把赞美和鼓励员工当成管理的信条，使得团队士气大增，终于创建起了钢铁王国。美国石油大亨洛克菲勒也是运用皮格马利翁效应的高手，他的助手贝特福特由于经营失误使公司蒙受了巨额损失，当时公司在南美的投资损失了40%。贝特福特已经准备好去承受最严厉的责骂，洛克菲勒却丝毫没有责备他，反而拍着他的肩膀说：因为你经营有方，为公司保全了那么多投资，你做得非常出色，超出了我的预料。这位工作失误反受表扬的助手后来表现越来越出色，成为了公司的骨干人物。两位著名企业家的管理方式非常值得现代领导者借鉴。

2. 对员工表达自己的正面期望

松下幸之助经常给公司里的员工打电话，询问工作近况，并鼓励他们要好好加油。员工因为感到受到总裁的信赖和看重而更加勤奋工作，因为他们不想辜负总裁的殷切期望。这就是正面期望起到的积极作用。领导者向团队个体传达正面期望，能鼓舞团队成员全力以赴地达成团队目标。相反，如果领导者认为自己团队的能力和水平不行，并经常公开表达负面期望，团队成员就会变得意志消沉，团队的目标因此变得难以实现。因此团队领导者一定要向员工传达积极正面的期望，适时为员工加油打气，如此才能激发他们的潜能，促成团队目标的实现。

3. 信任员工，给予他们积极的心理暗示

信任是对员工的一种正向激励，对于领导者来说，它代表着一种能力。心理学家奥格登曾做过一项测试人类警觉性的实验，来揭示信任对人的激励作用。测试者被分为 A、B、C、D 四组：A 组为控制组，不用任何手段激励他们，只是告诉他们实验的规则；B 组为挑选组，他们被告知自己是察觉能力最强的一批人，理应表现得最好；C 组为竞赛组，他们被告知要以误差次数来评定小组的排名；D 组为奖惩组，他们被告知每犯一次错误就会被罚一次款，无差错就会得到奖金。多数领导者可能会认为 C 组或 D 组会在比赛中胜出，因为重奖之下必有勇夫，可是事实却并非如此，现实的结果是 B 组的警觉性最强，因为他们被充分信任。

B 组的成员被告知他们察觉能力强于其他小组，受到了良好的信任，在积极心理暗示的影响下，他们战胜了那些渴望胜出、害怕被罚或是期望得到奖金的人。由此可见，信任比奖罚更能激发员工潜力。给予员工必要的信任，就能收到良好的激励效果。相信你的员工，把信心传递给他们，就能让他们心情愉悦地接受富有挑战性的工作。

准则 68. 超限效应：批评人切忌反复说

俗话说：玉不琢不成器。团队成员在完成任务的过程中只有经过千锤

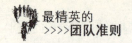
百炼的考验才能蜕变成一支训练有素、战斗力强的队伍，而负责打磨这支精锐部队的人自然是团队领导者。有时员工表现得差强人意，领导者会恨铁不成钢，忍不住使用"批评"的武器来矫正员工的行为。可是批评的次数越多，员工越爱犯错，自己三令五申强调的事情，员工却当成了耳旁风，到了后来员工越来越顽固，怎么批评教育都不见效，这究竟是为什么呢？

究其原因，主要是由超限效应引起的。在心理学上，人的机体受到过多或过强的刺激，抑或刺激时间太长，心里就会感到不耐烦，产生逆反心理，这就是超限效应。我们平常所说的物极必反、过犹不及就是这个道理。

美国大文豪马克·吐温有一天在教堂听牧师演讲，牧师刚刚演讲了一会儿，他便觉得牧师演讲得既生动又感人，于是准备捐款。可是整整十分钟过去了，那个慷慨陈词的牧师还是意犹未尽，继续滔滔不绝地发表演说，马克·吐温听得有点不耐烦了，打算减少捐款的数额，只想捐点零钱。又过了十分钟，牧师还在喋喋不休地演讲，马克·吐温失去了耐性，一分钱也不想捐了。后来牧师总算闭上了嘴巴，结束了那场无比冗长的演讲。募捐开始了，马克·吐温认为自己承受了精神上的折磨，心里非常恼火，最后不但没有捐出一分钱，还故意从盘子里拿走了两元钱。

没完没了地说教，不仅不能说服别人，还会引起对方的听觉疲劳，让人从心底里产生反感和排斥的情绪。批评也是如此，反复批评就等于使用语言暴力频繁轰炸别人的耳膜，即使批评的话语再中肯也没有人能欣然领受。领导者多次对同一件事情提出批评，不但不会让员工因此变得警醒，反而会使他感到越来越不耐烦，被说烦了，还会生出"我偏要这样做"的对抗心理。员工受到批评后，需要有一个心理恢复期，不要等他们心情尚未平复时，又反复去戳其痛处，否则他们就会觉得自己永无宁日，反抗的心理也会越发强烈。

李经理认为自己对待员工并不苛刻，但是员工们却把他看成了毒舌领导，这不是因为他说话难听，而是因为他总揪住员工的错误不放。员工一旦犯错，就要忍受没完没了的批评，每隔一段时间他就会像录音机一样重新播报那些听烂了的内容。

李经理时不时地指出员工的错误，他从不讲什么生硬的大道理，只是反复强调哪里做得不对，下次不许再犯，员工每犯一次新错误，他都不会忘记把以往的错误也拿出来说事，总之旧账新账一起清算。员工们忍受不了他的唠叨，纷纷辞职。公司本来规模不大，人手不够用，后来人数越来越少，只剩下了几名年纪较大的老员工留在了团队里。

李经理和员工沟通的时候，非常喜欢借题发挥，批评员工总不忘数落他们以往的过错，他认为这样做是为了纠正员工的缺点，让他们把工作做得更完美些，可是没想到受到批评的员工不是辞职走人，就是消极对抗。为此他感到非常迷惑，他认为员工犯错他必须立即指出来，不能听之任之，可是他的批评并没能使员工改进工作，反而让员工产生了极度的反感。

批评也是一门学问，不恰当的批评方式就会令人感到难以接受，当然起不到矫正对方行为的作用。员工犯了错误，及时指出来本是无可厚非的，可是一而再，再而三地对同一件事情做出批评，不仅会给员工留下爱唠叨的坏印象，还会使人觉得这样的领导气量狭窄，总对过去的事情耿耿于怀。人的心理承受能力是有限的，过量的批评就会引起超限效应，那么作为领导者该如何批评员工才合适呢？

1. 员工犯一次错，只批评一次，不要提过往的错误

如果员工不是反复犯同一个错误，就不要对他们过往的失误没完没了地提出批评，员工每犯下一个错误，最好只批评一次，每次批评要针对当前的错误，不要去清算旧账。即使员工再次犯下同样的错误，也不能重复之前的批评，而要换种说法来批评，总之不要给员工带来揪住错误不放的感觉，以便减轻他们的逆反心理。

2. 批评员工要把话说清说透，切忌日后反复强调

要纠正员工的错误，其实如果批评得当，一次就能解决问题。员工在工作中出现问题时，要抓住机会一次把话说到位，既要点明问题，又要了解员工出错的原因，同时提出以防下次再犯同类错误的方案，帮助他们改正缺点。不要总是粗暴地训斥员工，日后又反反复复提起，与其三番五次

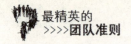
地强调员工排斥的内容，不如在批评时和员工进行一次彻底的沟通。批评是为了纠错而不是为了泄愤，从批评的目的来考虑，反复批评也比不上良性的沟通。

3. 批评要讲究方法，要以员工能接受的方式来达到理想的教育目的

好的批评方式会让员工如沐春风、虚心领受，而糟糕的批评方式只会引起员工的强烈抵抗。批评也要讲究技巧和方法，批评员工要根据他们的个性特征和心理特点来组织语言，要以他们能接受的方式提出批评，绝不能突破人的心理底线，更不要采用恫吓和威胁的方式。

准则 69. 改宗效应：不要总做老好人

有的领导者做事情总想面面俱到，试图让团队中的每位成员都满意，希望所有员工都喜欢自己，于是在决策时充分发扬民主作风，什么都听员工的，努力去平衡各方的利益。可是无论考虑得再怎么周全，总有人对自己不满意，反对声此起彼伏，不少员工都觉得他毫无主见，没有领导力，凡事被员工牵着鼻子走，纷纷加入反对阵营，领导的支持率不断下滑。很多人对此感到奇怪，为什么领导想做老好人，结果却受到更多的抵制呢？

这种现象在心理学上就叫作改宗效应。美国社会心理学家哈罗德·西格尔曾做过一项研究，当某件事情对一个人来说非常重要时，他若能使反对自己的人改变意见认同自己的观点，比起那名见异思迁的同意者，他更倾向于喜欢坚定不移的反对者。改宗效应告诉我们，没有是非观念的老好人最容易被人轻看，因为他们会给人带来一种怯懦无能的感觉，这便是老好人领导者普遍不被员工看好的根本原因。

一天，有一对父子牵着一头毛驴进城，半途中有人笑话他们："真笨，有驴子竟然自己走路？"父亲觉得行人说得很对，于是让儿子骑在驴子上，自己步行走路。可是没过多久，又有人说："真是个不孝子，自己舒舒服服地骑驴，竟让自己的父亲走路。"

父亲一听，觉得这话说得也有几分道理，于是便让儿子下来走路，自

己骑在驴身上，父子俩继续赶路。没过多久，又有人说："这个父亲真不称职，居然自己骑在驴背上，让幼小的孩子走路。"父亲羞愧不已，立即让儿子也骑在驴背上。

父亲心想：现在路人该没有什么话说了吧。可是没走多久，又有人站出来指责他们，那人望着驴子说："你们两个人压在一头瘦驴身上，难道想把它累死吗？"父亲和儿子马上从驴背上下来，两人把毛驴的四条腿绑在木棍上，一前一后扛着毛驴过街，但是身后又传来不满的声音："驴子自己会走路，这两人真傻，竟然扛着驴走路。"

有些领导很像故事中的那位父亲，自己没有任何主见，员工希望他们怎么做他们就怎么做，可是最后也没有收获皆大欢喜的结局，反而搞得大家都有意见，反对的声音远远盖过了赞同的声音。领导者在管理团队时，一定要了解团队成员的心理，不要误以为事事都顺从员工，就能获得大家的尊敬和爱戴。

领导者是团队的中坚人物，如果立场摇摆不定、人云亦云，很难获得员工的敬畏和佩服，站在员工的角度试想一下，谁会相信随风摇摆的人能给整个团队一个光明的未来呢？身为领导一定要有独立的判断力和决断力，既要尊重员工的意见，又要有自己的主见，不要去扮演唯唯诺诺的老好人角色，这是改宗效应向我们揭示的深刻道理。领导者怎样才能摆脱改宗效应的影响，赢得广大员工的支持呢？

1. 培养自己独立自主的精神

如果领导者没有独立工作的能力，毫无判断力或是为了博得员工的好感轻易放弃自己的原则，凡事听从员工的建议，那么领导力就会荡然无存。员工若是认为他们可以随意地摆布领导，那么又怎么可能愿意听从领导的号令呢？作为团队领导，既不能过分专职强横，也不能过分软弱；既要听取员工的建议，懂得集思广益，又要有独立自主的精神和果断决策的能力，让员工对自己报以敬畏和钦佩的态度，心甘情愿地为自己效力。

2. 扩大知识面，积累更多的经验，增加自己说话的分量

领导者没有主见，可能和自己优柔寡断的性格有关，但是很大程度上也是由于知识和经验不足引起的，遇到事情不知道该怎样处理，于是就把

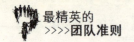
员工当成了智囊团。殊不知员工并不能代替自己决策，他们需要的是一个精明强干的领导，而不是态度不坚定，随时都能被他人左右的弱势领导。领导者要满足员工的期望，务必增长知识储备，丰富自己的管理经验，只有这样才能提高自己解决问题的能力，赢得员工的信任，使自己的话语更具分量。

3. 让自己变得成熟沉稳起来，增强自身独立决策的能力

年龄上的成熟和心理成熟是两个截然不同的概念，有时两者并不是同步的，人未必会随着年龄的成长而变得成熟起来。一个有主见的人必然是一个心智成熟的人，这样的人无论遇到什么困难，都会处变不惊、临危不乱，能冷静迅速地做出决策，找到解决的办法。领导者若要成为一个有主见的人，就必须让自己变得成熟起来，将自己打造成一个成熟、干练、稳重的领袖形象。

准则 70. 留面子效应：想得寸先要尺

团队当中不可能每位成员都表现得整齐划一，有的员工畏难，总是拈轻怕重；有的员工工作效率低下，总在扯整个团队的后腿；有的员工能力不足，总是无法如期完成任务目标。作为团队的领导者该怎样做才能促使这些掉队的员工赶上大部队的步伐呢？

心理学上的留面子效应就可以解决上述管理难题。留面子效应指的是先向别人提出一个会被拒绝的大要求，然后再提出一个小一点的要求，小要求被接受的可能性就会增大。美国心理学家查尔迪尼曾就此类研究做过一项实验，他向 20 名大学生提出了这样的要求——让他们去做两年少年管教所的义务辅导员，学生们都不愿意花那么久的时间从事如此费神的工作，于是不假思索地拒绝了。之后，他又提出了一个要求，要求学生陪少年到动物园游玩一次，结果一半的人马上答应了他的请求。后来查尔迪尼直接向另一组大学生提出陪少年到公园玩的请求时，只有 16.7％的人答应了他的要求。

心理学认为，人们在断然拒绝别人的大要求时，会因为没能帮助别人而产生内疚心理，觉得那样做会给别人带来缺乏同情心和不爱助人的坏印象，后来为了挽回自己的形象，降低自己的内疚感，就会乐于接受第二个小一点的要求。很多人正是利用人的这种心理来影响他人，先要求别人去做他们办不到的事情，等到别人因为拒绝自己心怀歉意时，再要求对方去做另外一件事，结果对方会果断应承下来。这就好比商场里讨价还价的过程，先给商品一个较高的定价，然后再任顾客砍价，在对方的心理价位上略微把价格提升一点，一般就能顺利成交。无论在工作还是在日常生活中，留面子效应几乎处处可见。

有两家卖粥的食品店，每天的客流量都差不多，可是每天左边的粥店都要比右边的粥店多赚两三百元钱，也就是说左边粥店的营业额每月都比右边粥店高出近千元。两家粥店各方面的条件相差无几，为什么左边的粥店就更赚钱呢？

细心的人后来发现了其中的奥秘。每位客人走进右边的粥店时，服务员都会热情地盛上一碗粥，然后微笑着问他（她）是否想加鸡蛋，客人说加，服务员就会立即加一个鸡蛋，一天下来有一半的客人加鸡蛋，一半的客人不加鸡蛋。左边粥店的情况就不同了，客人刚刚进店，服务员就会殷勤地迎上前盛好粥，然后问道："加一个鸡蛋还是两个鸡蛋？"喜欢吃鸡蛋的客人会加两个鸡蛋，多数顾客要求加一个鸡蛋，很少有顾客要求不加鸡蛋。每天左边的粥店都要比右边的粥店多卖很多的鸡蛋。

在提出真正的要求之前，先向对方提出一个难以接受的大要求，遭到回绝后再提出自己真正的要求，对方同意自己请求的可能性就会大大增加。在管理实践中，领导者想得寸先要尺，往往更容易促使员工按照自己的意愿办事。无论是督促员工提高劳动技能还是鞭策他们提高劳动效率或是勇于接受挑战，都可以利用留面子效应的心理学原理，那么具体该怎么操作呢？

1. 先提出一个高要求，再以相对较低的标准要求员工

高要求显然会超出员工的能力范围，通常情况下，他们的第一反应便是拒绝，这时他们会因为自己的能力没能得到领导的要求而感到抱歉，会

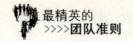
尽量满足领导提出的第二个要求。此时再以相对较低的标准要求他们，他们便会欣然答应，日后会克服种种障碍来提升自己的工作能力，兑现对领导的承诺。

2. 先交给员工一项艰巨的工作，然后再把难度相对较低的工作交给他们

对于畏难的员工来说，他们只想从事简单的工作，每次把略微复杂的工作交给他们，他们都会表示抗拒。要纠正员工这种拈轻怕重的毛病，不妨假装让他们去完成一项艰巨的工作，等到他们面露难色时，再用缓和的语气把难度系数相对较低的工作交给他们，那时他们一般都会愉快地接受新任务。

3. 先设定一个较快的工作进度，然后再对其加以调整

对于工作慢半拍的员工，可以先为其设定一个令其难以企及的工作进度，当他们推脱之后再做调整，为其制定更为合理的工作进度，这时他们一般不会再拒绝。需要注意的是，不能强制员工去做他们所不能及的事，也不能用不切实际的工作进度来催逼他们，最初的标准只是个试探，最终的目的是把员工引入正常的工作轨道上来。

4. 先设定一个较高的目标，然后调低最初的目标

如果员工总是对自己要求很低，完不成目标任务又总是找各种借口为自己开脱，那么不妨先给他们设定一个遥不可及的目标，当然这样的目标只是一个虚拟的摆设，并不期望他们真正能完成。他们会因为吃惊而抱怨或者明确表示这是不可能完成的任务，此时再向其公布更为合理的目标，他们便会毫无怨言地接受。

第八章

与下属相处讲艺术
——管理"非常"下属有妙招

有的下属个性平和，容易相处，非常配合上级的工作，而有的下属则难以驾驭。遇到不好管理的下属，领导者该怎么办？用强硬措施挫下属的锐气，或者干脆把难管理的下属驱逐出团队显然是不可取的，因为很多不服从管理的下属往往富有才华或者能力过人，其中还有不少下属曾为企业的发展立下过汗马功劳。团队失去这些人才，必然会蒙受一笔不小的损失，如能成功驾驭这些"非常"下属，就能使其成为团队和企业的宝贵资源。

和"非常"下属打交道并不容易，他们或者居功自傲，不把领导放在眼里，或者自认为能力超强，觉得上司比不上自己，或者性情顽固、不懂变通，或者个性怪异、格格不入，或者野心勃勃、一直觊觎高位……和这些下属过招，领导者必须见招拆招，用智慧和实力征服他们。

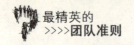
准则 71. 管理"实力派","服"字最重要

哪个领导者不希望自己的属下工作能力强、业务水平高呢？哪个将帅不希望自己手下的兵个个骁勇善战呢？团队里出现几个实力派，领导者本该为此感到高兴。实力派下属聪明能干，如果能成功驾驭他们就能使其成为自己的得力干将，使整个团队如虎添翼，推动团队业绩蒸蒸日上。可是实力派往往恃才傲物、难以管束，令领导者深感头痛。

实力派下属由于资历较深、工作能力较强，难免妄自尊大，有的甚至势大震"主"，不把领导放在眼里，我行我素、软硬不吃，处处质疑领导的能力，不配合领导部署的工作，还常常对公司百般挑剔，经常让领导难堪。赶走实力派，对团队而言是种莫大的损失，姑息实力派的种种不良行为，很多正常的工作都无法开展，所以最佳方法就是降服他们。

王经理的下属吴波是团队里的销售明星，每月的业绩都名列前茅，销售排名时常位于榜首，因为他是公司里出类拔萃的销售人才，一直深受王经理的器重。可是近期吴波变得有些飘飘然起来，开始看不起同事，动辄对他人恶语相加，搞得团队内部怨声沸腾。他对王经理也不如往常那么尊重了，对于王经理安排的工作总是推三阻四，不愿用心去落实上司布置的工作任务，对很多工作都敷衍了事。

王经理因为吴波业绩突出，不想辞退他，于是多次找他沟通，希望能帮助他改正工作态度，吴波满口答应日后会注意团结，将和同事们友好相处，认真落实领导交给自己的工作，可是却连一点改正的迹象都没有，依旧我行我素。王经理觉得忍无可忍，打算辞退吴波，但是又担心别人说自己嫉贤妒能，毕竟吴波为公司的发展做出过重大贡献，让吴波留下，自己又难以驾驭，他完全陷入了两难选择。

降服实力派应掌握一定的方法，既不能任由他们为所欲为，也不能以硬碰硬，而应凭借自己的智慧和领导力使其折服，把德行和权威作为砝码，平衡制约，并掌握好恰当的力度，成功收服他们的心。具体来说，可采取以下对策：

1. 率先垂范，以德服人

领导者想要畅通政令，有赖于自己的领袖风范和人格魅力，古今中外的历史人物，但凡具有高尚人格魅力的人，不但能赢得属下的敬重，就连对手也对他们佩服得五体投地。这说明在人品无可指责的人物面前，无论是哪类人都会对其肃然起敬。领导者若想要难以管理的实力派顺服自己，首先要率先垂范，把自己培养成一个光明磊落、心怀坦荡的人，让他们被自己的魅力吸引，为没有配合自己工作而感到惭愧。

2. 技高一筹，以才服人

人对于能力强于自己的人会产生较为复杂的感受，既羡慕又忌妒，同时又非常佩服。作为领导，如果你的下属能力远在你之上，难免会有几分不服气，因为他们不愿意被比不上自己的人驾驭，更不乐意执行你的指令。想要让他们放下傲慢的架子，全力配合自己的工作，就必须技高一筹、棋高一着，向其展示自己的实力，只有与其决一雌雄，让其成为自己的手下败将后，才能让他们从内心深处佩服自己。诸葛亮七擒孟获，才将其降服，由此可见想要攻破实力派的心理防线，就必须让他们看清自己的实力，使他们不敢再小觑自己，进而服从自己的领导。

3. 巧施关爱，用真情收服人心

虽然实力派下属对自己充满抗拒，领导者也不可以敌视他们，而要充分尊重他们的地位和人格，在他们在工作中遇到难题时，及时假以援手，在他们生活不顺时，主动关怀。正所谓"水滴可石穿，心诚可熔金"，"路遥知马力，日久见人心"，时间久了，他们自然能被你的真诚所打动，产生"投桃报李"的想法，就不会在工作上故意与你为难。

作为领导，关爱实力派也需有个限度，千万不要关爱过度，给人留下刻意讨好的印象，因为那样做会让实力派认为你别有用心，会更加抗拒和厌恶你。对待实力派要以诚相待，以真心换真心，但要把握好"度"，不能降低自己的品格，要用真情来打动人心。

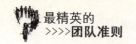

4. 真诚帮助，以事服人

正所谓人无完人，实力派即使能力再强，也不可能把所有事情都做得周全，必定会有薄弱环节，领导者如果能对实力派的薄弱之处了然于胸，就能通过运用巧妙的方法来成功驾驭这样的下属。实力派往往过于自负，对自己的短处浑然不觉，领导者如能找到合适的机会不动声色地他们认识到自己的不足，就能削弱他们的傲气。需要注意的是，不要在公开场合去揭实力派的短处，也绝不能把他们的短处当成把柄对其大肆打击报复，而要针对具体发生的事情，单独与之交谈，含蓄而友好地让他们看清自己工作上的不足之处，同时帮助他们想出弥补的办法，让他们对自己心悦诚服。

准则 72. 把不服管的员工变成"虎将"

不服管的员工就好比乐章里不和谐的音符，让多数领导感到非常不舒服。多数团队都存在一个或几个难以管理的员工。他们并非是团队里最优秀的成员，他们的工作能力和业务水平多半处于中上游，但是群众基础好，具有一定的影响力和号召力。凭借这些优势，他们常常向领导者叫板，反对公司改革或者其他计划，成为执行力的绊脚石，有时还散播一些不负责任的消极言论，破坏团队的和谐氛围。

这类员工大多是些有资历的老员工，他们往往在公司工作多年、经验丰富，对企业的问题和现状发展了若指掌，拥有自己的小圈子，他们不甘平庸，爱出风头。如果任由他们肆意妄为，领导者对团队的影响力就会大为削弱，可是辞退他们也不是明智之举，最明智的做法是把他们变成虎将。

所谓"虎将"，即凡事懂得从大局出发，考虑问题都是为了维护团队的利益，提出的意见往往更具建设性的员工。

罗维是一家饮料公司业务部的老员工，他在公司已经做了五年业务工作。起初他是从最基层的销售员做起，后来由于业绩出色成为了一名中层管理者，手下有七名业务员，工作做得风生水起。他麾下的员工对其忠心耿耿，罗维无论说什么，他们都百分之百相信。

罗维是个好大喜功的人，又非常喜欢炫耀，曾多次对手下的销售员许诺自己会为他们争取最大的利益，为了他们，就算得罪高层领导也在所不惜。销售员们很是感动，更加拥护罗维了。后来公司规模不断扩大，颁布了新的绩效考核标准，根据新的考核方法，老员工和新员工几乎完全站在一个水平线上，失去了以往的优势。这时罗维站出来公开和公司高层做对，使得新的绩效考核方案难以推行。

后来，公司又推行了许多改革措施，每次罗维都从中阻挠，无论他出于什么原因反对公司政策，大部分老员工都始终力挺罗维。有一次，部门主管推行一项新的营销策略，话还没有说完，罗维就表示反对，对主管的想法大肆抨击，甚至还说主管不懂市场。主管非常生气，几次想辞掉罗维，可是冷静下来又觉得不妥，罗维在公司颇有影响力，他若离开对于整个部门来说无异于牵一发而动全身，很多老员工会一起辞职。如果罗维带领老员工加盟竞争对手的公司，那么将给自己的公司带来非常不利的影响。可是让罗维继续留在团队里，他又无力管束，罗维很让人头痛，他不知该怎么办好。

对待这类员工，领导者需要理智和冷静，把管理这类员工当成管理工作的挑战，仅能管好顺从听话的员工并不能彰显自己的领导力，管好难管的员工才能显示出非凡的管理能力。当然管理难管的员工绝不是一件简单的事，简单的教育和辞退显然都不可取，最合适的方法就是把其变成虎将，那么具体应该怎么做呢？

1. 化干戈为玉帛，将其转变为虎将

并非所有的不服管的员工道德品质都低下，有的员工只是因为各种原因喜欢和领导做对，但是人品并没有重大瑕疵，这样的员工如能善加管理，有望在团队里发挥更为积极的作用。管理这类员工，首先要弄清他们喜欢唱反调的原因，然后反省自身管理工作中存在的不足，尽量化干戈为玉帛，努力纠正其行为，使其理解和配合自己的工作。

2. 用尊重赢得尊重

有些员工不服管束，对他们强硬，只会促使他们展开更激烈的对抗。

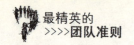

对待这类员工，只能采用平等对话的方式来消除他们的对抗情绪。需要注意的是，不要强迫他们服从自己，而要用尊重来赢得他们对自己的认同。沟通过程中，一定要让对方感觉到自己是受尊重的，让他们充分了解自己的意见和想法，通过互换意见，促成双方达成和解。

3. 使用角色扮演的方式改变员工的态度

曾有人做过这样一项有趣的实验，被测试者在三个具体问题上均持否定态度，实验策划者把他们分成了三人小组，每个小组中有一人负责劝说另外两人改变态度，结果三个人全都改变了以前的观点，宣传者的态度转变得更大，这说明角色扮演对态度的转变具有重大影响。一些员工多在公司变革政策时发出反对的声音，这一时期是促使他们转变态度的最佳时期。领导者可挑选反对公司政策态度最坚定的员工，将其转化为政策变革的宣传者，通常情况下其他的员工较容易就被说服了，而他本人也会因为沉浸在宣传者的角色中而彻底改变以往的态度。

有一家企业决定引入 ERP 系统，财务部主管立即表示反对，并列举了一大堆看似合理的理由。后来公司领导任命他为推行 ERP 实施工作的核心成员，令其向员工宣讲公司引入 ERP 的重要性，结果 ERP 引进项目执行得非常顺利。还有一家公司，有一位经理反对公司变革，老板发现他文采斐然，就安排他做变革项目的宣传工作，让他编制简报、做一些访谈栏目阐述高层对该项目的背景说明。结果他不但出色地完成了宣传工作，还主动提出改进宣传方案的建议，文章写得既务实又有说服力。

以上两个例子均说明角色扮演对改变不服管的员工起到的积极作用。领导者改变这类员工，需要讲究技巧和方法，如果说教无效，不妨尝试此类方法。

准则 73. 收服猛将的"降龙之策"

麾下有一员猛将，自然是件好事，他（她）就像一条蛟龙，是团队业绩的主力军，成就几乎无人能及。可是能力强的人往往个性也较强，猛将的弱点和优点一样明显，他（她）个性刚烈，脾气暴躁，控制情绪的能力较差，常常因为控制不了自己的暴脾气而伤害团队成员的感情，搞得整个团队情绪低沉、怨声载道。领导者若没有有效的"降龙之策"，控制不了猛将员工，就难以消除他（她）给团队带来的负面影响。

在《三国演义》中，刘备麾下的猛将张飞给人留下了极为鲜明而深刻的印象，他刚猛异常，在长坂坡之战中，喝退曹军百万雄师，一员大将由于惊吓过度当场翻身落马而死。刘备得一张飞，强过百万大军，但是张飞的火爆性格却也给刘备惹了不少麻烦。他好酒成性，性情鲁莽且暴烈如火，常常鞭挞士卒，最终被士卒所杀。张飞的死固然令刘备痛心，但倘使张飞一直健在，终有一天士卒会因为忍受不了他的暴虐而集体谋反。

在一个团队中也是这样，猛将如果自恃过高，经常向员工发泄怒火，必然会搅得人心惶惶，还有可能导致人员大幅度流失。猛将固然重要，但是如果缺少了协同作战的士兵，同样不能取得战役的胜利。领导者不能为了一员猛将，而完全忽略其他员工的利益和感受，一定要对猛将加以引导和管束，否则后果不堪设想。

张华是一家电器公司销售部的经理，在整个团队中，他的业务能力一直是最强的，销售业绩一直遥遥领先，没有哪个员工赶得上他。可是张华在公司是出了名的暴脾气，常为一点小事就大发雷霆，绝大多数员工都惧怕他，只有几名资格较老的员工不买账。

有一天，张华和一位老员工因为抢客户发生了口角，张华当众辱骂那名老员工，言辞激烈，简直不堪入耳，给整个团队造成了极坏的影响。公司领导得知此事后，把两人争抢的客户给了那名老员工，并处分了张华，扣掉了他三个月的提成。张华是业务部的核心成员，他若一气之下辞职对公司来说无疑是一个巨大的损失，可是若不给他一个教训，任由他飞扬跋扈，早晚有一天他会让团队损失更多。

张华在受到处分后，果然怒不可遏，当天便提出辞职，领导并没有批准，晚上把他约到了咖啡厅谈话。两人见面时，张华脸色阴沉，一言不

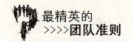
发，还是一副余怒未消的样子。领导心平气和地对他说："今天我们抛开上下级的身份，我只想作为你的朋友，和你谈谈心。"张华听罢，情绪稍缓，脸色也略微有了变化。

领导说："以前我的偶像是拳王泰森，每次他一出场我就会感到热血沸腾，他是个真正的硬汉，给观众带来了最精彩最刺激的拳击表演。当然他不是每场比赛都会赢，可是无论输赢，他在我心目中的地位一直没有改变过，我崇拜他的时间长达八年。但是他在情绪失控，咬了霍利菲尔德的耳朵之后，他的高大形象在我眼里全毁了，从此，我再也不崇敬他了。"

张华低头思索了一会儿，什么也没有说。领导又说："张华，在业务能力上你是最强的，公司上下包括我本人在内都很佩服你，可是你应该学会克制一下自己的脾气，因为坏脾气既会毁掉你的个人形象，又会伤害到别人。泰森无论曾经有过多么辉煌的过去，但是在经历了咬人耳朵之后形象一落千丈，个人前途几乎毁于一旦。你年轻有为、精力充沛，是个前途无量的小伙子，我可不希望你步泰森的后尘。"

张华被说服了，脸上浮现出淡淡的笑容，他当即承认了错误，并表示一定会努力改正自己的缺点。第二天，张华平静地来到了公司，对同事的态度有了很大的转变，他开始尝试着心平气和地跟他人相处。领导看到这番景象，心里的石头总算落了地。

猛将往往缺乏耐性，亲和力也比较差，自我管理能力不强，坏脾气就像频繁喷发的火山，令人无法招架。但是他们做事雷厉风行，业务能力超强，是公司里不可多得的人才。领导者在管理这类员工时绝不能采用以暴制暴的方法，因为那样做只会让矛盾更加白热化，那么对待脾气火爆的猛将应该采用什么样的管理策略呢？

1. 运用"三明治"批评法

所谓的"三明治"批评法，就是指批评别人时用先表扬，再批评，然后再表扬的批评方式，把批评夹在两层厚厚的表扬之间，故称"三明治"式批评。玫琳凯化妆品公司的创始人玛丽·凯批评员工时常采用"三明治"批评法，无论员工做错了什么，她都找出值得表扬的事情放在批评之前和之后说，从来不会一味地批评员工。玛丽·凯对自己的批评策略做过精辟的总结："批评应对事不对人。在批评员工前，要先设法表扬一番；在批评后，再设法表扬一番。总之，应力争用一种友好的气氛开始和结束谈话。"

猛将型员工大多心高气傲，自尊心较强，只批评不表扬会被认为是对其本人的彻底否定，这是他们所不能接受的，批评这类员工最好施用"三明治"策略。沟通时先表扬他一番，肯定他出色的业绩，并指出他对整个团队的重要性，以此稳定他的情绪，然后再诚恳地指出他的不足，并提出帮助他克服坏脾气的建议，告诉他管理好自己的情绪后将来会有怎样的发展前途，最后用光明的前途激励他，表达自己的殷切希望。

2. 以柔克刚，用理解和关怀融化猛将的心

猛将型员工大多属于烈性子，这是天性使然，他们直率、热情、精力充沛，但是个性急躁鲁莽，待人粗暴，领导者最好采用以柔克刚的方式来应对此类人，用理解和关怀来融化他们的心。所谓百炼钢化绕指柔，春风化雨般的疏导、真情实意的关怀是促使他们发生改变的催化剂。

3. 公平公正，不偏不倚

领导者不能对猛将型员工硬碰硬，但是也不能毫无原则地妥协退让，更不能让他一个人破坏整个团队利益，猛将犯错，也应秉公惩处。领导者如果过于姑息纵容他们，必然遭到绝大多数员工的反对，会给整个团队埋下隐患。需要注意的是，惩处猛将型员工时既要做到公平公正，又要尽量安抚猛将型员工，对其晓以大义，鼓励他们改正错误。

准则 74. 如何用好"有功之臣"

一个公司总会有一个或者几个为公司的创建和发展立下过汗马功劳的员工，我们把这类员工称为"有功之臣"。功臣型员工资历深、业务精，对公司做出过较大的贡献，他们是公司的财富，也是团队的骄傲，可是有

些人难免居功自傲，不好管理。有些员工还会依仗过去的功劳任性妄为，挑战领导者的权威。所以说功臣既有建设性又具破坏性，管理得法，能促使他们为团队做出更大的贡献；管理失误，领导者的领导力就会受到严峻挑战。

潘美静是公司里最具潜质的员工之一，在公司创建之初，公司里的全部业务收入几乎都是她带来的，她不仅聪明能干，而且人缘颇好，公司里的员工以及和她接触过的客户对她评价都很高。作为她的直属领导李峰，当然为旗下拥有这样能力超群的员工而感到欣慰，可是不知为何，她近期完全像是变了一个人，总是在大会上对李峰设定的公司发展方向提出质疑。

后来经过多番打听，李峰才搞清了状况，因为行业不景气，有几个股东撤资，公司不得不实施紧急政策，全体员工集体降薪。李峰在大会上公布完这一消息后，就和综合部的员工制定出了一套新的薪酬标准。自此以后，潘美静就明显开始疏远李峰。李峰开始以为她是因为工资减少而感到恼火，后来才知道原来她觉得李峰在制定薪酬标准时没有和她商量，这让她觉得自己在公司无足轻重。毕竟她是公司里资格最老的一批员工，而且曾为公司的发展立下过大功，李峰作为公司外聘的业务总监，却完全无视她的存在，这让她觉得难以接受。

李峰弄清事情的原委后，诚恳地向潘美静表示道歉，声称自己当初考虑不周，希望她别放在心上。然而潘美静却并未真心接受他的道歉，两个人的矛盾越来越大，潘美静接下来的表现令李峰大为失望，她经常迟到早退，还故意不向上级汇报客户跟踪的情况，回答问题时闪烁其词。李峰对她越来越不放心，只好指派其他员工去跑业务，慢慢地把她手里的客户资源转移到自己手中。

李峰不想放弃她，可是无论怎么努力都无法挽回她的心。向她下命令她便消极对抗，和她好好商量，她又摆出一副话不投机半句多的表情，她屡次在员工面前让李峰难堪，再这样下去他在员工心目中的威信势必受到影响。李峰陷入了这种矛盾的情绪当中，不知道该怎样处理。

功臣型员工自认为为公司创造的价值高，对公司的贡献居功至伟，因此比较爱摆架子，动辄摆出一副公司元老的姿态。领导者念在往昔的功劳上不去管理他们，但是他们变本加厉，无视自己的领导，因此领导者一定要掌握管理这类员工的方法。那么具体应该怎么做呢？

1. 肯定他们的功绩

功臣型员工都有过人之处，他们或是能力不凡或是靠自己的辛勤努力和开拓进取赢得了在公司中的重要地位，作为领导者一定要肯定他们的成绩。也许他们沉浸在过去的荣誉里，并表现得过于骄傲会让人感到反感，但是这并不意味着他们的荣誉不配得到重视和尊重，领导者想要驾驭他们，就必须从肯定他们的功绩和价值开始，因为它们是功臣型最引以为傲和最看重的东西。

2. 用之有道，让功臣型员工继续为企业立功

不要让功臣型员工躺在原来的功绩上睡大觉，而要为其搭建合适的舞台，为他们提供继续为公司立功的机会。一般而言，功臣型员工都各有所长，要把他们安排在其最擅长的领域继续为企业效力，这样做既可以让他们充分施展自己的才能，又刻意防止他们产生被忽略和冷落的心理。但是需要注意的是，要留心观察他们的情绪变化和工作表现，并适时加以干预，绝不能助长他们居功自傲的做法。

大多数的功臣型员工都有一种高高在上的优越之感，领导者需要经常为他们做思想工作，促使他们保持头脑清醒，提醒他们收敛锋芒，纠正他们的认知偏差，使其正确估计自己的能力和成绩，改变以往夜郎自大的傲慢心理。

3. 奖罚并举，处事公正

功臣型员工虽然已经得到过很多的荣誉和奖励，但是这并不意味着荣誉和奖励对他们来说不再重要。领导者既要肯定他们以前的成就，又要对他们现在做出的成绩给予肯定，不要因为已经给足了他们光环，就把奖励分给别人，对于功臣型员工当奖则奖，不要把他们和其他员工区别对待。

对待功臣型员工奖励要公平，惩罚和批评也必须公平，不能因为他们对公司有功就功过抵消，因为那样做对其他员工不公平。领导者应一视同

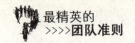

仁地对待功臣型员工，他们犯错，要按照公司的规章制度给予批评警告或者处罚。批评功臣型员工要注意场合，不能公开批评，更不能通报批评，批评时要把握好火候和分寸，不要把他们的错误和以前的功劳联系在一起，更不能趁机上纲上线，诋毁他们的人格或者贬低他们的功劳。批评要公允，令人信服，对事不对人，让功臣们认清自己的问题所在。

对待功臣型员工不可侧重任何一方，做好沟通工作，必须使功臣们听进自己的意见，改正自己的不当行为。既不能让功臣们寒心，也不能让其他员工认为自己有意偏袒功臣，处事不公，而要尽量让功臣型员工和其他员工都能感受到真正的公平，令大家心服口服。

准则 75. 给下属提供一片草原

很多领导者都曾面临这样一个两难境地：欣赏纵横驰骋的野马，但是却没有足够开阔的草原供它奔跑，担心它发现了更加辽阔的草原飞奔而去，也担心它由于施展不开步伐而灰心丧气。野马指的便是雄心勃勃的员工，雄心越大的员工，往往能创造出更大的业绩，但是他们也会因为贪心不足，向企业提出更高的要求，或是找到了更广阔的天地果断离去。

多数领导者对于雄心大的员工心情是无比复杂和矛盾的，既希望他们能创造佳绩，又不敢给他们太大的发展空间和权力，担心局势一旦失控，会超出自己的能力范围，但是如果刻意限制他们发展又会导致他们的离去，如何为这些下属打造属于他们的草原是值得很多领导者深思的问题。

林肯当选美国总统那年，有位叫巴恩的银行家来拜访林肯时看到参议员蔡思正从林肯的办公室里走出来。巴恩认为蔡思野心太大，于是提醒林肯说："总统先生，您组阁时不要让此人加入，他是个傲慢自大、野心勃勃的家伙，他甚至认为自己比您还要伟大。"林肯听后笑笑说："那么除他之外，您还知道有谁认为自己比我要伟大？"巴恩摇摇头说不知道，有些疑惑地反问道："您为什么要这样问呢？"林肯回答说："我想把他们全都选入我的内阁。"

　　事实上巴恩所言非虚，蔡思确实是个野心膨胀的人，他狂热地追求极致的权力，最终败给了林肯，没能如愿登上总统的宝座，而成为了财政部长。虽然蔡思权欲很重，但是确实很有能力，精通财政预算，能够把握宏观调控的大局，因此林肯一向看好他，尽量避免和他发生冲突。

　　《纽约时报》的主编亨利·雷蒙顿曾特地提醒林肯小心蔡思，因为蔡思觊觎总统宝座已久，而今又开始狂热地谋求总统的职位。林肯幽默地对亨利·雷蒙顿说："你在乡村长大，一定知道什么是马蝇了。有一天，我和我兄弟在农田里劳作，我负责赶马，我兄弟负责扶犁，可是那匹马非常懒，不肯卖力气干活，总是慢腾腾。有一段时间它突然飞快地跑起来，一会儿就跑到了地头，后来我才发现原来它被一只很大的马蝇叮上了，我马上把它身上的马蝇打掉了。我兄弟问我为什么要这么做，我说我不忍看到马被叮咬。我兄弟说，就是因为有马蝇，马才能跑得那么快呀。"

　　林肯讲完了这则自己亲历的小故事，又意味深长地说："现在正有一只叫'总统欲'的马蝇叮着蔡思，它使蔡思跑得更快，我并不想打落它。"林肯胸襟博大，敢于重用野心巨大的能人，这是许多人所不及的，正是因为如此，他成为了美国历史上最伟大且最富影响力的总统之一。

　　林肯认为野心是催人上进的力量，但是在不少人看来，野心无疑是个贬义词，野心代表着不安分，管理起来比较麻烦。曾有一家公司针对"野心"的看法做过调查，19.1%的职业经理人不知如何管理野心大的下属，为此备感苦恼，多达58.7%的职业经理人因为无法驾驭野心勃勃的员工而离职。作为领导者应该对"野心"有一个正确的认识，有野心未必是坏事，古今中外的很多例子证明，野心家更容易在事业上获得成功。拿破仑说："不想当将军的士兵不是好士兵。"权力欲和成就欲大的人在成就自己时，也会给团队和企业的发展带来好处。因此领导者要想方设法管理好这类员工，使其为企业所用，那么具体该怎么做呢？

　　1. 因人而异，提拔德才兼备的员工

　　有野心的员工渴望得到更高的权力和更多的资源，实现自我价值的最

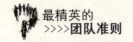
大化。有野心并非一定代表有背离企业之心，关键在于领导者如何引导。有野心的员工不甘平庸，工作起来充满激情，而且富有冒险精神和创造力，领导者若管理得当，完全可以使其成为自己的左膀右臂，与其共同推动企业的跨越性发展。

对于有野心的员工，领导者需根据不同类型的人采取不同的管理策略。此类员工大致分为四种类型：德才兼备型、有德无才型、无德有才型、无德无才型。对于德才兼备又富有野心的员工，领导者应对其大胆提拔、委以重任，不必对其设防，因为他们为人正派，不会给任何人带来麻烦。对于第二种类型的员工，领导者可以适度激励，多交给他们一些基础性工作，利用他们的野心督促他们上进，慢慢安排他们去做更具挑战性的工作，为其提供更大的舞台。第三种员工和第四种员工往往比较危险，他们的价值观比较扭曲，很可能因为欲壑难平而做出损害公司和团队利益的事，管理者要对其加以警惕。第三种类型的员工因为能力过人，可以赋予其适当的权力，但是要对这类员工的权力加以限制，必须控制在自己可掌控的范围之类。第四类员工则要加以提防，不可启用。

2. 要敢于授权给有野心的下属

作为领导者，必须了解下属的期望，如果你不能满足他的期望，就不能激励他更好地为公司做事。给予其必要的权力，就像给予野马一片广阔的草原，如果那里水草丰美，野马必然能呈现出最优美的姿态。因此领导者要有意识地给予有野心的员工与自身能力匹配的权力，从而激发出他们的工作热情，最大限度地开发他们的价值。

3. 要为有野心的员工做好职业规划

野心勃勃的员工当然更重视自己的职业发展，领导者应为其创建升迁路径和发展平台，把野心转化成促使他们努力工作的动力。如果此类员工觉得自己在公司能够大展宏图，就不会产生另谋高就的想法，不要给此类员工设限，只要他们人品不存在重大问题，就要给他们展示自己能力的机会，帮助他们攀上事业的高峰。

准则 76. 掌握管理个性员工的法门

在团队中，有时会出现举止怪异、行为偏激、与企业文化格格不入的个性员工，这类员工合作性差，情绪也十分不稳定，带有几分神经质的特质，是团队中的薄弱环节，会给团队的整体战斗力带来破坏。然而很多个性员工都有较强的工作能力，无论如何都必须承认，他们和一般的员工是不同的。

有的个性员工表现出来的与众不同是天性使然，他们无论为哪一家公司效力，表现都完全一致，他们的个性有时会和公司的规章制度和企业文化发生冲突，致使他们难以适应企业环境。一般情况下从事创造性工作的人个性更为鲜明和强烈，正因为此他们的想象力和创造力才会异于常人，但是其他岗位的员工也有不少秉性怪异的员工，他们难以融入团队，不喜欢既定的规则，管理起来颇有难度。还有一类员工是因为对公司的企业文化、规章制度感到不满而表现出强烈的抗拒，此类员工的个性就不是天然的个性，而是向公司释放的一个信号。

杨晓峰是个非常情绪化的人，他在公司已工作两年，但是仍然无法融入团队组织。提起杨晓峰，同事会立即想到"独行侠"这个词。杨晓峰供职于公司宣传部，喜欢独来独往，写得一手好文章，很受领导赏识，只是很多员工都对他的怪脾气颇有微词。他的情绪一直是阴晴不定的，前一刻还阳光灿烂，没过多久就变成了晴转多云，后来莫名发展成了狂风暴雨。好在他从不对别人发火，只是自己铁青着脸，一言不发地躲在办公室的角落里。

同事们总说他神经过敏，因此每次和他打交道都显得小心翼翼，生怕触动了他情绪的开关，一发不可收。杨晓峰不善辞令，沟通能力欠缺，这在一定程度上影响了他的工作。有一次，公司领导安排他写一篇有关一线员工工作面貌的文章，按照公司规定此类文章必须建立在实地采访的基础

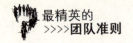
上拟写，他为了开展调查工作，不得不走出办公室到基层走动。可是刚刚下基层的第一天他就和员工发生了口角，他气得头也不回地走了，结果只凭自己的直觉和想象写完了文章，领导对此很不满意。受到批评后他脸涨得通红，当天下午就把办公桌上的宣传手册撕得粉碎，然后把印着油墨的碎纸片直接扔进垃圾桶里。

领导曾多次跟杨晓峰沟通过，很欣赏这个年轻人的才干，希望他能克服自己个性上的弱点。杨晓峰却认为领导在找茬，他觉得自己已经把宣传部的工作做得足够好了，对他的个性品头论足分明是鸡蛋里挑骨头。他嘴上没有跟领导顶撞，心里却是很不满意，他对公司上下的全体员工都有看法，认为所有人都异常虚伪，而只有自己始终如一地保持真实的一面，大有众人皆醉我独醒的感慨。

管理个性员工最核心的办法就是有针对性地对其实施个性化管理，当然，要彻底改变他们的个性是不现实的，因为江山易改本性难移，但是可以通过各种方式让他们把自己的不良个性收敛起来，将破坏团队团结的影响降到最低。那么如何掌握管理个性员工的法门，使其隐藏自己的个性呢？

1. 制定企业内部规则，在招聘环节严肃把关

企业内部规则包括公司的规章制度、各项规范等，会对员工的行为构成有效制约。在招聘员工时，领导者一定要对应聘者讲明公司的各项制度和规范，假如应聘者对其不是十分认可或者完全不认可，那么就可以将他们视为个性员工。这类员工在进入企业之后，很有可能表现得格格不入，对于是否要招聘这类员工领导者需要慎重考虑。如果个性员工确实是不可多得的人才，出于爱才、惜才将其吸纳进团队，必须要向他们讲清楚，企业对他们的要求，告诉他们若想在公司获得长远发展，就必须隐藏自己有悖于企业要求的个性，绝不能因为彰显个性而破坏整个团队的和谐氛围。

2. 提高员工对公司的满意度

如果员工对自己效力的公司感到分外满意，就会努力去适应公司，而不会让公司迁就自己，在这种情况下他们会自觉地隐藏自己的不良个性，

竭尽所能地做好自己的本职工作，主动与整个团队融为一体。因此，企业除了要重视顾客满意度和股东满意度，更应该重视员工满意度，因为只有员工对企业满意，他们才能为顾客提供最优质的产品和服务，为股东创造更高的利润。从某种程度上说，员工满意度是顾客满意度和股东满意度的基础，它理应受到高度重视。

3. 建立多种合作机制

企业和个性员工的合作形式应该多样化，比如全职、兼职、合伙等，个性员工多不喜欢束缚，灵活的合作机制可以给他们更多的自由空间。比如兼职合作的方式，他们就不需要像全职员工那样严格遵守企业的规章制度，而且还可以降低他们和团队其他成员正面接触的机会，可以有效减少个性员工与同事的摩擦，同时有助于将他们对公司的不良影响降到最低。

4. 采用恰当的方法做好个性员工的思想工作

不要试图用批评教育的方式来纠正个性员工思想和行为上的偏差，因为那样做通常会受到他们强烈的抵制，不妨改用聊天的方式去沟通，真正了解他们的想法，渐进式地改变他们的观念。领导者不要企图一次性地让他们做出改变，而要耐心地去实施"改造计划"，以一颗包容和理解之心逐渐地削减个性员工的瑕疵，或者帮助他们学会掩盖自己不良个性，使其更好地融入公司团队，成为公司大家庭里的一员，而不是独立于团队之外的孤独者。

准则 77. 把劳而无功的"工作狂"引向正轨

工作狂型员工是公司里最忙碌的人，他们每天最早来到公司，总是加班加点工作，很少准时下班，他们的脑海里几乎没有任何休闲活动，工作占据了他们的全部身心，除了拼命工作以外，他们别无他想。即使已经连续加班好几天，他们也不愿意休息，还经常带病坚持工作。很多领导者为有这样敬业的员工而窃喜，却不知道工作狂体能和精神严重透支，身心健

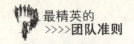
康受损，工作状态并不理想，工作效率也不高。工作狂情绪不稳定，随时都有可能引发各种矛盾，从客观角度讲他们并不能给企业带来更多的收益，反而会给团队带来诸多不稳定因素。

并不是所有的工作狂都热爱自己的工作，事实上绝大多数工作狂只是为了靠疯狂工作来寻求某种心理解脱。他们或是为了逃避痛苦或是为了填补生命中的空虚而长期沉溺于超负荷的劳动中，他们强迫自己在工作中做到完美，把工作当成了某种形式的麻醉剂或是避风港。由于身心疲惫、压力过大，他们的工作效率和工作质量不断下滑，这会让他们感到情绪低落、焦躁不安，从而引发人际冲突。

赵琼的老板有意无意地倡导工作狂精神，他鼓励员工自主加班，甚至说谁愿意频繁加班，每天最后一个离开公司谁的工作积极性就最高，将来会被委以重任，而下班就按时走人的员工则是缺乏奉献精神，这样的人无论在哪家公司工作都是没有前途的。公司最终形成了以加班论优劣的文化，绩效考核已经变得不再那么重要，拼命加班、卖命工作成为了公司评价员工最重要的标准。

赵琼把每15分钟当成一个单元，强制自己在这段时间里完成计划的工作量，几乎每天都在争分夺秒地工作，她每天回家都很晚，周六、日仍在上班，生活开始严重失控。由于无暇照顾家庭，她和丈夫发生过多次激烈的争吵，这使得她的情绪越来越差，为了忘记痛苦，她用更多的工作来麻痹自己。

赵琼的神经就像是紧绷的发条，在高速运转的同时随时都面临着失控的风险，她的脾气莫名变得暴躁，同事的脾气也跟着见长，似乎每个人都成了高压下的火药桶，只要有一根导火索，就会轰然爆炸。老板多次表扬赵琼的忘我工作精神，很多员工却对此感到不屑。赵琼看到他们那种充满敌意的眼神，心里十分生气，后来在一天晚上和对自己冷眼相看的员工争吵起来。若不是有人及时制止，双方很有可能从语言冷暴力发展成剧烈的肢体冲突。

其实赵琼并不是为了博得老板称赞才疯狂加班的，她对工作上瘾是因为情感生活出现了问题。她自幼父母离异，缺乏家庭温暖，为了减轻孤独的痛苦，她靠拼命学习来麻醉自己，步入婚姻以后她对家庭充满了困惑，曾一度怀疑自己无力经营家庭，于是拼命用工作填补自己的大脑，因为思考让她感到心力交瘁。

转眼间一年过去了，公司这种畸形加班和疯狂加班的风气并没有提高员工的积极性，员工普遍感到疲惫不堪，有的累倒了不得不长期休假；有的把工作当成了缓解痛苦的麻醉剂，已沦为了工作的机器，可是工作品质完全没有保障；还有的只是为了博得老板的赞赏而加班，只要老板不在场便滥竽充数混时间，总之，一年之后公司的劳动生产率不升反降，工作质量下降得尤为明显。

工作狂不见得是优秀的工作者，他们就像停不下来的陀螺一样疯狂忙碌，投入巨大是毋庸置疑的，可是产出却未必一定和投入成正比，事实证明工作瘾具有很强的破坏性，工作狂型员工对待工作的偏执态度往往会影响到群体的情绪倾向，由此引发的情绪问题会破坏团队的整体士气。领导者刻意制造工作狂的做法是不可取的，劳动生产率的提升主要应依赖先进的管理和技术的进步，而不是靠员工夜以继日、废寝忘食地埋头苦干。可是如果领导者不曾提倡过工作狂精神，团队里还是出现了一些不听劝说、工作成瘾的工作狂，对待这样的员工，该如何管理呢？

1. 帮助他们保持合理的工作效率，尽量减少他们对整个团队的影响

工作狂员工只是盲目地忙碌，一般不善于制定合理的时间表，领导者不妨协助他们制定工作日程表，详细列明每天的工作量，确保他们能在上班的八小时内完成计划中的工作量。如果他们严格按照工作日程表来工作，既能保证合理的工作效率，又无须耗用自己的私人时间来加班，工作和生活得到平衡后，更有利于他们精神饱满地投入工作，就不会引发紧张的人际关系，对整个团队的消极影响也会随之消失于无形。

2. 减少他们的工作量，强制规定他们只能有限度地工作

一些繁重的工作可以安排其他人和工作狂型员工合作完成，不要把堆积如山的工作交给工作狂，而要尽量减少他们的工作量，否则过度地工作

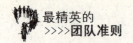
会严重损害他们的身心健康，这无论对于他们个人还是对于公司都是极为不利的。分配给工作狂的工作量一定要适度，如果他们自愿承担更多的工作，不妨安排其他员工与其共同分担，必须保证他们有限度地工作，而不是每天超负荷地工作。

3. 了解他们工作上瘾的成因，帮助他们解决心理上的苦恼和问题

有的工作狂缺乏自信，于是想靠拼命工作来证明自己的价值，他们把人生的价值完全寄托在工作上，除了工作，一切对他们而言都失去了意义。有的工作狂经历了情感上的挫折和打击，他们长期无法走出情绪的低谷，只好靠忘我地工作来暂时麻痹自己。领导者需要了解员工成为工作狂的原因，然后对症下药，帮助他们摆脱各种心理障碍，使他们回归到正常的工作轨道之上。

准则 78. 让固执员工不再顽固

团队中有时会出现一个或几个固执型员工，他们总是固执己见，听不进任何人的意见，连领导者的建议也不愿意采纳，这类人脾气偏强、难以沟通、变通能力差，影响团队协作力。但是不可忽视的是这类人往往立场坚定，个性耿直，习惯按规章办事，值得信赖。所以让领导者感到颇为为难，因为既不想把他们清除出团队，又没有办法说服他们改变立场，遵从自己的命令，遇到这样牛脾气下属，简直不知从何入手管理。

其实想要管好固执型员工，就必须了解他们的特点，然后再制定对应的策略。固执型员工一般普遍具有以下几个特点：一、认为自己百分之百正确，拒听别人意见。他们相信真理掌握在自己手中，因为无论别人说什么都不能改变他们的原有立场，对于别人的意见他们会逐条批驳，然后振振有词地发表自己的看法。这类人不但难于被同化，而且具有极强的征服欲，总是试图把自己的意志强加在别人身上，让别人改变立场听从自己的观点。二、不喜欢与人交流。固执型员工表面强势，其实非常害怕别人否

定自己，他们不想听到反对自己的声音，也讨厌别人对自己进行说教。

三、固执型员工不爱充当倾听者，他们更热衷于表达。在各种聚会上，你会发现固执的人往往喜欢自说自话，他们滔滔不绝发表意见时，别人很难插话，他们不在乎沟通过程中的互动，而只是热衷于单方面向别人灌输自己的理念。

部门销售经理于启航凭借着丰富的业务经验和前瞻的市场眼光，把工作重点集中在扩大产品市场占有率上，并为团队制定了明确的任务目标。一个季度结束后，公司产品的市场占有率果然扩大了不少，可是销售收入并没有明显增加。上级领导区域经理认为他制定的策略完全是错误的，产品的营业额远比市场占有率重要，为此对他进行了严厉的批评，要求他把工作的重点转移到提高销售收入和加大回款力度上，以此提升销售业绩。

于启航却不服，他反驳说制定销售策略不能只看当前利益，一定要把眼光放长远，在短期之内也许公司的销售业绩没有明显增长，但是只要产品能打开市场，有了稳定的市场占有率，销售额终有一天会大幅度提升的。区域经理不想和他争论，就用无可辩驳的语气对他说下个季度必须改善销售业绩，如果做不到这点，后果由于启航一人承担。

于启航对自己的营销策略深信不疑，于是仍旧把工作重点集中在产品的市场占有率上，第二季度末，销售业绩仍没有多大改观。区域经理非常气愤，于是放出狠话说："如果到了年底部门销售业绩还没有出现实质性的改善，你就引咎辞职吧。"于启航听完后，仍旧坚持自己的主张，倔强地说了声"好"，算是对上司立下了军令状。

到了年底，部门销售业绩还是不上不下，但是产品的市场占有率却是取得了预期的成果。于启航说等到第二年部门的营业额肯定能翻番。区域经理却不想听这些，不由分说地解聘了他。

于启航无疑属于固执型员工，他完全无视领导的期望和目标，只按照自己的想法和意图来工作，这样的员工当然很让领导忧心和头痛。可是区域经理处理的方法也很不得当，他不能成功说服下属配合自己的工作，最终选择直截了当地开除不听话的下属，这样做肯定不是最佳处理方法。那

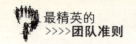

么应采用何种方法管理固执型员工呢？

薛磊是个非常固执的员工，脾气执拗的名声早已传遍了整个公司，他认准的事谁也没有办法劝服。有一次部门经理安排他做一份年终总结计划，他呈交上去以后受到了多次批评，部门经理几次三番地催促他做出修改，他却不肯修改一个字，这让部门经理感到非常恼火。总经理得知了这件事，就把薛磊叫到了办公室，亲自和他交谈。

薛磊刚进办公室心里还是十分抵触的，他暗自下决心，无论总经理说什么他都坚持不改年终总结计划。总经理态度完全不像部门经理那样强硬，他用赞赏的语气说："小薛呀，你的年终总结计划写得很不错呀，尤其是前半部分，写得真是太好了，只是后半部分略微有点小问题，如果能修改一下，这份年终总结计划就更完美了。"薛磊取回了自己的计划书，连夜做出了修改，第二天把修改好的年终总结计划交给了上级。

案例中总经理的做法显然是更可取的，固执型员工虽然难以管理，但是只要方法正确，同样可以让他们按照自己的意图做事。需要注意的是靠强令和威胁来威逼这类员工听自己号令往往是不奏效的，强权不能改变人心，也换不来行动上的配合，所以不能用传统的方式来管理固执型员工，必须另辟蹊径用奇招来管理这类员工，具体来说可借鉴以下方法：

1. 创造良好的沟通氛围

和固执型员工沟通时，不要过于严肃，而应构建令人愉快的沟通氛围。可以先对对方的工作表示认可和赞扬，真诚的赞扬可以迅速冲淡他们为自己辩护的欲望，关掉他们内心的防卫警报，等到他们心情放松下来以后，再适时地指出他们在工作中出现的小问题，并提出希望他们即刻改善工作的期望。注意要求他们做出改变的部分不能太多，每次和他们沟通只能让他们做出一小步的变化，如果提出想让他们发生脱胎换骨的变化，就会被他们视为对自己的全盘否定，防卫机制会立即启动，沟通就会陷入僵局。

2. 了解对方的真实想法，分析其中的合理性

和固执型员工交谈时，不要凭借自己的主观臆断来下结论，而要认真

观察他的反应，通过他口吻、表情上的反应来判断对命令的抵制程度。如果他对自己不配合的行为做争辩，不妨听听他的说辞，以此来弄清他真实的想法。如果他的观念完全是偏激和不可取的，那么就要想办法说服他，如果他的论述有理有据，有不少可取之处，就不要强迫他按照自己的要求来工作，而要对原有的计划做出适度的调整。

3. 运用竹子定律来说服对方

竹子是最具韧性的一类植物，即使受到狂风侵袭，仍能免遭厄运不受损伤。在热带地区，台风过后竹子仍能安然无恙。竹子只是弯曲下来，风暴吹过，它们会在瞬间弹回原位。竹子抵御狂风的方法为领导者提供了很好的样板。先弯曲来示意自己注意到了对方的反应，然后马上恢复原样，重申自己的要求。

和固执型员工对话时，不要急于否定对方，可以适度弯曲一下，先表示赞同对方的观点，比如说"我同意你的说法"，然后再以论据加以佐证，等到对方强烈的抵抗情绪消失后，再陈述自己的观点，提出相关要求，这样谈话的阻力就会大为减少。

4. 用具体的事实和客观的论据来证明自己观点的正确性

如果固执的员工提出和你相左的意见，双方僵持不下，不要强求对方必须按照自己的意思办，也不要只是说些笼统空洞的说教性语言，而要摆出具体的事实，用客观的论据层层深入地分析下去，讲明自己的意见可行的道理。如果你的分析足够深入和细致，说服力便会得到加强，对方就很有可能被打动，放弃原来固执的想法。

准则 79. 管理锦囊：怎样领导比自己强的下属

精明强干的下属领导者当然求之不得，可是如果下属的能力比自己强，资历也比自己深，不服从自己的领导又该怎么办呢？领导通常综合能力比较强，擅长管理与协调，可是不见得各方面都比下属优秀，倘若下属

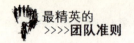
的业务能力远在自己之上，自己难免气短，有时还可能感觉受到了威胁。面对比自己强悍的下属，许多领导都有些不知所措。

某网站曾对上司如何看待能力比自己强的下属展开过调查，结果显示约有50％的领导者表示并不介意下属能力超过自己，甚至愿意举荐这类下属担当更重要的职务，有8.06％的人表示不能容忍这种情况的发生，有41.94％的人表示会适当压制下属的发展。由此可见面对强势下属，领导者呈现出明显的两极化，要么提拔和培养，要么通过压制的方法来消除对自己地位的威胁。那么哪种做法更可取呢？显然是前者，如果公司层层任用的都是能力远不如自己的庸才，对能人打压和排斥，那么公司就不可能获得长远发展，终有一天会在激烈的市场竞争中落败。一个优秀的领导者，能力未必是整个公司最强的，但是心胸一定要宽广，要敢于重用能人，为企业创建自信、包容的团队，激励能人为团队创造更高的绩效。

奥美广告公司的创始人大卫·奥格威，在创建公司时启动资金只有区区几千美元，工作人员只有两人，而今天的奥美公司拥有近500个分支机构，分公司遍及世界一百多个国家和地区，奥美广告公司的创意影响了整个广告界，大卫·奥格威本人也获得了"广告之父"的美誉。那么奥美公司成功的秘诀是什么呢？奥格威的答案是敢于重用比自己能力强的人。

奥美公司创建两年之后，安德森出任公司的创意设计部总监，在他上任的第一天，奥格威来到了他的办公室，进行完工作交接的必要程序之后，送给了他一份奇特的礼物——一套俄罗斯娃娃，然后就匆匆离开了。安德森不明白奥格威的用意，只有小孩子才会对娃娃感兴趣，成年人谁会喜欢娃娃呢？也许这份礼物是送给孩子的吧，他正好有一个三岁大的女儿，也许女儿会喜欢俄罗斯娃娃。

下班之后，安德森把俄罗斯娃娃带回家送给了女儿，女儿见到这份礼物高兴极了，立即要求他把礼物打开。安德森拆掉包装后，才发现这份礼物是由很多大小不一的娃娃套装组成的，把最外层的大娃娃打开，会发现里面有一个尺寸略小一点的娃娃，把这个娃娃再打开，里面又有一个略小一点的娃娃，总之大娃娃里总有一个小娃娃，一层一层套在一起。当安德森打开最后一个小娃娃时，看见了一张纸条，上面有几行清晰的字迹，内容是："如果公司重用的每位下属，能力都比我们弱，那么奥美就会变成一个矮小的公司；而如果重用的每位下属，能力都比我们强，那么我们的公司迟早会成为一个巨人。"落款署名是公司老板大卫·奥格威。

安德森恍然明白了奥格威送给自己这份礼物的真正用意，此后他一直按照老板的要求从事管理工作，乐于启用能力强于自己的下属，无论自己是否喜欢这样的下属，也不管这些强悍的下属是否听从命令。这项举措给公司带来了巨大的回报，那些优秀的能人为推动公司的蓬勃发展起到了非常关键的作用。奥美之所以能成为誉满全球的品牌广告公司，和领导者敢于重用能人、将才的用人策略有着非常密切的关系，可见让人才发挥最大的效用才是增强企业核心竞争力的王道。

任用能力比自己强的下属，对于领导者来说无疑是一种气量的考验，不少领导者嫉贤妒能，为了维护自己不可撼动的地位，甘愿发展和培养能力平庸的员工，竭力限制能人的发展，造成人才的埋没，这对于企业和团队来说无疑是个莫大的损失。不敢启用人才的企业在前进的道路上会一路步履蹒跚，难以走得长远。企业若想崛起并获得迅速发展，要求领导者具备一定的胆识和胸怀，放弃计较个人私利，帮助企业物色和培养比自己更强的能人，具体来说有以下建议可供参考：

1. 用欣赏的心态来看待能人

面对比自己强的能人，领导者应调整好自己的心态，不要让自己产生"既生亮何生瑜"的妒忌心理，而要以平和的心态和欣赏的眼光来对待能人，给予能人应有的信赖与尊重，鼓励他们完成更有挑战性的工作，加强内部团结，不要刻意限制能人的发展，而要用友好的态度和一颗平常心来维系正常的上下级关系。

2. 力荐和启用能人，使其为组织所用

不要过分担心能人有朝一日会和自己平起平坐或者地位超过自己，能人受到企业重用，无疑能促成企业的良性发展，能人越多，团队的战斗力越强，如果团队里全是庸才，企业怎么还会具备竞争力呢？领导者发现能

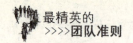
人后，一定要举荐能人担当与其能力更匹配的工作，也可以自己启用能人，使其担任更重要的职务。尽心尽力栽培能人，让他们充分展现自己的能力和才干，为企业创造更高的业绩。

3. 帮助能人克服缺点，使他们能更好地为公司服务

能人容易遭人忌妒，他们往往又有极强的表现欲，做人做事都很高调，很容易引起其他员工的反感，也容易成为众矢之的。此时领导者需要善意地提醒能人，认识到自己身上的缺点，引导他们收敛锋芒，和谐地和组织成员融合在一起，不要对能人的困境视而不见，而要有效地化解他们和其他员工的矛盾，促使他们能愉快地留在团队里为公司效力。

准则 80. 猴子管理法则：如何让爱推脱的下属担起责任

很多领导者会经常遇到这样的情况，总有员工满脸虔诚地向自己请教难题，那种热切的目光在一瞬间就触动了自己，对于这种好学的员工，领导者多半不忍回绝，于是立即扮演起了老师的角色，迫不及待地把标准答案给了他们。可是当把所有的问题解释清楚，已经耽误了不少时间，这就完全背离了领导者的角色。领导者主要职责是管理，而不是代替员工去处理具体的日常工作，总替员工去工作，既不利于员工的成长，又耽搁了自己的本职工作。

有的员工喜欢通过巧妙的方式把自己的工作推给上司，本来应该由自己独立完成的工作，他们偏偏要推脱责任，把工作交给上司处理，这样不但省了自己动脑筋的麻烦，就算出现了问题自己也可以置身事外，主意都是上司出的，自己当然不会再去背负全责。如果每个员工都这么做，那么领导者恐怕再也无暇处理更重要的事情，每天都要忙着为自己的下属打工了。

对此比尔翁肯提出了一个有关"猴子"的有趣理论，"猴子"指的是下一个动作，具体来说就是领导者和下属处理问题时所持的态度，比如下属总喜欢

向领导请示自己接下来该怎么办，就是把自己的"猴子"转移给了领导。责任是一只猴子，爱逃避责任的下属经常把属于自己的"猴子"交给上司管理，上司变成了部署的角色，而部署反而客串起了监督者的角色，不时询问事情办得怎么样了，如此上司就会被没完没了的琐事所困扰。

身为领导者，应该把自己有限的时间投注在管理层面上，而不是代下属管理"猴子"。为此比尔翁肯提出了猴子管理法则，即领导者应该把时间和精力运用在更有价值的"猴子"身上，既从事规划协调等重要工作，让下属自己处理分内的工作，只有这样整个公司才能维持良好的运作。

有一天，下属小楚看到上司孙经理正走向办公室，于是马上加快步伐，三步并作两步地来到了孙经理面前问："经理，我有一个问题想向你请教。"孙经理停下脚步，虽然他还有很多要事要处理，但是看到年轻人一脸急切的样子，也不好马上回绝，只好认真地听小楚汇报工作和分析难题。

十分钟过去了，小楚把工作中遇到的问题已经说得很详尽了，孙经理听得很仔细，待到小楚收住了话匣，李经理想知道他的看法，便问："你觉得应该怎么办？"小楚马上一脸苦相地说："经理，我实在想不出什么办法才向你求援的呀。""年轻人，别着急，我相信你是能想出办法来的。"李经理瞥了一眼手表，"我现在还有要事处理，明天下午四点我没有其他安排，正好可以抽出时间听听你的想法，到时你拿出几个解决方案来，我们可以一起讨论一下。"

小楚失望地垂下了头，口里嘀咕了几句，转身欲走，孙经理提醒他："你不是接受过'头脑风暴'训练的培训吗？如果实在想不出什么好办法，可以找几个同事来一次'头脑风暴'，明天我们就你们想出的方案展开集中讨论。"

第二天，小楚准时来到了经理办公室，他一扫昨日沮丧的表情，脸上洋溢着愉快的笑容，自信满满地说："经理，我们现在已经讨论出了五个可供选择的解决方案，就等你做最后的决定了。"孙经理把小楚呈上来的方案看了一眼，他并没有立即做决定，而是对小楚说："我再给你们一天

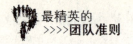
时间，你回去和'头脑风暴'小组的成员讨论一下，明天我等你们的答案。"

孙经理成功把下属试图推开的"猴子"重新转移到了下属身上，如果他代替下属做决定，就会让下属对自己产生依赖感，日后工作中出现任何问题都有可能推脱到自己身上，执行不力便可以找借口把责任推得一干二净，还会理直气壮地说："这事不能怪我，我都是遵照你的指令去办的。"作为领导者，一定要学会运用猴子管理法则来和责任感薄弱的下属相处，在管理过程中，需要遵循以下几个准则：

1. 不要轻易为下属做决定，而要培养他们独立做决定的能力

做决定意味着背负责任，下属不爱思考，不喜欢做决定，是因为在潜意识里他们不想承担任何责任，这样的下属难成大器。如果常常代替他们去做决定，他们的能力永远都不会得到提升。领导者可以充当导师的角色，培养下属独自做决定的能力，千万不要助长下属推脱责任的不良风气，因为那样做对下属和公司都是有百害而无一利的。

2. 打断下属依赖的神经链，引导他们分析问题和思考问题

先让下属主动思考解决方案，再让他们学会权衡和比较不同方案的优劣，不能直接替他们拍板做决定。如果下属要求领导者选出最优方案，领导者可以把皮球重新踢给下属，对对方说："你觉得哪个方案更好，我想听听你的看法。"下属可能会说不知道，也可能会从中选择一个方案，如果下属依旧拿不定主意，领导者可以一步一步地引导他们分析问题。倘若他们选择的不是最优方案、考虑问题不周全，领导者可以即刻指出他们思考的误区，纠正他们认识上的偏差，帮助他们选择出最佳解决方案。

3. 激发下属的行动力，让下属在执行过程中产生信心和成就感

应该下属独立完成的工作，一定要让下属自己去做，领导者不能代劳，如果下属事事都依赖领导，遇到一点复杂的问题就处理不了，自信心就会越来越薄弱。作为领导者，一定要让下属独立完成具有挑战性的工作，激发他们的行动力，当他们感到自己越来越能胜任更有难度的任务时，就会信心大增，而且会非常有成就感，这样做无疑比代替下属做事要明智。

第九章

消除怨气与矛盾
——消灭吸走团队正能量的"黑洞"

领导者和员工之间不可避免地会因为权力、地位差距和个性差异，而产生各种各样的矛盾，双方产生摩擦后，员工难免心生怨气，如果带着情绪工作就会影响工作绩效。此外，由于劳资双方利益不同、立场不同，看待问题的角度不一样，也会引发双方的冲突。员工对企业不满或者怨恨领导者，就不可能心甘情愿地配合上级的工作，为完成团队目标做出最大的努力。

怨气和矛盾是吸走团队正能量的"黑洞"，它们会吸掉团队成员的工作热情，摧毁他们的意志，在人与人之间、人与企业之间制造裂痕，毁掉一个团队的凝聚力和战斗力。作为团队领导者必须成功化解员工心中的怨气，把鼓舞人心的正能量撒播到团队之中，让团队的全体成员在宁和的氛围中全速前进，而不是在一片怨言中沉沦。

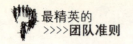
准则 81. 做好表率，激励员工

员工是企业鲜活的细胞，支撑着企业正常持续地运转。事实证明，企业要获得成功，不能只依靠设备和资源，企业的辉煌离不开员工们兢兢业业的点滴付出。当然，付出多少和积极性是成正比的，如果员工对企业感到满意，积极性就很高，全体员工斗志高昂地为企业美好的明天添瓦加砖，即便是企业面临严峻的挑战，员工们也能团结一气，竭尽所能地帮助企业走出低谷。反之，员工对企业怨气冲天，平时工作积极性就不高，企业遇到了困难，自己的薪水又会降低，怨气就变得更大了。

领导者应怎样消除员工的怨气呢？在特殊时期，领导者自身的表现至关重要。表率作用能够形成一种巨大的影响力，领导者就像团队的一面旗帜，如能做好榜样，就能以强大的感召力化解下属对公司的怨恨和矛盾，从而形成巨大的战斗力使企业转危为安。在企业困难时期，领导者要以身作则带领团队共渡难关，自己绝不能加入抱怨的阵营，而要精神百倍地迎接挑战，给员工做好表率。

东芝电器公司曾经因为经营不利而陷入了长久的经济困难，那时公司背负着巨额债务，险些破产。在这个危急时刻，东芝公司启用了石川岛造船厂总经理土光敏夫，希望他能使奄奄一息的东芝电器公司起死回生。

土光敏夫是管理方面的奇才，他认为领导者以身作则不仅能体现自己的敬业精神，还能给企业带来实际效益。二战结束时，土光敏夫临危受命接管濒临倒闭的石川岛造船厂，他觉得国内经济复苏离不开石油，而运输石油的油轮必然会有市场，油轮越大越"经济"，于是他带领全体技术人员努力攻克技术难关，不断鼓舞员工的士气，终于建造出了重达 20 万吨的大型油轮。

东芝公司起初担心事业如日中天的土光敏夫不肯加盟东芝，没想到土光敏夫很快就给了东芝公司答案，他愿意出任该公司的董事长。上任之后，土光敏夫为了唤起员工对公司的信心，亲自对全体员工发表演讲，鼓舞大家同舟共济，迎接未来的曙光。

有一天，有位业务员反映由于买方课长总是外出，他多次拜访都扑空，业务商谈没有任何进展。土光敏夫听罢，沉吟片刻后说："请不要泄气，我亲自登门试试。"业务员听后非常震惊，董事长亲自上门推销这在业界是十分少有的事，假如又扑空见不到买家的课长，岂不是非常丢脸？土光敏夫却没有把个人荣辱看得那么重，他觉得自己亲自出马一是可以做好表率，鼓舞员工士气；二是可以帮公司做成生意，相比之下面子就没有那么重要了。

第二天，土光敏夫亲自来到买家课长办公室拜访，那位课长又外出了，土光敏夫没有离开，耐心地在办公室等候了良久。那位课长回来后，看到土光敏夫大驾光临，连忙道歉："真对不起，让您久等了。"土光敏夫微笑着说："贵公司业务繁忙，我应该等候。"买家课长觉得那笔生意不过只是区区几十万日元，而东芝公司的董事长却亲自上门洽谈，可见非常赏光，于是马上答应和东芝公司做成这笔交易。

土光敏夫并不觉得自己以董事长的身份上门推销有什么不妥，他做事喜欢亲力亲为，认为自己的示范作用可以为全体员工做好表率，让每位员工都振奋起来。几十年来，土光敏夫每天都是第一个走进办公室的，他上班从不迟到，工作总是全力以赴。他曾经说过："上级全力以赴地工作就是对下级的教育。职工三倍努力，领导就要十倍努力。"而今，东芝电器公司和石川岛造船公司都已跻身世界百家大企业，这与土光敏夫以身作则、率先垂范的领导是分不开的。

大多数领导者都希望自己麾下能有一支高素质的员工队伍，其实员工们也希望能有一位高素质的带头人，因为跟着优秀的领导做事自己才会有前途和未来。领导者身处高位，责任重大，应时刻留意自己在员工心目中所投射的影像。员工的怨气多半来自对公司和领导者的不满，有的领导者对员工要求非常苛刻，对自己却没有什么要求，员工当然会义愤填膺。像

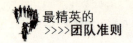
土光敏夫那样严于律己且富有敬业精神的领导，当然能换来员工死心塌地的追随。其实卓越的领导者管理员工靠的并非是什么高超的技巧，而是他们始终遵循的一个重要管理原则，即要求别人做到的事，自己首先要做到，也就是说领导者要起到表率作用，那么具体表现在哪些方面呢？

1. 在关键时刻要顶住压力，绝不后退

公司陷入困境，必然引起员工恐慌，领导者在这样的关键时刻，绝不能退缩消沉，而要顶住巨大的压力，率先冲锋陷阵，给员工带来信心和安全感。公司不景气，领导者当然也有消沉的时候，但是在员工面前绝不能表现出颓丧的样子，而应以积极乐观的面貌示人，鼓励大家勇往直前，共同渡过难关。

2. 与员工同甘共苦，不搞特殊化

领导者虽然拥有很多的特权，但是如果一味搞特殊化，就会导致员工背离自己和企业。在公司发展不顺时，有的领导立即宣布缩减员工的薪水，而自己却仍然拿高薪，在这种情况下希望员工理解企业的所有言辞都会显得苍白无力。还有的领导整日大力提倡奉献精神，希望员工不计私利，承担非常繁重的工作，而自己却不具备一点敬业精神，这样的领导自然难以服众。

领导者想要凝聚人心，消除员工心中积聚的怨恨，就应该懂得和员工同甘共苦的道理，绝不能自己品味着蜜糖的甘甜，却一味要求员工发扬吃苦耐劳的精神。在公司陷入危机时期，和员工一同降薪，带领员工全心全意地工作，还要经常到基层鼓舞员工士气，与大家同心同力攻克难关。

3. 用热忱来打动员工

热忱就像不灭的野火，可以在团队内部迅速燃烧起来。如果领导高傲冷漠，不仅会导致上下级关系疏离，还会影响到所有员工的情绪，使得整个团队失去活跃的气氛和最基本的人情味。身为领导者，其为人处世的态度无可避免地会反映在员工身上，若想让员工成为一个紧密结合的命运共同体，自己首先要放下姿态、收敛傲气，用热忱打动全体员工，让大家暂时忘记眼前的艰难和痛苦，齐心协力地努力工作，紧密地团结在自己的周围，直至冲破黑暗，迎来破晓的黎明。

准则 82. 给员工做好"精神按摩"

随着商业竞争的加剧，现代人工作节奏在不断加快，随之而来的是巨大的心理压力，不少员工已经把"郁闷"当成了口头禅。员工感到郁闷，工作起来就会无精打采，内心燃不起一点激情的火花，对公司和工作的埋怨会与日俱增。员工的心理压力增大到一定程度，情绪便会失控，甚至出现精神崩溃现象。

据统计，目前，近60％的国内组织成员正承受着巨大的职业压力，出现职业枯竭的人数接近10％，多数企业对于员工的精神状态重视程度不够。对员工脱口而出的抱怨毫不介意，认为他们只不过是发发牢骚罢了。殊不知员工发牢骚背后潜藏的危机，机器如果使用久了，没有及时给它们添加润滑油加以保养，就会影响其使用寿命，人亦如此，心理状况出现了问题，如果不能及时为他们做好"精神按摩"，就有可能导致他们行为失控，这不但影响企业的运转，还会危及员工的人身安全与健康。

31岁的魏媛是一家大型广告公司的中层主管，她凭借着自己出色的业务能力，年纪轻轻就成了备受领导器重的得力助手，然而升职以后，她的工作压力陡然增大。销售市场越来越狭窄，可是上级分配的销售任务却越来越重，她每天忙得不可开交，常常连午饭都顾不上吃，业绩却始终提不上去。

由于承受着莫大的工作压力，她的脾气也越来越坏，经常向下属莫名发火，有时还忍不住顶撞上司。后来失眠成了家常便饭，她由于休息不好，工作状态越来越糟，她开始讨厌上班，觉得上司一点都不通情理，居然在销售市场紧缩的情况下要求自己提升销售业绩。想到这些就一肚子怨气，她对公司也开始感到不满，觉得公司的管理一点都不人性化，在这里

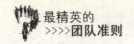
上班简直就像在高温高压的熔炉里受罪，几次产生了辞职的念头。但是一想快要熬到年底了，无论如何得拿到年终奖金再考虑离职。

像魏媛一样承受着莫大压力的员工非常之多，压力固然跟企业的内外部竞争有关，要完全消除压力显然是不现实的，只要有竞争在，压力就会客观存在。但是这并不意味着领导者应该任由员工承受压力的煎熬，袖手旁观，因为员工被压力所困，不但会影响正常工作，还会拉大企业和他们的距离。人在重压之下，容易对他人产生敌对情绪，对组织也会充满质疑和怨恨，因此领导者必须帮助员工缓解和分散压力，表达企业对他们的关爱之情，体现公司以人为本的管理理念。换言之就是为员工提供"精神按摩"的福利，加强他们的心理保健。所谓的"精神按摩"就是疏导员工的不良情绪，缓解他们的精神紧张状态，改变他们由于压力过大而形成的错误观念和行为模式。那么具体的实施办法都包括哪些呢？

1. 控制好员工的"压力阀"，适时为员工减压

为员工减压并不是降低工作任务，不能因为员工因公司制定的目标任务而有压力，就把目标任务削减到较低水平。领导宣布市场部月销售额为500万元，必然会给每位销售员带来压力，可是不能因为他们感到有压力就把月销售额降低到300万元，因为那样做会直接降低企业的绩效。压力控制得当，也能变成员工奋进的动力，在关键时刻要为员工控制好"压力阀"，及时帮助他们调节心理状态，制定团队目标时要合情合理，不能超越他们的心理承受范围，在分配工作任务时也要安排合理，使员工张弛有度，不要让员工的神经一直处于紧绷的状态。

2. 完善组织制度，优化管理程序，帮助员工减轻心理压力

领导者要加强管理工作，完善企业的各项组织制度，为员工提供全面的保障制度，减轻他们的后顾之忧，还要达到人岗匹配，让员工在合适的位置发挥自己应有的作用，不要把超出员工能力的工作分配给他们，以免他们承受挫败感。

3. 从企业文化氛围上提升员工的心理保健能力

不要过多鼓吹忘我工作的精神，尤其不要向员工灌输过于狂热的思想，而要鼓励员工注意劳逸结合，懂得适度调节自己，时刻关注自己的心理健康状态，大力倡导工作和生活和谐平衡的价值观，而不要鼓励员工为了工作牺牲掉自己全部的业余生活。领导者可以把健康的工作理念写进企业文化的宣传手册中，以此来帮助员工提高自身的心理保健能力。

准则 83. 营造良好氛围，打造活力团队

许多员工工作态度不积极，办事总是拖拖拉拉，一点都不讲究工作效率。团队里出现这样的员工，非常影响整体的士气，如果不适当整顿一下团队氛围，整个团队的活力就会消失殆尽。很多领导者认为出现上述情况主要是员工素质和精神境界有问题，其实这种想法未免有失偏颇，绝大多数员工都希望通过工作来实现自己的人生理想，即使胸无大志的员工也想把本职工作做好，他们精神状态颓靡，究其根源，很大程度上跟企业的工作氛围有关。

人终究是环境的产物，环境氛围对于人的心理状态有着直接和极为重要的影响。工作氛围沉闷，员工根本不可能精神抖擞，周围哀怨四起，员工也不可能变得心平气和，同事们总是长吁短叹，觉得在目前的团队里没有出头之日，负面情绪就会相互传染，整个团队就会被不良情绪吞噬，丧失全部活力。领导者只有努力为团队营造出一种上下一心、积极进取的良好氛围，才能带领员工走向理想的高峰。

素有"日本福特"美誉的本田宗一郎出身农民，而今，出身平凡的他却拥有了一家有着"日本第三"名号的汽车公司，他事业成功的秘诀是什么呢？究其原因，本田宗一郎能获得如此大的成就，跟他为企业创造出上下一心、健康积极的团队氛围是分不开的。

从生产的角度来讲，本田公司与其他汽车厂并没有明显的区别，同样是采取全自动化生产的模式，设备也并不比竞争对手先进，但是公司上下

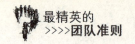
却始终保持着旺盛的士气。

本田公司的所有员工，都富有极强的责任感，他们无怨无悔地工作着，非常勤勉上进，不断地改进自身的工作，使得出产的产品日臻完美。曾有人说，本田公司的每位员工工作积极性都被激活了，这才是本田公司制胜的砝码。作为公司的核心人物本田宗一郎一直奉行"公司由全体人员共同经营"的原则，即便是工厂流水线上的员工也被视作企业的经营者，而不是创造利润的机器。本田宗一郎曾说："人不是机器，要是一个企业把人和自动化机器置于同等的地位，那么这个企业是不会维持长久的。"

正是本着以人为本的理念，本田宗一郎一直致力于为企业打造健康人性化的工作氛围，他和员工亲若家人，自己一点也不搞特殊化，吃住都在厂里，穿着极为朴素，平时只是一身和员工们一样的工作装，他和蔼可亲，作风平易近人，员工们从不把他看成高不可攀的领导，而是亲切地称他为"老爹"。

本田宗一郎并不是在作秀，而是身体力行地投身于为团队营造良好氛围的工作中，这正是他的过人之处。作为团队的领导者，应像本田宗一郎那样为企业创建健康和谐的工作氛围而出力，不要认为只是支付给员工一定的物质酬劳就可以了。从需求的角度来看，员工除了需要获得必要的物质基础意外，还渴望感受到认同感和成就感，并希望拥有足够的安全感，而这一切都有赖于团队氛围的建设。那么作为领导者，如何为员工营造好工作氛围，从而打造出一支活力四射的团队呢？

1. 让员工从事自己喜欢的工作

员工如果每天都在做自己不喜欢的工作，遇到一点阻力就有可能抱怨连连，若是从事的是自己热爱的工作，即使遇到了很多困难，面临诸多挑战，也会想方设法去解决。可见心态对工作的积极性的影响是多么大。领导者给员工安排工作时，既要考虑到公司的需要，又要结合员工自身的喜好，不能一味忽略员工的感受，单方面从企业的利益出发，毕竟企业的利润是员工创造出来的，他们的快乐是企业的一笔无形资产，让员工积极地投身于自己喜欢的工作中，就能给整个企业带来无限的生机与活力。

2. 合理评估每位员工所做的贡献

每位员工都渴望自己的工作价值能够得到企业的肯定和认可，但是只有少数为公司做出突出贡献的员工能获得殊荣，而绝大多数员工的贡献不曾被认真评估过，这会让他们感到自己不受重视。领导者若想改变这一状况，可采用定量和定性的方法来定期评价员工的工作，比如员工在每个月完成了多少工作量，若是工作内容不宜评量，可采取定性评价的方法。总之对员工所做的工作给予合理的评估，有助于他们消解怨气，提升对工作的满意度。

3. 千万不要让你的员工感觉自己不中用

有的领导过于凶悍，经常斥责下属不中用，还以"废物"等带有人身攻击性质的侮辱性语言辱骂下属，这样做无疑会令员工时刻处于胆战心惊的状态，团队成员既没有安全感，又觉得自己不受尊重，自尊心和自信心不断受到打击，团队的整体士气就会变得低落。随着时代的进步，凶悍的管理作风已经落伍了，领导者若还是沿用这样的管理风格就会给团队带来很大的伤害，正确的管理方式是用鼓励代替责骂，以友善的态度纠正员工的错误，而非给员工贴上"废物"、"饭桶"等歧视性标签。

4. 不要把员工看成自己的"似有资产"

有的领导自以为掌握着员工的生杀大权，总是对员工呼来喝去，从来没把员工当作与自己平等的人来看待，只是一味地把他们看作隶属于自己的"似有资产"。这样做会引起员工强烈的不满，员工带着满腔怨气工作，当然不可能积极配合，整体工作效率就会因此下降。作为领导者，千万不要把员工看成无生命的资产，而要把他们当成有血有肉、有思想有感情的人来尊重和看待，不要利用自己的职权去做伤害员工自尊和情感的事情。

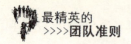
准则 84. 为员工提供发泄怨气的"出口"

通常情况下，个体遭受挫折或是心情分外压抑时，便会产生忧郁、焦虑、愤怒等不良情绪，如果这些不良情绪找不到发泄的"出口"，逐渐累积袭来，就会导致工作热情和工作效率的降低，还有可能出现灾难性的大爆发，造成人际关系紧张，影响团队团结。摆在领导者前面的是这样一个难题：员工心里有怨气，应该让他们发泄出来吗？

其实抱怨就是一种看似破坏性较小的发泄方式，员工感到不满时第一个反应便是抱怨，停留在口头上的抱怨虽能暂时缓解他们的情绪，但是不能解决根本性的问题。抱怨具有传染性，团队里只要有一个员工在抱怨，过不了多久越来越多的员工都会开始抱怨。爱抱怨的员工在把别人当作情绪的垃圾桶时，也把自己的坏情绪传染给了整个团队，致使越来越多的人加入到抱怨的行列。领导者无法即刻全面制止员工抱怨，因为他们常常在私下里喋喋不休地抱怨，而不会在自己面前抱怨。所谓"防民之口甚于防川"，压制抱怨的声音是没有用的，员工需要发泄怨气的出口，那是他们调节不良心情的一种最为常见的方式。可是这种方式对企业和团队有害，那么作为领导者又该如何引导员工宣泄怨气呢？

日本很多企业都设有"发泄室"，专供员工发泄怨气和怒气，员工在"发泄室"里可以对"模型老板"肆意地拳打脚踢，以此来发泄心中的怒火和不满。中国的企业也越来越重视疏导员工的情绪，不过采用的方法各不相同，并非全用假老板来作为员工的发泄对象。东软集团采用的是坦诚沟通的方式来让员工宣泄怒气，比起击打"模型老板"的暴力方式，这种方法显然要柔和很多，然而起到的效果却是惊人的。

东软集团专门为员工设置一个论坛，论坛上开辟了多个专栏，部分专栏都是为了员工发泄不满情绪设置的。员工可利用业余时间毫无顾忌地在专栏里抒发自己的感受，公司给予员工充分的言论自由，有的员工言辞非常激烈，话说得也很难听，公司却一直维系着这套系统，欢迎员工开诚布公地说出自己内心最真实的想法。通过这种发泄方式，公司内部形成了一种非常融洽和和谐的氛围，使得公司在非常短的时间内不断发展壮大。员工在发泄的同时还给公司提出了许多有价值的意见，抱怨论坛不仅是一个发泄情绪的平台，还成了公司的信息交流平台，对于推动企业全面改善管理工作起到了非常积极的作用。

怨气和不满就像洪水，不能堵只能疏，与其让员工把怨恨强压在心里，不如帮助他们通过更好的方式把所有的怨气都发泄出来。有些领导者错误地认为管理的真谛就是控制，其实即使能控制员工的行为，也控制不了他们的心灵和思想，真正的管理是让员工无怨无悔地为企业工作，而不是让他们默不作声，每天带着怨恨和不满来上班。那么作为领导者，该如何处理员工的怨气呢？

1. 接受和倾听员工的抱怨

抱怨是最简单的发泄方式，领导者无法彻底制止员工的抱怨，只要他们心里有怨言，就会时不时地发牢骚，领导者所要做的是，最大限度地限制抱怨在团队里的传播，同时为员工提供抱怨的平台，倾听他们的心声。领导者要鼓励员工大胆说出心中的困惑和不满，同时做一个好听众，从中汲取改善管理工作的有效建议。

2. 平等沟通，解答员工提出的问题

员工的抱怨有些是合理的，有些是不合理的，无论对于哪种抱怨，领导者都应该通过平等沟通来解决，首先要弄清员工抱怨的原因，然后针对员工提出的问题耐心地做出解答，采纳员工提出的合理意见，对于不合理的抱怨以温和友善的态度提出批评。

3. 改善管理水平，提升员工对公司的满意度

员工抱怨的起因 80% 与领导者管理不力有关，员工个人原因只占20%，消除员工抱怨情绪必须从提升自身管理水平、完善各项规章制度等工作开始。领导者应构建畅通的信息渠道，让员工可以经常对自己的管理

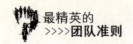
工作予以置评，然后根据员工的评论对自己的工作进行反思，不断纠正自己不当的管理措施，进一步提高自身的管理水平，尽可能地提高员工对公司的满意度。

4. 给员工提供宣泄情绪的空间

国外有些公司通过建造"幽默房"来调节员工的情绪，"幽默房"由四部分组成，第一部分是图书馆，里面设有各类有趣的笑话书和光盘、录像带等；第二部分是宽敞的会议厅，足足可以容纳 200 人，厅内四处可见著名喜剧大师卓别林等人的经典剧照；第三部分是玩具房，它是真正的"发泄室"，里面摆设着各种类型可供员工发泄怒气与压力的玩具，员工弄坏或摔碎任何东西都不用赔偿；第四部分是高科技房，里面配有各类电脑软件和私人计算机。"幽默房"为员工提供了功能全面的情绪宣泄空间，可以让员工把满腔的负面情绪尽情宣泄出来，同时有效缓解了他们的压力，非常值得借鉴。

准则 85. 消除员工心中的不满

员工对公司不满，不良情绪又得不到有效缓解，为了实现某种程度的心理平衡，就会体现在消极的行动上，领导者如不能及时帮助他们及时化解负面情绪，必然影响到团队的工作效率以及协作力，企业的利益便会因此受损。

人的情绪是复杂的，员工的不满情绪也是由多种因素诱发的。从内外部环境来分析，企业考核机制不科学、绩效考核不公正，利益受损的员工觉得自己受到了不公平的对待，容易感到心理愤懑；公司内部没有建立正常的沟通渠道，员工没有发表意见和看法的平台，工作积极性受到打击；上司的恶劣批评也会给员工带来深深的挫折感和挫败感，曾有人说过："世界上极易扼杀一个人雄心的就是上司的批评。"员工受到强烈的指责自信心备受打击，雄心和锐气均被扼杀，容易滋生负面情绪。同事关系紧张、上下级关系不睦或者遭遇了人生中的重大变故都会极大地影响到员工的情绪，他们在心情恶劣时，不知如何排解，往往把矛头指向自己供职的企业。

从员工自身角度来看，员工个性内敛、敏感、性情悲观也容易产生消极情绪，文化程度的高低在一定程度上会影响员工看问题的角度和深度，社会阅历的深浅对于员工的价值观念有着较为深刻的影响。一般而言，文化层次较高、社会阅历较为丰富的人较为冷静和成熟，工作或事业不顺多会从自己身上找原因，不会把问题全部归咎在企业上，而文化层次不高、阅历浅的人看待问题往往较为偏颇，惯于把自身的不幸归咎于外界原因。

员工对公司不满，会通过各种自我补偿的方式来达成一种心理平衡，比如他们有可能在工作期间内偷偷干"私活"，一方面增加自己的额外收入，另一方面减少自己对供职企业的劳动量。再比如他们在离职之前，已经出现了"心理叛逃"，利用职务之便收集商业机密和客户资源，为跳槽做足充分的准备。员工如果对企业产生了极端痛恨的情绪，就有可能以冤冤相报的方式来"惩罚"领导者。由于地位上不占据优势，他们没有权力直接"惩罚"领导者，但是可以通过故意歪曲领导者指令或者拒绝配合工作来使领导者意志受挫，这是另一种形式的"惩罚"。员工另外一种报复性表现就是故意"磨洋工"，有意识地减少自己对企业的付出，以此达到"惩罚"企业和领导者的目的。

吴爽是一家高新技术企业的技术员，他在公司已经工作近三年了，近期对公司越发不满。首先他对公司的待遇颇有微词，和其他开发区的公司相比自己的工资明显偏低，他认为自身的技术并不差，不该每月领这么微薄的薪水。本来工资低就已经让他感到寒心了，公司的绩效考核方式更让他怒火中烧，对公司贡献大的员工工资还没有那些讨好领导的员工工资高，这实在是太不公平了。

吴爽心情越来越消沉，对于工作再也提不起兴致和热情了，其他员工也有同感，觉得这家企业存在各种问题。本来大家想通过联名上书向领导

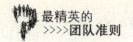
反映问题，但是领导过于强硬，从不愿意沟通或妥协。员工们的怨言无处诉说，不少人动了跳槽的念头，一些刚入职不久的员工打算先积累些经验，学到一定的技术再离开，老员工有的消极怠工，有的早已联系好了其他公司，已经做好了跳槽的准备。

吴爽对这家公司也已经没有任何留恋了，但他是个做事有始有终的人，新接手的项目刚刚完成了三分之一，他决定完成项目之后再离职。可是在公司最后的日子对他来说也成了煎熬，有一次他仅仅是犯了个小错误，领导就当着所有员工的面把他批驳得一无是处，不但否定他所做的工作，还对他的人品提出质疑。吴爽的怒气终于全面爆发了，他对公司和领导存在的诸多问题进行逐条批驳，然后气愤地扬长而去。

员工遭受挫折后，就会启动心理补偿机制，其获得心理平衡的方式往往是以企业的损失为代价的。员工并不会无故怨恨企业或领导，作为领导者，如果发现某个员工心情恶劣，已出现反常行为或有意不配合自己的工作，不能将其简单地视为上下级之间的个人恩怨，而应全面分析和考虑问题，找出症结所在，一定要想办法消除员工的不满情绪，加强和谐企业氛围的建设。具体可采取以下几项措施：

1. 建立内部投诉制衡渠道，以防个别管理者权力膨胀、一手遮天

上司对待下属不公，比如绩效考评不合理、对下属无端谩骂或指责等，下属通常会选择向更高层的管理者反映情况，高层管理者若能认真处理，问题自然会得到解决。可是通常情况下，高层管理者工作繁忙，无暇也不屑于处理下级的问题，这就造成了某些个别的管理者为所欲为的现象。因此企业需要创建相应的投诉渠道，让员工遭受不公正对待时可以投诉和申述，相关工作人员可根据实际情况秉公处理，遵照一定的程序维护员工的正当利益。这样一来员工就不必长期忍受委屈，权益也能得到相应的保障，对公司的满意度自然会有所提升。

2. 建立科学合理的多元化激励机制

员工产生强烈的挫败感以后，对自身和对公司的信心会急剧降低，可

能会对企业和领导者产生强烈的抵触情绪，对公司整体环境感到不满和不信任。这时领导者一定要制定相应的策略改善员工的心境，比如可以鼓励员工尝试其他的业务工作，促使其在其他领域展示自己的价值，有计划地让员工摆脱遭受挫折的小环境，用不同的奖励机制来激励员工发挥更多的作用，阻止员工通过消极行为来实现心理补偿。对于奖励设置可以更加灵活和多元化，比如可采用工作量和工作品质双重考核标准，工作量不足的员工受挫之后，如果工作品质优于其他员工，仍可获得奖励，倘若日后工作量能有所提升，将获得双份奖励。这样一来，员工都会热衷于保质保量地完成工作，企业一改昔日重速度轻质量的管理方式，员工的不满也会减少。

3. 帮员工革新观念，消除他们对于严格管理的逆反心理

员工不满情绪的产生大部分和企业管理方法欠妥有关，但是还有一个重要原因是他们的观念存在一定偏差，他们不能接受企业对自己的严格要求，心情变得分外压抑，所以对企业的严格管理大为不满。这种情况下领导者需要及时帮助员工更新观念，向他们讲明严格管理的重要性，要知道管理过于松散，不但不利于企业的长远发展，而且不利于企业向社会提供更优质的产品和服务，但是领导者也不要一味强调严格管理的重要性，而应该把严格管理和人性化管理紧密结合起来，避免员工因为压力过大产生逆反心理。

4. 协助员工设定人生目标，帮助他们消除消极情绪

有的员工争强好胜，设定的人生目标过高，往往会因为实现不了目标而变得意志消沉。他们会莫名抱怨企业没有为自己提供发展平台，或者认为是领导者对自己不够重视造成了自己怀才不遇，却意识不到根本原因在于其设定的目标不合理。这时领导者便需要帮助员工纠正认知偏差，帮助他们重新为自己定位，设定更为合理的人生目标，以此消除他们对公司的怨恨情绪。

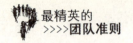
准则 86. 沟通是消除误会的金钥匙

上下级身份地位不对等，会使下级产生心理落差，从而导致各种误解的产生。下级对上司工作安排不满或是对上司的管理风格不认同，就会对上司产生怨恨情绪。有时员工怨恨上司，问题未必出在领导者身上，而仅仅是由于种种误会导致员工对领导者的各种做法产生了质疑。误会得不到消解，矛盾就会越积越深，这无疑会给双方的合作带来障碍。作为领导者，应该竭尽所能消除误解，化解和员工之间的矛盾，防止不良影响的扩大和蔓延，而打开员工心门、消除误会的金钥匙就是沟通。

有效的沟通是连接情感的桥梁，误会不会自动消失，只有沟通才能将其消除。领导者在遭致误解时一定要心平气和，不要因为生气而关闭了和员工交流的渠道。人与人之间思考问题的方式不同，看待问题的角度不一样，彼此之间偶然产生误解也是正常的，不要把问题看得过于严重，也不能任由矛盾发展而不处理，而要选择恰当的沟通方式来解决上下级之间的纠纷。

研发部的梁经理专业能力很强，也非常敬业，公司业务繁忙时总是自主加班，但是他却不是个善于沟通的领导者，他把大部分精力都放在了研发项目上，较少把时间花在与下级的沟通上。在员工眼里，梁经理是个不苟言笑、严肃刻板的人，为人骄傲专横，很不得人心。梁经理和部门下属积怨已久，可是他一直不明白自己错在哪里，总认为下属工作散漫，缺乏自制力，还总是喜欢抱怨。

销售部的李经理很佩服梁经理的业务能力，他认为梁经理是个务实勤恳的人，颇有才干，为人诚实，这样的领导理应受到下属爱戴，可事实却并非如此，他早就察觉到梁经理和下属不睦，只是搞不清楚缘由。后来他才弄明白问题出在哪里，原来梁经理不擅长沟通，沟通方式不得法，导致和下属之间误会重重。

电子邮件成为研发部主要沟通工具，员工以电子邮件的方式回复自己的工作进度，梁经理把所有要求都写进电子邮件以供全体员工参考，整个研发部门很少看见大家集体讨论问题的情况，办公室每天都是静悄悄的。员工只是被动地执行交办的工作，很少主动提出问题，见到梁经理时只是礼貌地打个招呼，几乎没有人想和他交谈。梁经理每天忙得焦头烂额，有时员工闹情绪影响了工作进度，他也不知道如何做思想工作，每次都是坐在自己的办公室里给员工打电话沟通，谈话的方式也都是例行公事一般。员工认为他很傲慢，因为经理办公室和研发部只有几步之遥，梁经理都不愿屈尊与员工面对面交流，总是在电话里谈。而事实是梁经理只是觉得当面交流尴尬，所以他比较喜欢用电话沟通，殊不知这种沟通方式不仅没有化解双方的矛盾，反而使下属对自己的误解更深。

很多领导者都忽视了沟通的重要性，过度追求工作效率，不愿在沟通环节上花太多的时间成本，殊不知沟通不畅，会直接导致工作效率的下降。案例中研发部的员工误解梁经理，梁经理不愿花更多的时间和精力面对面对员工解释，致使误会不断加深，直接影响到了员工工作的主动性和积极性。沟通看似小事，其实意义重大，沟通不畅，则上下级关系不和谐，这直接削弱了团队的向心力，进一步影响到了团队的绩效。

工作效率固然重要，但是沟通的重要性也不容小觑，良好的沟通可以消除误解与分歧，促成团队上下行动上的统一，对于维护团队的整体利益意义重大。如果上下级之间误会重重、矛盾不断，员工不配合不支持领导者的工作，就会导致企业组织的内耗。所以领导者应及时和员工开展有效的沟通活动，防止矛盾进一步升级，通过沟通管理来化解矛盾。那么在沟通环节中需要注意哪些问题呢？

1. 主动约定时间与员工沟通

在上下级的关系中，上级始终处于主动地位，所以在和下级产生误会时，要主动和下级沟通，不要期望下级要求自己做出解释，因为在多数情况下，处于被动地位的下级只会把不满藏在心里或是用消极的行动来表达

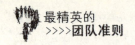
抗议，未必会主动跟自己和解。领导者在双方矛盾产生初期就应及时和员工约定时间来沟通，以寻求误会的消除。最好在误会和矛盾萌芽时立即解决问题，不要等矛盾升级到不可控的地步才开始和员工对话，因为那时与对方消除误会的阻力会增大到难以想象的地步。

2. 沟通当以面对面交流为宜

电话沟通和书面沟通所起的效果通常比不上面对面的语言交流，通常情况下，最有效的沟通方式就是面对面地交谈。开诚布公的交谈是消解误会的最佳方式，回避面对面交流是很难解决实际问题的，无论双方的关系有多么僵化，都应该尝试着用当面交流的方式来打开对方的心结，因为这种方式最能体现领导者的诚意，也比其他沟通方式更容易打动对方。

3. 沟通前要做足准备

在沟通之前，要认真分析下属误会自己的原因，并实现预测对方可能出现的反应，想好应对之策。不要等到沟通不畅时仓促应对，因为那样做极有可能导致沟通的失败。下属或许会言语过激，领导者要做好心理准备，以免由于气愤而使双方的沟通陷入僵局。

4. 放下高姿态，主动从自身找原因

下属误会自己，领导者会认为错误完全在下属身上，因为他们被某种假象所蒙蔽，无端对自己产生怨恨，而事实上很多的误解都是由于上下级沟通力度不够造成的，领导者在这方面同样是有责任的。领导者不要因为自己地位更为优越或是认为自己是遭受误解的一方，而把责任全部推给下属，一味强调自己问心无愧，而要反思自己的管理工作，改善自己的沟通方式，进一步提高沟通水平。

准则 87. 防止"鹬蚌相争"，妥善平息内部冲突

在职场生活中，人与人之间的冲突是避免不了的。竞争压力、立场不同、利益之争都有可能成为一触即发的冲突源，日积月累，就会以一种异

常剧烈的方式爆发出来。从利益的角度来考虑，员工的利益和领导者的利益并不总是趋于一致，员工的利益和企业的利益在某些情况下也会发生冲突，每个人各自站在自己的立场上看问题，固执地认为自己才是对的一方，彼此互不相让，最终可能发展到剑拔弩张、鱼死网破的地步。这种两败俱伤的结局对于双方而言都是没有好处的，"鹬蚌相争"的结果是让竞争对手得利。

常言道"退一步海阔天空"，可是在职场上，劳资双方都不喜欢让步，处在不同地位的双方都理所当然地认为自己是正义的一方，而对方若是不肯妥协，根本就没有和解的必要。人们都有一种普遍的看法，觉得让步就是吃亏，而寸步不让才是对维护自身权益最大的坚守。而事实上冲突双方只要多一些理解，通情达理一些，冲突往往很容易迎刃而解。

有一家大型商贸公司，经历了财政危机，在危机期间高层管理者一直在商量裁员或是减薪的对策，可是无论采取哪种方式来削减开支，都会直接触犯到员工的根本利益，企业和员工之间不可避免地会爆发剧烈的冲突。公司老板觉得员工们都曾为企业做出过贡献，时下找到称心如意的工作并不容易，很多员工已届中年，背负着巨大的家庭压力，于是立即否决了裁员的想法。但是全体降薪也会影响到员工的心情，降薪是万不得已采取的对策，他期望用诚恳的态度来获得员工的理解。

老板在向员工公布降薪的消息后说："现在公司正面临着严重的经济危机，订单在不断减少，资金周转暂时出现了问题，但是我向大家承诺公司绝不会裁员，只要我还有一碗饭吃，就会把半碗分给大家。"员工听后不但没有因为降薪而埋怨企业，反而甚为感动，庆幸自己遇到了能体恤员工又通情达理的好老板。虽然所有人的薪水都削减了，可是谁也没有发出一声怨言，大家干劲反而更足了，信誓旦旦地宣称要帮助公司渡过难关。

案例中的老板在员工利益和企业利益发生冲突时，仍能赢得员工的支持，其根本原因是他选择了某种程度上的让步。站在企业利益的角度考虑，裁员能有效削减企业的人力成本，可是这样做会对员工造成很大伤

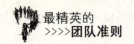
害，于是他选择了对员工伤害较小的降薪方案，使双方的利益达成了平衡。可是在绝大多数情况下，能做到这点的领导者不多，在自身利益和员工利益发生冲突时，领导者多半会利用手中的权力来捍卫自己的利益，这样做只会使冲突激化。领导者只有融入员工中，兼顾到员工的利益，才能有效化解冲突。

美国南北战争期间，北方政府招募了一支由黑人组成的军队，准备把他们训练成正规军。在开进战场前，军部给每位士兵发军饷，双方因为军饷数额的多少爆发了冲突。军部决定减少黑人士兵的军饷，由以前规定的13美元降低到10美元，理由很简单，黑人不该获得和白人士兵同等的待遇。

黑人士兵一听，感到无比愤怒，他们无法忍受这种赤裸裸的歧视，顿时人心沸腾。为了表示抗议，大家坚决不肯领军饷，眼看冲突要进一步升级。这时候只听一声枪响，罗伯特上校朝天开了一枪吸引众人注意，大家纷纷安静下来。罗伯特上校随即走上高台对黑人士兵说："如果你们不领军饷，我也不领！"话音刚落，他就当场撕碎了自己的工资条，人群里爆发出一阵欢呼声。

罗伯特上校在军方和黑人士兵发生冲突时，没有强迫黑人接受不平等的待遇，而是站在了黑人士兵的队伍里，平息了他们的怒气，一场风波就这样简单化解了。

如果把军队比作企业，罗伯特上校扮演的无疑是领导者的角色，当企业和员工发生直接的冲突时，领导者主动站在员工一边，让员工把自己当成他们利益的代言人，就能十分有效地化解双方的冲突，在保障员工权益的同时，也最大限度地维护了企业的利益。那么化解员工和企业冲突还有哪些具体可行的方法呢？在化解冲突的过程中又要注意些什么问题呢？

1. 避免冲突，直面已经产生的冲突

领导者如果能找到员工利益和企业利益的最佳平衡点，就可以有效避免很多冲突的发生，不要一味只是以企业利益为重，完全无视员工权益，平时兼顾两方面的需要，就能把双方的冲突降到最低水平。对于已经产生的冲突，领导者需要勇于接受和面对，不能回避，一旦察觉到冲突将要进一步升级，最好尽快处理，尽最大可能降低冲突给双方造成的伤害。

2. 将心比心，设身处地地为员工着想

领导者在权衡冲突双方利益时，要设身处地地为员工着想，了解员工的愿望和需求，考虑他们的实际需要，并尽可能地帮助他们争取到应有的权益，绝不能过于自私自利，总是想着把员工的待遇压到最低，为企业囤积大量的财富。因为那样做只会让员工背离企业，从长远来看完全是得不偿失。

3. 把理智和情感结合起来化解冲突

在冲突产生时，让员工偃旗息鼓的有效方式之一是将情感和理智结合起来，对对方动之以情、晓之以理，用理性和感性来使对方折服。1492年，西班牙女王第三次召见了航海家哥伦布，并委任他为海洋将军和新领地总督。哥伦布带着海员在海上航行了两个多月，眼前依旧是茫茫无际的大海，根本看不到陆地的影子。海员们厌倦了海上漂泊的苦闷生活，指出此次航行是一次愚蠢的举动，他们纷纷要求哥伦布停止航海计划，马上返航，濒临崩溃边缘的几个海员甚至想把哥伦布扔进海里。这时哥伦布诚恳地说："再给我三天的时间，航行三天以后如果还看不见陆地，我们就返航。"同时他还承诺女王怪罪下来责任由他一人承担。三天之后，哥伦布发现了新大陆。

哥伦布在船员内乱时，非常理智地说服船员再坚持三天，而后又感性地表示自己愿意承担全部责任，最终说服了怨气冲天的船员，成功化解了冲突，完成了航海史上的壮举。在企业管理中，理性的说服加上真挚的情感，能加大说服员工的力度，疏通员工的情绪，冲突便会自然而然地化解。

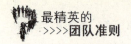
准则88. 消解对立情绪，与下属化干戈为玉帛

在长期合作的过程中，领导者和下级员工难免会发生一些不愉快的事情，双方在产生摩擦和碰撞之后，领导者如果处理不得当，就会使下属对自己产生敌对情绪，导致双方的鸿沟加深，使得双方的合作步履维艰，这样的情形长期下去的话，工作根本无法开展。

员工对领导者产生敌对情绪，原因是多方面的，通常来讲是由以下几个原因引起的：一、领导者过度自信和自以为是，时常轻慢下属，在下属提出不同意见时冷嘲热讽；二、批评内容与事实严重不符，还不允许下属做任何辩解；三、言行不当，且与下属长期缺乏沟通，下属早已心存不满；四、对待员工显失公平，在处理诸多问题上做不到一视同仁。

很多领导者往往认识不到自身存在的问题，常把责任推到闹情绪的下属身上，要知道在这个世界上没有无缘无故的爱，也没有无缘无故的恨，下属对自己心存恨意，更多的原因在于自己。如果领导者真能在行为上做到无可指责，那么就算最挑剔刻薄的下属也会找不出敌视他的理由。

范文辉刚刚加盟市内一家服装公司担任高层管理时显得很不适应。他很想在公司进行几项大刀阔斧的革新工作，可是这里的员工习惯了以往的工作方式，纷纷像抵抗细菌一样强烈反对自己的改革政策。

范文辉觉得员工们对他这个刚刚走马上任的领导有深深的敌意。其实员工并不是因为他是新任的领导才对他产生排斥心理，大家普遍认为他是个麻烦制造者，从不为他人考虑，凡事只会说"不"。范文辉不允许自己的权威遭到质疑，当员工发出不一样的声音时，他立即用强有力的语言阻断了员工的发言。他时常批评员工，而且不听任何辩驳的理由，一味要求员工接受自己的批评，改善日常工作。

后来范文辉强行推行新的政策，受到了大部分员工的抵制，改革进行得很不顺利。员工在私下里说他是个虚妄的人，总是把自己的意志强加给别人，作为空降兵领导一点也不了解企业的实际情况，却非常热衷于压制反对的声音，动辄就谩骂员工。员工们的愤怒在一次会议上集体爆发了，他们情绪高涨，绝大多数人都站在范文辉的对立面上，仅有少数几个人保持中立。

由于员工不听从工作安排，范文辉所有的改革工作都破产了，为此他感到非常恼恨。公司里整日抱怨声不断，大部分抱怨都是针对范文辉本人的，几乎没有人拥护他，这让范文辉感到非常难以理解。

如果员工对领导者怀有敌意，领导者无论多么聪明强干和富有创造性，工作都难以开展下去。俗话说"冤家宜解不宜结"，领导者和下级员工之间若发展成冤家关系，那么就有可能长期陷入冷战，无疑会对团队产生极为消极和不利的影响。作为领导者，不但要有卓越的管理能力，还要有良好的人缘和亲和力，懂得消除下级的对立情绪，与下属化干戈为玉帛。那么具体都有哪些消解员工敌意的方法呢？

1. 弄清原委，对症下药

领导者若发现下属对自己产生敌意，首先要弄清事情的原委，了解原因，针对不同的情况采取不同的策略。领导者需要对自己的领导风格和管理方式做出反思，充分了解自己的不足之处，有针对性地纠正自己的错误。只要改善了令下属难以接受和反感的行事风格，下属对自己的敌意就会消解。

2. 了解下属的感受，客观评价和看待其为人

有的领导者在下属站在自己对立面时，立即对其进行全盘否定，认为这样的下属已经到了无可救药的地步，要么直接开除，要么就对其冷处理。其实在多数情况下，领导者并不了解下属的为人和品质，多数领导都喜欢根据自己的好恶来评判别人，不知不觉地说了很多伤害下属的话却从未觉得不妥，这样当然会遭致下属的不满。领导者想要消除下属对自己的不满，必须摒弃所有成见，懂得考虑对方的心情和感受，这样所有的疑惑才会解除，双方的关系才有可能取得实质性的突破和进展。

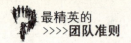

3. 不要轻易否定别人，不要犯以偏概全的错误

领导在下属犯错时有时控制不了自己的情绪，将其以前的功绩全部抹杀，以偏概全地评价下属的工作。在这种情况下，下属不但工作的积极性会受到很大打击，对于领导的印象也会发生变化，在他眼里，下属变成了刻薄无情的暴君，自然反抗情绪高涨。如果领导者之前确实犯过此类错误，那么为了缓和和下属的紧张关系，消除对方的对立情绪，就必须找机会和对方敞开心扉地进行交谈，重新评价对方的工作，承认对方为公司曾经做出的贡献，并给予对方中肯的意见，委婉地表达自己希望对方进一步改善工作的期望。

4. 运用"先是后非法"来说服下属

如果对方因为对自己有意见，总是不配合执行或者坚决抗拒自己的计划方案，领导者可以尝试采用"先是后非法"来促使下属改变主意。"先是后非法"指的是先轻描淡写地同意对方的观点，以维护其自尊，然后再有理有据地做出解释，让对方信服。其基本句式为"是的……但……""是的……然而……""……除非……"等。

比如对方拒绝执行领导者刚刚做出的计划方案，他说："这种计划方案和以前的计划方案大同小异，以前已经被证明可行性很差，我们耗用了大量的时间和精力，最后白费力气，我不想再做无用功。"领导者在这时也许会发现对方的话表面上是针对计划方案，实际上是对自己工作的质疑，由于以前的计划方案不可行，对方白忙一场，因此心生不满。但是此次的计划方案并不同于以往，对方这样说是因为领导者曾经指挥失误，所以立即表明拒绝配合其工作，免得再浪费时间。此时领导者不要急于拆穿对方，而要先肯定和承认对方的观点，可以这么说："你说得也有点道理，也曾有其他员工和你持有相同的看法，但是只要你再深入比较一下，就会发现这次的计划方案和以前的计划方案其实有很多不同之处……"详细解释完计划方案的可行性，待对方找不出其他托词之后，再对自己的观点做出精辟的总结，加大说服力度。

"先是后非法"不仅可以用于下属对抗指令时，还可运用于日常的沟通工作中。当下属对自己产生强烈抗拒情绪时，一定要设法让他们说出自己的想法，不要立即否定他们的观点，或者急于斥责他们的对抗态度，而要试着先承认对方的说法，解除他们内心的防御武器，再循循善诱地说服对方，消解对方心里的怨气，和平解决双方的争端。

准则 89. 真诚的道歉能融化冰雪

俗话说：人非圣贤孰能无过。员工会犯错误，领导也会犯错误。员工犯错通常会受到批评，领导犯错未必会进行自我批评或者公开承认错误，首先基于面子，另外一个原因是担心那样做会有损于自己的威严。所以领导者通常都具有一种"豁免权"，即犯了错误可以不被追究，做了误会或伤害下属的事情可以不必道歉。

领导者在做错事时通常不愿意承认自己做错了，因为他们认为认错就等于承认自己能力不足，向员工表达歉意对自己的威信会造成损害，所以他们做了伤害下属的事情之后总是不了了之，以为时间可以抚平一切创伤，而事实却和想象的不一样。下属有可能背离自己，或者与自己形同陌路。每个人都应该为自己的错误行为埋单，领导者若没有和员工和解的诚意，员工或许会暂时表示沉默，但是日后极有可能在工作中对领导者还以颜色，阻碍团队目标的执行。

杨立新已经担任部门主管工作很多年了，他把个人的领导威信看得十分重要，认为团队必须执行绝对服从的铁律，自己一声令下，员工就应该不折不扣地执行命令，即便命令有误，员工也应该服从，照令执行。他不允许员工发出质疑的声音，无论自己办事是对是错，员工都不能违背自己的意志。

有一天，杨立新在看完下属制定的策划案后，立即否定了下属的想法，因为态度过于强硬，下属工作的积极性被挫伤。事后杨立新也意识到自己的态度过于专横、言辞过于犀利，伤害了下属的自尊心，心里有一点后悔。其实杨立新还是很欣赏这位下属的，觉得他工作认真，为人踏实稳重，就是缺乏创新观念。杨立新想道歉对自己的威信有损害，希望这位员工把这次挫折当成历练自己的机会。他认为事情过去了也就不了了之了，可是没想到几天后那名员工就辞职了。

杨立新在工作中也出过错，但是他总是想方设法补救以降低危害，然后和员工交流弥补方案，从来没有真正道过歉，对他来说"对不起"三个字太沉重了，他不愿讲出口，总是期望通过非正式的认错来获得员工的体谅和理解。有一次，他误会了一名员工，这名员工当天就气冲冲地离开了公司。

经过其他员工解释，杨立新才意识到自己的错误，他立即给那名员工打电话，员工不肯接。杨立新想先让那名员工冷静一下，晚上再做沟通。当晚，他给那名员工发了一封邮件，情真意切地承认自己冤枉了对方，希望得到对方的谅解。双方经过一次谈心之后，芥蒂解开了，那名员工说："主管，以前从没听你这样说话，我以后一定会加倍努力工作……"杨立新这才意识到领导的一个道歉，不仅体现的是一种真诚的态度，而且是对员工的一种尊重，它甚至能起到非常大的激励作用。向员工表达诚挚的歉意，不但无损于自己的权威，还赢得了员工更大的信任和尊重。

领导者做错事是否应该道歉，不同的领导者可能看法不一。上司犯错，即使员工不敢说什么，心里也一定会产生各种想法。犯错之后假装毫不介意或者坚持继续走永不道歉的强硬路线，不但不利于维护自己的威信，还会使个人的素养和品质遭到质疑。员工会认为领导是个不懂得反省的人，而且觉得领导对自己和员工采用双重标准，员工犯错不容辩驳，领导犯错就可以找借口搪塞或者可以不做任何解释当作什么事情都没有发生，这样的领导是不值得崇敬的。因此领导者大可不必刻意回避自己的过失，坦然道歉并及时改正错误，才能进一步提升自己的领导力。真诚的歉意就像一轮暖阳，能融化世间最寒冷的冰雪。可是道歉不仅仅是承认错误那么简单，关键在于和下属形成有效的沟通，那么领导者该如何道歉才妥当呢？道歉时又应该注意哪些问题呢？

1. 道歉要及时，方式要适当

道歉是否及时直接影响沟通的效果。道歉时间不能拖得太久，否则员工心中已经积怨，就很难接受领导的道歉。对方正在气头上时也不适合道歉，最有利的道歉时机是等对方冷静下来，再表达自己的歉意。

很多人想要道歉时都会感到难以启齿，第一句话可以尝试这样的句式："刚才我的态度不好，我现在真诚地向你道歉，希望你不要放在心上……"道歉时一定要包含以下几个元素：一、主动承认自己的过失，不辩解也不找借口推脱；二、认同对方委屈的情绪，为受害一方"止痛"；三、提出补救的方法。

道歉的方式要根据具体情况而定，如果是工作出错，就应该在会议上正式道歉，这样做有助于表达自己实事求是的严谨态度，又能赢得下属的敬重，同时对弥补过失和推进工作的进展也是十分有利的。如果是和下属之间产生了摩擦，最好选择在私下里道歉。因为这种矛盾属于私人恩怨，并不适合公开化，在私下里沟通，能有效缓解双方的拘谨情绪，有助于彼此在较为平和的心态下达成谅解。

2. 防止滑入道歉的误区

误区一：为了维护自己威信坚决杜绝道歉。逃避错误并不能使自己更有威信，坦然承认错误，勇于道歉才能体现领导者的大将风范，每个人都应该承担属于自己的责任，领导者也不应该例外。威信不是在逃避责任中建立起来的，而是在发扬勇于承担精神的过程中塑造出来的。

误区二：员工只在乎物质利益，道歉对他们而言无足重轻。有的领导者认为只要给予员工优厚的待遇就可以了，其他的事情都是华而不实的。然而事实却不是这样，纵然员工很看重物质利益，但是每个人都渴望得到别人的尊重，受到伤害后是否能得到一声真挚的道歉，对他们来讲并不是无关紧要的，而是意义重大的。道歉绝不是小事，领导者的一声歉意，可

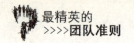
以换来的忠诚度和追随力是多少金钱都买不来的。

误区三：道歉和领导风格没有关系。事实正好相反，领导风格和道歉方式是息息相关的。富有幽默感、亲和力较强的领导可选择较为直白的方式道歉，因为道歉是一件非常郑重的事情，如果用半开玩笑的方式道歉，下属就不能体查出其中的诚意，所以个性风趣的领导道歉时态度要严肃认真一些。而个性内敛严肃的领导，更适合使用比较平和的方式道歉，道歉时不要显得过于严肃刻板，免得让人备感压抑。

3. 道歉之后，需持续改善和员工的关系

伤害就像钉入木板中的钉孔，尽管钉子已经全部拔除了，但是伤害的痕迹还是存在，木板很难再恢复原状了。如果领导者做了伤害下属的事情，不能期望马上和员工恢复之前的关系，因为就算双方已经冰释前嫌了，还需给对方一定的时间。在双方关系回暖的恢复期，领导者还要花一些时间和员工进行互动，慢慢改善双方的关系。领导者要让下属看到自己行为上的改变，而不只给予员工口头上的承诺。对于员工而言，知错能改、懂得不断完善自我的领导非常值得自己信赖，领导者的日后表现如能让员工感到满意，双方之间的隔阂自然就消除了。

准则 90. 从容应对被孤立的困局

成功的领导者永远不会孤军奋战，因为他背后有整个团队的支持和拥护，而失败的领导者则会成为孤家寡人，尽管高高在上，却完全处于被孤立的地位。领导者虽然是团队的中坚力量，但是其本质角色不过是一个组织者，脱离了团队的配合，根本就不能成就任何事业。有的领导者非常不受员工欢迎，与员工矛盾颇深，被员工集体孤立，处境非常不妙，这时应该如何应对才好呢？

领导者被孤立之后，必须面对现实，镇定地分析当前的形势，找出被孤立的原因。领导者被孤立的原因有很多种，归纳起来包括内外两种因素。从外部因素来看，领导者能力出众受人妒忌会导致部分别有用心的员工对其诋毁，其他人不明真相可能加入孤立领导的阵营；另一种情况就是公司风气不正，老员工故意排挤"空降兵"领导或者"圈外"领导。从内部因素来看，领导者被孤立主要是因为自身原因造成的。领导者个性太强、独断专行，管理方式不被下属认可或者领导者为人不正，遭致下属厌恶，抑或实力不足，影响公司发展，都会导致下属对自己避而远之。

领导者被孤立之后要客观地认清问题产生的根本原因，首先要三省己身，从自身查找原因，避免成为不受下属欢迎的领导。那么什么样的领导最容易不受下属欢迎呢？

1. 懒惰的领导。作为团队的带头人，领导者未必是整个团队中业务能力最强的，但是必须是工作态度最端正的。领导者是团队的灵魂人物，是全体员工学习的标杆，敬业和勤奋是员工对领导的基本要求。有的领导作威作福，总喜欢待在办公室里发号施令，把所有繁重的任务都交给下属，自己贪图享受，工作不努力，出了问题就把责任推给下属，这样的领导自然让人讨厌。

2. 谋划能力差，不能给下属未来的领导。所谓在其位谋其政，领导者理应是一名出色的谋划大师，引领公司不断向前发展，带领员工走向光辉的未来。出色的领导者能够高瞻远瞩，具有战略眼光，懂市场又善于抓住机遇，能够给员工指明方向，使员工对自己的前途充满信心。有的领导能力不足，致使公司陷入发展停滞的状态，员工感觉前途渺茫，便会对领导产生强烈的不满。

3. 不懂得激励员工的领导。有的领导把惩罚奉为管理的宝典，却从来都没有采取过激励员工的措施，对于犯错的下属严惩不贷，对于表现出色的员工没有任何表扬或者其他奖励行为。这样的领导通常认为工作是员工的天职，作为企业的员工就应该无怨无悔地把工作做到最好，员工表现出色是天经地义的，而表现不好就该受到惩戒。这样的领导不但不能调动员工工作的积极性，反而无休止地打击员工的工作热情和自信心，当然不

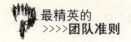

受下属欢迎。

4. 个人品质存在重大瑕疵的领导。管理方式有缺陷或者能力不强的领导不受员工认可，但未必会让下属深恶痛绝，下属最为不能忍受的是人品有重大问题的领导。正直、诚实、公正、善良的领导才能以德服人，而自私自利、睚眦必报、喜欢耍弄权术的领导当然不能让员工心服口服，受到不公正对待的员工会对其萌生恨意，即使没有被伤害的员工也会看不惯这类领导的工作作风和为人处世的方式。

5. 不懂得尊重别人的领导。有的领导总扮演高高在上的角色，喜欢对下属颐指气使。诚然，领导的社会地位高于员工，但是从人格上来讲，员工并不比领导卑微，领导者如果缺乏最基本的平等观念，一味地任意谩骂、处罚和羞辱下属，必然会遭致强烈的反抗，这样不得人心的领导根本无法树立自己的权威，被员工排挤是一种必然。

"圣雄"甘地说：欲变世界，先变其身。领导者无论是因为何种原因而被排挤到团队之外，被孤立后都必须从改变自身入手。领导者首先要改变员工对自己的负面看法，无论是由于自身原因还是其他原因导致员工对自己不满，领导者都必须想方设法来改变员工对自己的认知。其实被员工孤立并不可怕，可怕的是被孤立后立即变得意志消沉，整日怨天尤人，不能勇敢地面对逆境采取积极的措施，甚至一蹶不振。面对被孤立的不利形势，领导者一定要沉着冷静，勇于接受现实的挑战，冲出被孤立的重围。

何微最近发现员工疏远了自己，表面上看大家还是一团和气，有一次员工聚餐自己完全成为了孤家寡人，员工们三五成群有说有笑，自己却被冷落在一旁，有的员工不时瞟向自己，聚在一起窃窃私语。何微感觉自己成了一个透明人，几乎所有人都无视自己的存在。

虽然平时下属没有公然反抗过她的命令，但是显然他们是以冷战的方式对待她。比如每次开会大家都心不在焉，何微想听听员工的意见，员工都选择默不作声。何微让老员工发表一下自己的看法，老员工则话里有话地说自己见识短浅，不便发言，领导吩咐大家照做就行了。可是在执行任务的过程中，员工们都非常不配合，好像是有意跟何微做对似的，不是拖拖拉拉就是找各种借口休假，项目一再被延误，工作开展得极为不顺利。何微自认为自己除了对员工要求严厉了些，并没有做过让大家失望的事，她不明白员工们为什么那么讨厌自己。她气得关起门来痛哭了一场，由于急火攻心大病了一场，最后不得不长期休假。后来因为抵不住压力只好向公司递交了辞呈。

离开公司之前老板和何微进行了一次长谈，老板对何微说她的工作能力很强，但是为人处世的方式很难被人接受。她个性太直太强，以至于得罪了别人却全不知情，尤其是得罪了资深的老员工后果相当严重。那些老员工具有广泛的群众基础，不但有自己的核心同盟，对其他员工也有一定影响力，辐射范围非常广泛。不少老员工向老板反映何微待人刻薄，对待员工不留情面，甚至给她取了"冷血鳄鱼"的绰号。何微这才明白了自己被孤立的原因，想起那段可怕的经历，她只能一声长叹。想到自己辛辛苦苦奋斗数年才晋升到高管之位，却在短短一年时间仓促离职，她不免感慨万千。

何微被孤立既有内部原因也有外部原因，从内部原因来看，她的处事方式和管理方法是存在问题的，从外部原因来看老员工对她的刻意排挤以及他们的影响力是导致何微出局的重要原因。何微处理被孤立的方式显然是错误的，首先在心态上她已经输了，被孤立后她情绪失控，变得非常悲观消极，没有采取任何挽回局面的措施，这样做显然是不足取的。那么作为领导者，被员工孤立后该怎么做才是妥当的呢？

1. 以平常心接受自己被孤立的事实

有的领导者发现自己被孤立后马上惊慌失措，不知道该怎样化解自己和员工的矛盾，以至于频频失态；有的领导则变得怨天尤人、愤世嫉俗，彻底把自己置身于员工的对立面上，导致双方的矛盾进一步激化，甚至发展成了敌对关系。这两种心态都是不可取的。身为领导者，必须具有良好的心理素质，能够经得起风浪和考验，面对被孤立的逆境，领导者不能在

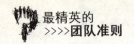
下属面前表现得颓废，而应该一如既往地展现出良好的精神面貌。领导者想要摆脱被孤立的地位，必须拥有良好的心态，以一颗平常心冷静地看待问题。

其实被孤立并不完全是坏事，这种经历对于领导者改善工作方式和提高管理水平是有帮助的。被孤立后，领导者若能对自己之前的工作作风和方式有所反思，便能更好地改正自己的错误和缺点。如果是由于部分员工别有用心唆使判断能力弱的员工孤立领导，对于领导者而言既是挑战也是机遇，它考验领导者的化解危机和矛盾的能力，领导者如能成功渡过危机，对于提升自身的领导力也是有益的。

2. 认清自己被孤立的原因，果断地采取有效行动

如果被孤立是由于自身原因导致的，就必须立即改成错误，缓解被孤立的僵局，以实际行动改善和员工的紧张关系，要让员工看到自己的进步和成长，以期获得大家的理解和原谅，以全新的姿态和面貌重新赢得人心。如果是被别有用心的人有意疏远，就必须马上想办法削弱其影响，向被迷惑的员工澄清事实，消除误解，争取和广大员工关系"解冻"。领导者应该以朴实的表现和真挚的态度来对员工施加影响，所谓"路遥知马力，日久见人心"，误会终有一天会消除。

3. 要善于沟通，重新构建融洽的人际关系

沟通不利，领导者难以及时察觉员工的不满情绪，也很难了解员工的诉求，久而久之，就会导致各种危机。良好的沟通是化解矛盾和消除误会最有效的武器，领导者被孤立后，应把握时机及时和员工建立有效的沟通，了解员工对自己的真实看法，弄清员工对自己不满的原因，向员工表明自己改正错误的决心，争取得到广大员工的理解、同情和支持。如果错误不在自己，而是被挑拨离间使得员工和自己关系不睦，领导者必须在第一时间向员工阐明真相，通过沟通让大家认清事件的真实情况，打破被孤立的僵局，使自己摆脱众矢之的的角色，重新构建起融洽和谐的人际关系。

第十章

掌控情商的秘密武器
——做聪明舵手，建高效团队

在当今社会，情商比智商更重要已经成为不争的事实，一个理想的团队，并非是由高智商人才组成，而应该是由高情商成员组成，情商是决定团队胜负的关键因素。团队情商并不是具体可触的，但是我们却能处处感觉到它的存在。高情商的团队往往充满斗志、不畏艰险，能够一往无前地完成工作任务，在困难面前不退缩，在挫折面前不气馁，团队内部团结友爱，各成员相处融洽，乐于分享经验和共同协作。而低情商的团队，大部分成员都不快乐，人际冲突不断。

如果把团队比作在大海上乘风破浪的方舟，那么领导者无疑就是掌控方舟航向的舵手，团队何去何从、团队的未来在哪里，均取决于领导者的才智和情商，一个高情商的领导者，必定是一流的舵手，他能够采用各种策略组建出一支锐不可当的高情商团队。作为团队领导者，想要带出一支无可匹敌的团队，就必须学会掌控情商的秘密武器。

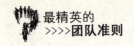
准则 91. 情商决定团队成败

情商是决定一个人成败的关键因素，它比智商更为重要。哈佛大学的一项调查显示，成功80％靠情商，20％靠智商。EQ（情商）的提出者丹尼尔·戈尔曼曾经举过一个有趣的例子：研究者把一批小孩陆续带入房间，并给了他们每人一份棉花糖，告诉他们谁能忍耐一段时间再吃棉花糖就能额外获得一份棉花糖。大部分孩子见研究员一走立刻迫不及待地吃掉了棉花糖，只有少数孩子抵制了诱惑一直等到研究员回来才吃棉花糖。结果这些耐心等待的孩子长大成人后，适应环境的能力特别强，事业大多比较成功，而急于满足眼前欲望没能抵挡住棉花糖诱惑的孩子，自制力差，情商比较低，成就远不如克制力强的孩子。

一个人的成败主要取决于情商，同理分析，一个团队的成败智商也不是最重要的，团队情商的影响力要远远大于团队智商的影响力。团队情商的高低直接决定整个团队的凝聚力和战斗力，高情商的团队士气高涨、众志成城、高效和谐，低情商的团队士气低落、内耗不断、员工萎靡不振、工作效率低下。

团队情商关乎团队建设和团队效能，它并不是团队每位成员情商的简单相加，而是指团队成员在情感互动上形成的团队情感及控制水平。团队情商直接影响到企业的生存与发展，高情商的团队拥有和谐的工作环境，各成员的能力都能得到较大的发挥，在这样的团队里工作，员工拥有良好的发展机遇，时常为团队感到自豪，形成了高效率的合作团队，劳动生产率非常高，企业前景一片光明；而低智商的团队存在严重的情感障碍，经常出现恶性竞争，员工牢骚怨言颇多，企业内部人人自危，精力都消耗在内耗之中了，可直接导致企业效益的下滑，甚至导致企业破产。

曾有一家生产制造商打算销售一种销售前景颇好的新式待用箱，在新产品上市之前决定投入巨额广告费为产品做宣传，有两家广告公司均表示愿意为其提供最优秀的广告服务。制造商的老板一时难以定夺，觉得这两家广告公司旗鼓相当，于是就委派工作人员分别到两家广告公司了解情况，并如实向自己汇报。

工作人员发现第一家广告公司的员工情商比较低，不少员工都热衷于表现自己，合作能力极差，而主管非常享受主宰下属的优越感，对团队的前途漠不关心，大部分员工缺乏工作热情，却积极参与各种内斗，整个团队的工作进度非常缓慢。而第二家广告公司团队情商则比较高，团队成员心态良好，大家上下一心，工作配合默契，团队氛围和谐，即使遇到了难题他们也不灰心不气馁，抗挫折能力很强，每个人都致力于充分发挥自己的个人才华，同时又非常重视和同事之间的合作，工作开展得十分顺利。最终制造商老板选择和第二家广告公司签约合作。那家广告公司果然设计出了一套非常完美的广告和营销策略，产品一上市就受到消费者热捧，公司在短短一年内就获得了超额利润。

在现代企业中，大部分工作都是由团队成员合作完成的，团队的情商对于整体工作绩效有着极其深远的影响，团队能否高效地完成工作任务并不是单纯取决于团队成员的个体情商，而是取决于团队的整体情商。领导者必须致力于提升团队情商水平，有益地利用群体的智能，打造高情商团队。团队情商建设的第一步便是对团队情商重要性的认识，只有真正认清团队情商对于团队发展的重要意义，才能在以后的工作中积极推进团队情商的建设。那么情商对团队都有哪些重要作用呢？

1. 团队情商体现整个团队的综合情绪控制能力，对团队绩效有重要影响

研究表明，决定群体效率的因素包括三方面要素：全体成员的互信程度以及各成员对全体特性和全体效能的意识。如果不能掌控好这三方面的要素，团队合作就难以开展，团队成员难以相互信任，沟通失效，无法开展紧密的合作，整体情绪不佳，团队绩效不理想。高情商的团队一定是团结互信的，团队成员彼此友善，合作性强，大家能够愉快地分工协作，促

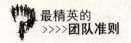
成团队绩效的提高。

2. 团队情商能对员工产生情感推力

人是情感的动物，情感是行动的驱动力，团队情商作为意识活动，对于推进团队工作的行为有着无可估量的影响。员工的情商受到自身条件和外部客观环境的影响和制约，尤其受到人际关系和团队氛围的影响。一个高情商的团队会使每位员工心情愉快地投入工作，迸发出巨大的能量，这种正向的激励比任何物质奖励都更有效。

3. 团队情商能使员工更加自尊和自信，从而提升他们的自我管理水平

自尊对于每个人而言都是至关重要的，人一旦有了自尊，认同自己的存在价值和工作的意义，才能在工作上取得成就，进而变得自信，最大限度地发挥自己的潜能，同时变得更加自律，致力于让自己成为更美好的人。员工的自尊与自信无疑受到团队情商的影响，在高情商的团队里，上下级关系和睦，团队成员关系融洽，每个人都觉得自己被尊重和被信任，无形之中就会变得自约自律，自我管理水平得到提升，团队整体素质得以提高。

4. 团队情商可以增强员工的安全感，有利于员工发挥潜能

现代心理学认为，个体的思想和情感通常容易受到周围人的影响，员工如果在氛围愉快的环境中工作，就会具有安全感，身心得以放松，聪明才智就会得到最大发挥，潜能会毫无保留地释放出来，从而做出不平凡的业绩。

5. 高水平的团队情商有助于提高个体成员的情商水平，进而达到进一步提升团队情商整体水平的目的

团队是一个互动的团队，团队成员之间互相感染互相影响。如果整个团队氛围和谐，情商较高，团队成员就会自发地产生和整体环境相一致的情绪，能够彼此尊重和理解，乐于温厚待人，和他人开展密切合作。部分情商不高、情绪不佳的员工由于受到整体环境的影响，情商也会在不知不

觉中得以提高，团队整体情商水平由此得到进一步提升。

准则 92. 高情商成就卓越领导力

领导者扮演的是团队领头羊的角色，领导者自身的情商水平无疑关系到高情商团队的打造。只有高情商的领导才能打造出高情商的团队，低情商的领导是不可能带出一支高素质高情商的队伍的。在决定领导者的领导力的各种因素之中，智商起到的只是基础作用，情商才是促成领导水平实现质的飞跃的因素。高情商的领导大都具有中上水平的智商，但是智商高的领导情商未必高。领导在企业的位置越高，对情商的要求也就越高。

"情商之父"丹尼尔·戈尔曼曾花费数年时间，对188家大型跨国企业进行了长期跟踪研究，研究显示，高情商是卓越领导力的必要条件。他通过测算各公司领导者技术水平、智商及情商在团队总绩效所占的百分比来测算每个要素对绩效的影响，结论是对于团队而言，领导职位越高，情商高低对团队绩效的影响越大。他还对同一级别的领导者做了对比分析，结果发现他们之间的差异90％与情商因素有关。这说明高情商的人更能胜任高层领导职务，他们更适合领导和管理团队，促进团队整体绩效的提升。

二战时期，艾森豪威尔出人意料地从众多军事首领的队伍中脱颖而出，被任命为赴欧作战的统帅，排在他前面的高级将领足有366位，但是艾森豪威尔仍被定做军队统帅的最佳人选。对此马歇尔在给总统罗斯福的提名报告中做出了具有说服力的解释：艾森豪威尔不仅熟悉军事，具有组织才华，还善于采纳他人建议，能使不同意见的人达成和解和共识，令人心情舒畅，使人真心信任和拥护他。

"股神"艾伦·巴菲特没有网络概念，不会使用电脑，但是他却成为了一名成功的投资专家和优秀的领导者。1991年所罗门兄弟公司由于向政府提供虚假的财务报告面临刑事指控危机，作为该公司最大的股东他最终接管了整家公司。他接受了影响公司信誉的高管的辞呈，公开宣布向政府

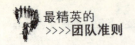
提供真实的企业信息，凭借良好的个人信誉使兄弟公司免于受到刑事指控，并凭借着强有力的领导力感染了所罗门兄弟公司的执行官们，最终使公司摆脱困局，恢复了正常运营。

艾伦·巴菲特具备投资家和企业领导人必备的许多优秀品质，比如他能控制贪欲、学识渊博、诚实、专注、具有独立思考的能力，并能保持持久的耐心，因此他不仅能在股票界叱咤风云，还能把陷入泥潭的企业带向正轨。

从上述两个案例来看，卓越领导者的成功主要和情商有关，人与人之间的智商相差不大，而情商却可以是天壤之别，高水平的情商无疑可以铸就卓越领导力。高情商的领导者能够做到"泰山崩于前而色不变，麋鹿兴于左而目不瞬，骤然临之而不惊，无故加之而不怒"，所以他们可以成为一个团队的中流砥柱，关键时刻能力挽狂澜。其实情商并不是先天注定的，而是后天培养的，那么作为一名领导者该如何提升自己的情商呢？

1. 提高情绪控制的能力

诸葛亮的妻子送给他鹅毛扇来遮面，原因就是他出山之前是个喜怒形于色的人，这是领导者的大忌。领导者的情绪直接影响团队成员的情绪，控制不了自己情绪的领导者会给企业带来许多间接损失。很多领导者一旦发现员工没有严格按照自己的要求完成任务，工作出现重大失误，立即大发雷霆，甚至对员工恶语相加，从不考虑在第一时间迅速解决问题，而是喋喋不休地批评员工。员工受到指责后心情低落，没有热情弥补疏漏，结果致使公司损失更大。造成这种局面员工固然有错，但是领导者也难辞其咎，因为他处理问题时头脑不冷静，分不清轻重缓解，急于向员工泄愤，没有及时帮企业摆脱危机。

领导者过于情绪化，不但影响自身的判断力和处理问题的能力，还会挫伤员工的工作热情，使得整个团队陷入负面的情绪之中无法自拔，这样的领导者无疑缺乏领袖的魅力，是个不合格的团队领头人。高情商的领导者从不乱发脾气，善于控制自己的情绪，素来不会把坏情绪带到工作中，更不会将其传染给别人，遇事镇定自若，能在最短的时间内迅速做出明智的判断，及时解决棘手的问题。作为一名领导者，想要提高自己的情商，必须管理好自己的情绪，提高控制情绪的能力。

2. 从自以为是向换位思考转变

一些霸气的领导者总是摆出唯我独尊的架势，认为自己见识广博、能力出众，看不起下属，做任何事情都是从自己的意愿出发，从不考虑下属的需求和感受。这样的领导者自然得不到下属的崇敬和爱戴，即使能力再强，情商存在缺陷，不能和下属建立正常和健康的关系，领导力也会大大削弱。领导者若想改变这种局面，就必须学会换位思考，改掉居高临下的态度，学会站在下属的角度来看待问题，和广大员工建立起和谐共处的良好关系，只有这样才能形成一呼百应的局面，使整个公司的员工上下同心，为企业创造出最大的效益。

3. 领导风格从专制向民主转变

专制的领导者刚愎自用、独断专行，不懂得尊重员工，而且常常闭目塞听，不但不能激发员工工作的积极性，还有可能把企业带向荆棘丛生的危险境地。无论从理论还是从实践的角度来看，专制的领导绩效都是最低的，从短期来看，一位强有力的领导者采取专制的管理方式能使团队获得暂时的成功，但是从长远来看，这种领导方式对团队的发展是有害的。所谓"智者千虑必有一失，愚者千虑必有一得"，一个雄才大略的人也有犯错的时候，专制必然会将团队引向失败。

高情商的领导者一贯采用民主领导风格，常常广开言路，善于采纳有利于团队建设和企业发展的建议，既有独立思考的能力，又懂得吸取集体的智慧，这样的领导者才能带出高情商的队伍。因此领导者如想提高自己的情商，必须放弃专制的管理风格，采用民主的方式管理团队和企业。

4. 要赢得员工的信任和拥护，使其死心塌地地为自己效力

作为一名领导者，不但要有组织协调能力，还要具有广泛的群众基础，使广大员工真心信赖和拥护自己，愿意死心塌地地追随自己，为自己

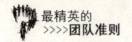
效犬马之劳。领导者即使再强，得不到员工拥护，权力也终将失效。领导者和员工其实是水与舟的关系，所谓"水能载舟亦能覆舟"，优秀的领导者绝不会忽视群体的智慧和力量，而会尽可能地融入团队，成为深受员工拥戴的带头人，以高水平的情商使众人折服而不是依靠权力来征服他人。

准则 93. 正确的认知是培养高情商队伍的基础

一个人或者一个团队要提高情商，首先要对自己的情商有一个清醒深刻的认识，明确自己情商的优势和劣势，还要对与自己打交道一方的情商有清晰的认知，这就是所谓的认知法则。高情商的领导者必然具有较强的认知能力，这是其处理好团队内部的人际关系、创建高素质和谐团队的基础。

对于一个团队的领导者来说，认知法则的第一步就是正确客观地认识自己，认清自己看似容易其实是件非常困难的事。在古希腊古城特尔斐的阿波罗神殿上刻有的七句流传甚广的名言中，其中最有影响力最发人深省的一句就是"人啊，认识你自己"。所谓的"认识自己"就是对自己的情感状况、情商水平以及自身的情感趋向有一个清晰的认知，能做到这一点的人无疑都是高情商的人。

西方有一则神话寓言故事，讲述的是狮身人面怪兽每天都会对路过的行人提出同一个问题，题目是道谜语：什么动物早晨四条腿、中午两条腿、晚上三条腿。这个谜题就是著名的斯芬克斯之谜，回答错误的人或者答不上来的人都会被怪兽毫不留情地吃掉。就这样不少人丧生于怪兽。后来一个叫俄狄浦斯的年轻人说出了正确答案，谜底就是人。怪兽在谜底揭晓后大叫了一声，跳下了悬崖。

这则寓言故事告诉我们，离我们最近的往往是我们最难认清的，我们可以了解世界万物，掌握丰富的知识，可是唯独最难认识我们自己。谜语揭示的无非是人一生的成长阶段，孩童时期好比早晨，那时人类是匍匐着四肢爬行的，到了可以直立行走的阶段好比中午，那时人类自然是两条腿走路，届入暮年好比晚上，人类需要借助拐杖行走，于是变成了三条腿走路的动物。这些现象是我们再熟悉不过的了，但是为什么绝大多数人都找不到答案呢？因为不识庐山真面目似乎是人类与生俱来的天性，领导者也不例外，有时认识别人比认识自己更为深刻。那么领导者应该怎么做才能更好地认识自己和评价自己呢？

1. 正确认识自己的长处和短处，不骄傲自满

很多领导者都不能很好地认识自己，不少人取得成就后变得自我膨胀，一些人还会躺在功劳簿上睡大觉，泯灭了进取之心。古语云"满招损，谦受益"，对自己估计过高就等于毁掉了自己不断进步的阶梯，常常扬扬得意、止步不前的人会变得懒惰和狭隘，情商急转直下，不但会毁掉自己的前途，还会毁掉团队的未来。

英国著名学者罗斯说："克服人类这种夜郎自大的心理状态的唯一方法，就是要提醒我们自己：地球这颗小小的行星在宇宙中只不过是沧海之一粟；而在这颗小行星的生命过程中，人类不过是一个转瞬即逝的小插曲而已。也未可知，在宇宙的其他地方也许存在着比我们更为优越的生命，他们优越于我们就像我们优越于海蜇一样。"是的，人类与亘古的宇宙相比是无比渺小的，如果把地球生命演化的进程浓缩为一天24小时，人类的历史不过是最后的短短两秒钟，一个人成就再大也不应该过于傲慢，和无穷的宇宙相比，人不过是浩瀚时空中的一粒微尘。

有些领导者把自己看成了全知全能的人，看不到自己的弱点和软肋，缺乏最基本的自知之明，这样的人怎么可能把企业做强做大？所谓"骄兵必败"，过于自负的人不能及时弥补自己的缺陷，看不清管理的漏洞和自身认知的盲区，终有一天会为此付出代价。高情商的领导者必然虚怀若谷，能看到他人所长，能了解自己所短，并懂得取他人之长补自己之短，不断完善自我，使自己从优秀走向卓越。

2. 自信乐观，不妄自菲薄

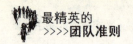
认识自己的不足，并不等于妄自菲薄，而是既能欣赏和肯定自己的长处，为人自信乐观，又能充分认清自己的劣势，遇到挫折和打击时，仍然相信自己的能力，不悲观、不彷徨，以积极良好的心态应对人生的挑战。有的领导者只要决策失误一次，立即对自己的信心产生了动摇，以致惶惶不可终日，这样的领导者心理素质不够硬，承受能力太差，显然情商水平较低。

3. 摆正自己的位置

领导者应摆正自己的位置，既不看轻自己又不会把自己看得太重，自卑的领导者可能会把自己看得不名一文，自负的领导者则会把自己看成首屈一指的重量级人物，总以为企业离开自己就不能正常运转，动辄自我夸耀，认定自己对公司的贡献最大，所有功劳都揽在自己身上，这两种态度都是不可取的。领导者应该摆正心态，客观地看待自己的能力，既不能低估自己也不能把自己看得太高。

情感认知是团队情商管理的基础步骤，作为一名领导者不仅对自己的情商有一个正确的认知，还必须对团队成员的情商状况和情感动向有充分的了解，知道员工对哪些问题敏感，避免走进雷区，还要清楚员工在什么情况下会产生负面情绪，以及可能给公司带来的不利影响。只有在情感认知上做到知己知彼，才能更好地管理员工的情绪，不断地提高员工的情商水平。那么作为领导者该如何把握员工的情绪动向呢?

1. 观察员工的工作状态

如果员工精神饱满、工作积极主动，这说明他们没有出现情绪问题;反之，员工在工作时精神涣散、神情呆滞、面容愁苦、表情疲惫不堪，这就说明他们开始闹情绪了。如果员工在处理情绪问题上耗费过多的时间和精力，用在工作上的时间和精力必然大幅度减少。领导者发现这类状况时，必须及时地帮助员工疏导情绪，以免影响团队工作效率。

2. 倾听团队内部抱怨的声音

如果员工经常发牢骚抱怨，一方面说明员工对领导者的管理工作或者公司有所不满，另一方面说明员工陷入了烦闷的消极情绪之中。作为领导者如果听到员工抱怨，不要忙于堵住悠悠之口，而要用心倾听他们抱怨的内容，以此了解他们的想法，改善自己工作的不足，同时要避免员工抱怨情绪的扩大化。

3. 通过谈心的形式了解员工的心理状态

在正式的工作场合和员工交流，很难让他们真正放松下来，说出自己的真实感受，因此领导者最好选择通过私下里谈心的形式对员工的情绪做进一步的了解，通过友好的沟通来发现问题和解决问题。

准则 94. 以人为本，将柔情注入管理

企业的领导者常常面临这样一个选择难题：公司制度应该设计得非常严格，然后在执行中略微加入一点人性化因素，还是在最初就设计得非常人性化，然后严格执行？多数公司在实际管理的工作中选择的都是前者，在制定工作制度时力图做到滴水不漏，执行过程中不允许出现半点偏差，而所谓的人性化管理占据的成分几乎可以忽略不计。结果团队越管越死，团队成员的整体情商水平极低。

管理团队，提高团队整体情商，不能只靠刚性的制度，还要依靠人情味，换言之就是在刚性制度的基础上注入柔情的因素，采取柔情管理的人性化领导模式。柔情管理指的是以尊重和关爱员工为前提，以柔克刚、以德化怨、以情感人，体现的是一种正能量的人文关怀。也就是说在制度设立之初就应该采取人性化的模式，真正做到以人为本，而不是以冷酷的刚性制度为主体，略微施展一下怀柔手段。

有一家生产型企业，进入了业务繁忙期，不得不招聘一批兼职工人进入工厂装配产品。由于工作性质简单，新招来的工人经过短期培训后就可以立即上岗工作了，正常情况下出错率应该不会很高。可是事实却并非如此，几天之后检测结果令人大失所望，新上岗的工人组装的产品出现了大

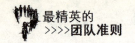
量的次品。经研究发现，这批工人在下午三点到四点之间最容易出错。领导通过和工人交流，终于弄清了工人在这个时间段工作频繁出错的原因。

这批新来的工人都是家庭主妇，子女都在上学，下午3~4点正是学生放学的时间段，作为母亲，她们非常担心孩子没人接，又怕孩子回到家之后找不到自己上午预留在冰箱里的食物，又想着晚餐应该做点什么好吃的给孩子吃……但是公司明文规定工人在工作时不得接打电话，也不可以和同事聊天，因此主妇们只能把担忧闷在心里，焦躁的情绪得不到排解，导致组装的产品次品率偏高。

弄清事情的原委之后，公司立即着手修改企业规章制度，允许工人在下午3~4点跟家人通电话以及和同事聊天，但是前提是他们不得耽误正常的工作，务必组装出保质保量的产品。新制度实行后，产品的次品率马上降了下来，产品品质得到了大幅度提升。

通过这个案例，我们可以得出一个结论，柔情管理具有立竿见影的效果，它的效力要远远超过任何强制性的硬性管理。制定一项制度是很容易的，但是执行起来却会遇到各种阻力，只有广泛被员工接受的制度才能保证准确无误地执行到位，任何不近人情的制度只能在短时期内形成效力，促使员工被动地接受，日后必然会出现各种负面效应，遭致员工的激烈反抗。

员工在工作过程中心态积极、心情愉快才能发挥更大的效能，反之带着负面情绪工作，工作效率和工作质量都会失去保障。员工对企业和领导者不满，很大程度上跟公司的管理模式和规章制度有关，严苛的管理方式、令人窒息的刻板制度会在无形中降低员工的情商水平。

员工的情商是可以改变的，缺乏人情味的管理模式会使团队情商大打折扣，而富有人情味的柔情管理模式可以培养员工的情商，使得员工通过正面的体验，变得更加积极上进，把精神动力转化成巨大的生产力。可见把柔情注入管理是现代企业提高劳动生产率的有力手段，那么作为领导者，在进行柔情管理的工作中需要注意哪些问题呢？

1. 要了解在某些情况下柔情管理的效果具有一定的滞后性

采用刚性管理的模式，公司的意志和员工的执行在多数情况下是同步的，因为公司出台的各项制度具有强制性，无论员工是否支持和理解都必须遵守，否则就会受到相应的惩罚，所以效果是立竿见影的。但是从长期来看，这样的管理方式对于提升团队情商是不利的。而柔情管理在某些情况下也能产生立竿见影的效果，比如新出台的政策非常受到员工欢迎。但有时候领导者出台的政策未必会立即转化成员工自觉的行动，从效果上来看，会比刚性管理滞后，为此领导者需要保持耐心，因为这种管理方式会让员工和企业长期受益。不要因为柔情管理见效慢就抛弃这种管理模式，而要把眼光放长远一些，致力于激活团队活力，促使团队情商提升到一个崭新的高度。

2. 在执行柔情管理的工作中，要及时通过交流纠正员工的消极心态

较之于刚性管理，柔情管理的优越性在于能通过人性化的管理模式，化解团队内部的矛盾，帮助员工克服消极情绪，促使员工在健康阳光的心态下快乐工作。柔情管理在调整员工心态的过程中必须具有预防性和前瞻性，不要等到员工情绪出现了重大问题，团队矛盾积怨已深的情况下才想起采用柔情管理的方法来化解危机，因为那时为时已晚。领导者必须在各种负面因素出现的萌芽时期，就将其彻底消灭，及时与员工展开交流，纠正他们的消极心态，消除他们与企业对立的情绪，以免企业蒙受损失。

3. 注意刚性制度和柔情管理的协调性

柔情管理并不是万能的，需要以刚性制度为基础，企业如果缺少了刚性制度就会陷入混乱。刚性制度是必不可少的，我们在强调柔情管理的重要性时，并不否认刚性制度的作用，但是一个企业只有刚性制度是不够的，必须引入柔情管理的模式与刚性制度相协调，才能使整个团队既不失活性又井然有序。

一般而言，企业的刚性制度稳定性较强，在相当长的时期内不会发生根本性的变化，可是企业的内外部环境却是处于发展变化之中的，这就会

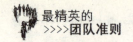
导致企业制度和现实的脱节。因此刚性制度即使在制定之初较为完善，也会面临诸多现实的挑战。刚性制度不可能面面俱到，工作中的一些实际问题并不能通过刚性制度来解决，针对刚性制度的种种不足，企业必须引入柔情管理机制。但是需要注意的是，不能用柔情管理彻底代替刚性制度，因为刚性制度仍存在一定的价值，不能被完全抛弃。

准则 95. "诚爱" 精神也出生产力

在打造高情商团队的各种法则中，"诚爱" 法则是所有法则的灵魂，贯穿于所有法则之中。"诚" 指的是真诚、不欺骗，讲究信用，"爱" 指的是大爱管理。所谓 "人无信不立"，诚实守信是做人的基本准则，对于一个公司而言，它是企业信用的体现。几乎每家企业在面对客户时，都会强调诚信精神，与其他企业打交道时也非常重视承诺的兑现，但是对于公司内部员工却未必会如此重视诚信问题。

有一家中型规模的工厂非常重视对客户和材料供应商的承诺，每次都是到期交货，几乎从没有出现过失信于客户的情况，给材料供应商回款也非常及时，很少拖欠采购材料的款项，因此在业界具有良好的口碑，但是唯独对员工不是十分守信。

为了提高员工工作积极性，领导宣布工资不再按时计算，全体员工按件支付薪酬，也就是说多劳可以多得。新政策执行后，员工干劲高涨，劳动效率得到了很大的提高，绝大多数员工的工作进度都有了较大提升。可是到了发工资那天，领导却突然声称由于工厂效益下滑，公司无力支付员工工资，所以每位工人的工资仍按时计算。工厂上下一片哗然，不少员工认为自己被欺骗了，有的员工当场指责公司不守信用。此后员工都不愿意卖力为公司工作，工厂的工作效率遭遇了空前的滑铁卢。工厂的效益越来越差，最后不但不能按照合同规定日期交货，而且一再拖欠材料商的货款，最终落得信誉扫地的下场。

案例中的工厂之所以沦落到那般田地，主要是对员工重视程度不够。对客户诚信虽然很重要，但是对员工诚信更为重要，对客户诚信是赢得市场的基础，对员工诚信则关乎企业的兴衰与危亡。企业在员工面前信誉破产，就会完全失去人心，团队情商在瞬间降至零点，没有人乐于真心为企业效力，企业终有一天会被这些负能量拖垮。因此可以说，企业对员工诚信是团队情商管理的重中之重，是绝对不容忽视的，我们可以从以下几个方面来看待这个问题：

1. 企业的构成要素是员工，失信于员工会使企业蒙受不可估量的损失

企业和团队的基本单位都是人，也就是员工，每位员工都好比维持企业正常运行的血细胞，如果这些血细胞出了问题，就会引起机体的病变甚至休克死亡，这样的论调绝不是危言耸听。所谓"得道者多助，失道者寡助"，企业对员工不守信，就会失去人心，最终付出惨重的代价。

每位员工都希望得到公正的对待，付出和所得成正比，也希望自己的能力得到提升、职位得到晋升。领导者一旦郑重地许下诺言，员工都会信以为真，如果领导者出尔反尔，就会造成公司的诚信在员工心目中迅速贬值，员工会因此变得消极怠工或者跳槽，会给企业带来许多人力物力的损失。因此作为领导者一定要兑现跟员工利益休戚相关的诺言，即使难以实现也要尽最大努力去实现，不要为了节约人力成本而毁掉信誉，因为那样做无疑会让企业机体大量失血。

2. 公司对员工诚信，可促使员工为企业创造更大的价值

公司如果能获得员工的信赖，员工就会乐于为公司贡献最大的力量，较少会出现无法完成任务目标或者工作质量不达标的情况，原因何在呢？这是因为领导事先已经做出承诺，保质保量地完成工作必将获得丰厚的奖励，而工作不达标就得不到任何奖赏，而且还会受到批评和惩罚。员工相信领导会言必行、行必果，就会在工作上表现得更加积极，以免使自己的利益蒙受损失，同时致力于为自己争取更大的利益，便会以更优秀的表现

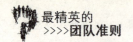
来赢得企业的认可，从而为企业创造更大的价值。

3. 对内诚信是保障企业对外诚信的前提

企业对公司内部员工诚信，才能赢得员工的心，促进劳动生产力的提升，如此才能为客户提供更及时更优质的服务，以此赢得客户，达成双赢局面。倘若企业对内失信，员工就会产生各种负面情绪，其提供的产品和服务品质必将受到极大影响，如此必将失去客户，这对公司的长远发展是极其不利的。因此可以说企业对内诚信是对外诚信的保障，企业对员工失信，就有可能导致员工对企业失信，进而导致企业对客户失信，进而形成恶性循环。

作为团队领导者，不仅要用诚信换得员工的真心，还要时时给员工以爱的给养，用大爱来管理员工，充分发扬诚爱精神，把无形的精神力量转化成生产力。具体可以从以下几个方面着手：

1. 把关怀员工作为情商管理的首要工作

领导者应奉行以人为本的管理理念，关心员工的生产安全和身心健康，关心他们的日常工作和生活，以真情来温暖员工的心，让员工切实感到自己是受尊重和被关怀的，由此产生积极工作的动力。

2. 多为员工做些实事

有的领导者误以为只要为员工勾画好了美好的蓝图，整日带领员工高喊各种口号就能让员工热血沸腾，其实比起遥不可及的梦幻，员工更加在乎自身的切实利益。企业在员工住房、就医、子女教育等关乎他们切身利益的事情上多办些实事，比任何口号都管用，也更能激发员工工作的积极性和创造性。

3. 抛弃功利性的私心，用大爱来感染员工

有的领导者喜欢对员工施以小恩小惠，想以此来换得员工卖力为自己工作，他们并不是真心爱护和关心员工，而只是把这些恩惠当成功利性交易的砝码，不能真心为员工着想，这样做当然不能真正赢得员工的真心。大爱管理则是抛弃一己之利，不以利用员工为出发点，而是发自内心地关

爱员工，把员工当作朋友和企业的一员，给员工以强烈的归属感，使其不单纯是出于利益考量而为企业效力，而更多的是出于对企业的深厚感情而为企业的未来奋斗。

准则 96. 把握好团队情商因子——员工个体情商

团队情商是团队各成员个体情商经过互相磨合之后呈现的一种整体状态，因此可以说团队成员的个人情商是团队情商的因子，要提高团队整体情商，就不能忽视对个体情商的关注。对于个体而言，每个人的情商虽然在一定程度上受到先天遗传因素和性格的影响，但是这并不意味着情商是由先天性因素决定的，后天的环境因素和个人的努力完全可以改变先天性的影响。许多成功的企业，团队成员的情商水平普遍偏高，这并不是因为他们在先天上占有绝对优势，而是他们在企业良好环境的影响下，在优秀企业文化的熏陶下，个人素质不断得到提高，情商水平也得到飞跃性提升。

著名工业设计公司 IDEO，拥有多个富有创造力的高水准团队，他们专门负责产品外观和美术设计。这些团队创意层出不穷，为企业制作出了一流水平的设计，使得 IDEO 核心竞争力大增。公司的工作性质决定了公司成员必须具备高情商，许多令人拍案叫绝的创意往往就在灵光乍现的一瞬间诞生了。公司为了让员工保持健康的精神状态，平时非常注重对员工情感的疏导，由于工作压力大，公司专门为员工设置了排压减压的娱乐设施——数百个可以发射软子弹的玩具，员工如果感到情感受挫可以拿起玩具进行猛烈射击，还可以在高兴或者生气的时候在办公地点大喊大叫。公司还为员工设立了娱乐办公区，员工想要放松时可选择在那里办公。

IDEO 员工在进入公司之前未必个个都是出类拔萃的，是良好的工作环境和工作氛围激发了他们的灵感火花，使其在身心充分放松的状态下，个人情商指数得以提高，好的创意由此不断涌现，潜能得到了充分开发。

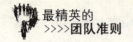
虽然优秀的企业可以改变员工的情商，但这并不意味着企业在招聘和选拔员工时可以完全忽视员工本身的情商状况，因为员工如果情商存在较大缺陷，那么情商再造工程就会十分浩大，那会让企业不堪重负。要创建高情商团队，在选拔团队成员上也要下足功夫，吸纳情商相对较高的成员，然后不断优化他们的情商资源，促进团队整体情商的提升。

美国德尔塔航空公司在招募员工时非常注重对员工情商的考核，企业要求应试人员必须具有团队合作精神。搜狐公司在招聘员工时，把应聘者的性格特征、心理素质以及团队精神和亲和力作为重点考核选项，在建设团队时，不但要考虑员工的知识和年龄结构，还把员工的素质结构当成重点。在任用团队领导者时，把领导者的情商因素当成重要考察内容，领导者必须具有开阔的胸襟和良好的情绪控制能力，能够处变不惊，保持情绪稳定，在员工面前呈现出积极正面的形象。领导者还要有妥善处理人际关系的能力，不是单纯凭借权威来管理员工，而是能凭借超强的情感感染力艺术化地处理上下级之间的合作关系，使团队上下一片和气。

员工的情商影响团队的健康发展，一个高情商的团队不但能使每位成员才干得以施展，还能促使大家在分工协作的过程中彼此影响，不断进步。而在低情商的团队中，由于受到整体氛围的影响，一个人就算再有雄心壮志也有可能沦为平庸之辈。个体情商和团队情商其实是相辅相成的关系，团队之中，大部分员工情商普遍偏高，就会促进个体情商的提高，反之一个团队如果是由低情商的成员组成的，那么这个队伍需要的便是脱胎换骨的改造。如果把团队比作森林，那么员工就好比一棵棵正在茁壮成长的树苗，整座森林是否能形成一片绿色的海洋取决于树苗的长势，也就是说提高团队情商应从提高个体情商入手。那么具体应该怎么做呢？

1. 引导员工表达自己的情感

高情商的人无疑都具有良好的情绪控制能力，但是这并不意味着他们是没有情感变化的冷血机器人，每个人的情绪都会有起伏变化，只是人的自控能力不同，有的人情感外露，而有的人则喜怒不形于色。想要让员工变成高情商的工作者并不是让他们蜕变成没有任何表情、从不表达情感的劳动者，而是致力于提高他们调控情感和处理情感的能力，防止他们被消极情绪侵蚀或者成为负面情感的奴隶，比较有效的做法是引导他们适时表达自己的情感，而不是倡导强压内心的真实感受。

领导者应当引导员工关注自己的情绪问题，为他们表达不满或困惑提供一个交流平台，并把自己控制负面情绪的经验与大家分享，帮助员工走出情绪低谷，同时注意带动较为情绪化的员工不断进步，及时修补团队情商的短板，促成团队整体情商的提升。

2. 为员工提供独自做决定的机会

高情商的员工必须有独立工作和独立解决问题的能力，处处依赖领导、事事都要请示的员工情商长期处于一个较低的水平，个人潜能处于被埋没的状态。作为领导者不要总是担心员工不能独自处理问题，而要培养他们的独立能力，有的领导者不信任员工，认为每项工作如果自己不插手，员工就会把事情搞砸，无论员工做什么工作都要指手画脚、强加干涉，长此以往，员工做事就会变得畏手畏脚，情商也得不到开发。因此领导者应该给予员工独自做决定的机会，促成他们的独立成长。

3. 要肯定员工的情绪

员工不是圣贤和超人，无法做到像伟人那样处变不惊、大智若愚，多数员工都是普通的劳动者，他们有正常的喜怒哀乐和各种苦恼，领导者不要要求员工做毫无瑕疵的完人，不要期望员工在任何时候都表现得令自己百分之百满意，他们有时会闹情绪，有时会承受不了压力，这都是非常正常的事。当员工出现情绪问题时，领导者千万不要给员工扣上低情商的帽子，而要肯定他们的情绪，帮助他们找到合适的发泄途径。

准则 97. 做员工的情商教练

一个团队能否取得辉煌的成绩取决于团队的情商水平，作为团队的领

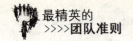
导者，不但要具有较高的情商，还要成为一名称职的教练，带出一支高素质高情商的队伍。做全体员工的情商教练是一份非常具有挑战性的工作，以前领导者只要和员工谈谈绩效标准就可以了，可是随着时代的发展，社会对领导者的工作提出了更高的要求，领导者既要有卓越的领导力，又要具备帮助员工解决个人化问题的能力，比如教会他们如何控制自己的情感、如何与同事和谐共处和团结协作。

领导者想要成为出色的情商教练，首先要把自己历练成一名高情商者。领导者应努力提高自己的情商，除了阅读与情商有关的书籍外，还应在实际工作中不断调试自己的情绪、修正自己的行为，多花些时间和精力与下属建立和谐的人际关系，不要扮演单一的上级角色，而要让自己成为值得下属信任的伙伴和师长，同时以身作则，为下属树立榜样。

修炼成高情商者并不是一蹴而就的事，任何人的成长都需要一个过程，社会生活是最好的素材，挫折和磨难是最为宝贵的财富，天生高情商的智者只是少数人，大部分高情商者都是在冲破重重阻遏之后破茧成蝶的。

马云曾经说过，以前看香港电视剧，非常羡慕悠闲地抽着雪茄的老板，心想有一天自己成功了也会过上那样的生活，成为有品位又不乏智慧的企业家。后来他创业成功后才明白企业越大，责任越大，需要解决的问题也越多。而所谓的智慧都是从痛苦的挫折经历中提炼出来的，那些高情商的智者几乎都承受过生理和心理的痛苦，智商高的人未必有什么吃苦的经历，但是情商高的人一定吃过不少苦头。

马云创建阿里巴巴可谓是历尽艰辛，但是无论有多么艰难，他都一路笑傲着走了过来。马云认为不要总是思考别人为什么会成功，而要深入分析别人的失败经历，几乎所有的成功者都会碰上麻烦，但是他们都能从失败中崛起。高情商的成功者通常都具有三个共同特质：一、他们能乐观地看待未来；二、他们不爱抱怨，而是时刻审视自己的问题；三、他们有超越常人的执着精神，能够坚持到底、持之以恒。

历练自己的情商好比在锋利的刀尖上翩然起舞，那是一个痛并快乐的过程，领导者修炼完毕，成为情商大师之后，接下来的工作就是教授员工提高情商的方法。当然这并不是简单地说教就能做到的，那么具体应该怎么做呢？

1. 帮助员工树立信念，纠正其不良思想和行为

多数员工都渴望把工作做好，实现自己的人生价值，这种内在的驱动力驱使他们在工作中做出更积极更出色的表现。但是有时候员工会因为各种各样的原因而变得消极，在某些情况下还会变得思想偏激，以致使自己的行为出现偏差。不可否认的是，早年的经历和成长中的人生阅历会影响人的情商，负面的事件和体验会让人对未来丧失信心，甚至自暴自弃，也可能由此引发人际关系冲突，使得默契配合别人工作成为难题。作为领导者不能任由员工沉沦，而要帮助他们树立坚定的信念，把阳光的种子播撒在他们心里，促使他们自觉纠正自己不合时宜的心态和行为。

2. 开设培训课程，促使员工提高情商水平

国外很多行业都非常注重对员工的情商教育，比如银行、酒店、航空公司、医院、销售型公司以及政府机构都致力于让员工接受有关情商方面的学习和培训。在国内，也有一些企业对员工进行了情商培训。领导者在培训员工过程中，应该教给员工最基本、最核心的情商知识，以及具体可实践的提高情商水平的方法，让员工学会自我情绪管理的方法，并能切实运用到日常工作中，比如理性地处理和同事的摩擦和冲突以及正确地处理与领导和客户的关系，再比如削减破坏情绪对工作的影响，每天以良好的心态投入工作之中。

3. 纠正员工的错误行为，帮助他们在提高情商的同时提高工作绩效

提高员工情商其目的在于提高他们的工作绩效，教会他们能合理地控制情绪只是情商管理工作的第一步，重要步骤其实是纠正他们危害团队的错误行为，以下三种行为需要重点纠正：

一是缺乏同理心和团队合作精神。有的员工对别人和外界环境漠不关

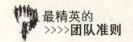
心，只致力于完成自己的工作，不愿了解别人，无法融入团队，交流能力和协作能力差，成为团队的不和谐因素，既影响个人工作，又影响整个团队的绩效。

二是自我控制能力不佳，情绪不稳，人际关系紧张。有的员工脾气暴躁，很容易发怒，动辄就和同事发生口角，破坏团队团结。有的员工虽然不乱发脾气，可是多疑消极，总认为别人把矛头指向自己，生气时便和同事陷入冷战，故意不配合别人的工作，影响团队的工作进程。

三是圆滑自私，损人利己。有的员工非常擅长左右逢源，表面上对同事和领导都很客气，但实际上表里不一，私下里常常议论别人搬弄是非，为追求个人私利不惜践踏别人的权益和牺牲整个团队的利益。这样的人如果在整个团队里所占比例偏高，就会影响团队的和谐建设，搞得大家永无宁日，使得其他员工陷入消极情绪之中，所以这类行为必须被纠正和制止。

准则 98. 建立学习型团队

高情商团队普遍对外界环境的调试能力很强，如果一个团队在充分意识到外界环境发生了根本性变化之后，却不能及时采取有效行动来调整自己，这就说明团队的适应能力较差，情商水平还没有达到一定的高度。一个高情商的团队必然能够接受新观念、新事物和新知识，能永远紧跟时代步伐，甚至走在时代前沿之列，而不是故步自封，成为一个落伍的队伍。

我们生活在信息高速发展的时代，科学技术日新月异，市场环境变幻莫测，团队的调试能力和适应能力关乎企业的存亡。提高团队情商，增强团队适应力最为有效的一个途径就是建立学习型团队，在当代社会，不会学习的团队很难在激烈的商业环境中生存，更不可能获得长远发展。作为团队的领导者不仅要要求员工掌握基本的工作技能和专业知识，还要让他们熟悉同领域的行情，跟上社会发展的节奏，同时又要在组织内部打破各种壁垒，让全体员工互相学习，共享经验和技能，不断吸收新知识和新见解，促成团队的整体进步。

通用电气公司第八任总裁杰克·韦尔奇提出了无边界行为的理念，意思是员工之间、部门之间应该广泛地相互学习取经，以此从更多的人当中汲取智慧，那么员工的工作水准和情商水平都会得到提高，进而促进公司的向上发展。正是因为践行这种无边界行为的理念，通用公司形成了一种学习型的文化，企业各部门之间知识和信息得以无障碍地渗透和扩散，使得各项工作开展和完成得更为顺利和高效。

在中国，无边界行为理论也得到了弘扬，国内的一些企业也开始组织和号召员工互相学习，收效非常显著。比如宝钢电厂分为机、电、炉三组，为了让员工多掌握一些技能，电厂花了三年半的时间让三组员工互相学习，使得每位工人除了能胜任自己的本职工作外，还掌握了另外两种技术，也就是说每位员工都身兼三种技能。通过这种培养方式，员工适应能力增强，每班仅用 13 人就可以完成日常工作，比日本达到世界先进水平的电厂还少一人。宝钢建立之初年产量 670 万吨，工人有四万多人，而今仅需一万名工人年产量就已经达到了 882 万吨。

学习型团队是现代化企业面临竞争压力调试自身发展而成的产物，它指的是通过在企业内部建立完备的学习机制和知识共享体系，来提升企业的竞争力和创新能力。学习型团队既有利于提升团队成员的个人素养，又能为公司的持续发展提供动力。可见创建学习型团队势在必行，那么具体应该怎样在团队内部建立学习型团队呢？

1. 设立学习型组织结构，创建基础管理平台

打造学习型团队，需要成立专门的组织，这个组织应该有自己的结构框架，还要设计出一套完善的流程和制度来维护组织的正常运行，为员工搭建起理想的信息共享平台，将最新知识和最新理念加以传播和有效利用，使学习型组织发挥最大的效用。

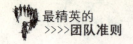
最精英的
>>>>团队准则

2. 营造良好的学习文化和氛围

要在学习型组织内部塑造好学习的文化和氛围，将学习和创新作为团队发展的核心理念，同时建立相应的机制，比如"分享会"等，促成员工更频繁地交流，使员工把学习当成工作的一部分，还可以把员工的学习成果和绩效考核相挂钩，促进学习文化的风靡。

3. 对团队进行标杆管理，引导员工学习

领导者需要对新创建的学习型组织进行标杆管理，运用最适合的管理方法和策略，可在一个部门内部进行试运行，如果效果不错，就可以将其推广到所有部门，使其在整个企业内部运行。

4. 帮助员工改善心智模式，提升学习技能

学习新技能和学习新知识一样重要，这里所说的技能并不是狭义的专业技术，而是指一种综合能力，除了专业技术以外，还包括思维方法和先进理念。打造学习型团队，要求员工在心智模式、思维理念上发生全新改变，进而实现自我超越和自我完善。

5. 打破隔膜，在公司内部创建良好的内部沟通机制

领导者可定期为员工分发学习资料，并组织大家进行交流和研讨，让团队中的每一位成员都积极参与到学习热潮中来，畅所欲言地分享学习心得，使员工更好地提高学习效果。

准则 99. 开发情商，不能忽略创新精神的培养

每一个团队都有属于自己的情绪，员工们每天走进工作场合就能感受到这种情绪的存在，快乐的或是压抑的，充满活力的或是死气沉沉的，几乎每个员工都能明显感知到这种情绪对自己产生的无形影响。相对而言，环境宽松、富有创新精神的团队更容易使员工振奋，也更易于开发员工的情商，如果让员工长期从事没有任何变化的工作，他们难免会因为厌倦而变得心情低落，而引进新方法和新鲜元素则是一个士气低落的团队升级为

明星团队的法宝。

变革和创新而今已成为许多优秀企业的核心价值观，创新虽然意味着风险，但是它却是企业保持长盛不衰和永久活力的最佳武器，很多历经百年风雨仍保持旺盛生命力的企业，都有赖于把创新的基因引入到了企业的细胞之中。面对日趋激烈的市场竞争，如何引导员工进行工作上的创新成为摆在每个企业面前的课题。企业应该鼓励员工具有创新意识，激励他们开动脑筋，尽最大努力开发自身的潜能，而不要只是被动地重复乏味的工作。这样他们不但能够更好地适应环境，而且能使身心更加愉悦，情商得到提高，把工作做得更出色。

成立于1968年的英特尔公司，主营产品包括微处理器、芯片组、主板、无线和有线连接产品，在计算机技术创新领域长期处于领军地位，截至2011年底，在世界范围内六十多个国家已招募了十万多名员工，为一百二十多个国家提供产品和服务。1985年，英特尔进军中国，1994年在中国上海成立英特尔中国有限公司。

英特尔公司之所以一直发展势头良好，一个极为重要的原因便是公司鼓励创新，不惧风险，英特尔在推出微处理器产品上，代代创新，一直奉行自我颠覆的理念，公司内部弘扬的是一种冒险文化。公司鼓励员工进行大胆尝试，即使员工创新失败给公司带来损失也不需要承担重责。公司还鼓励员工结合自身的兴趣和特长选择职业发展路径，为技术型创新人才和管理型创新人才制定了不同的发展战略，并通过导师制和分享会等形式来培养创新人才。

创新是一个公司和团队发展的不竭动力，也是提升员工情商水平的一个重要途径，它绝不是一个流行理念，而应该体现在现代企业的日常工作中。那么作为领导者，怎样做才能激发员工的创新精神呢？

1. 鼓励员工冒险

众所周知，创新是有风险的，有时员工不敢创新并不是因为没有胆识，而是因为害怕创新失败受到追究。领导者想要员工迈开脚步、大胆创

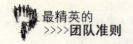
新，需要让企业而非员工本人来承担风险成本，以此来解除员工的后顾之忧。但是需要注意的是在实施创新计划时，必须对其进行充分的风险评估，不能批准员工盲目地冒险，同时要把风险成本控制在合理的范围之内。

2. 为员工创建一个开放的创新环境

领导者要为员工创建一个可以发表建设性意见的开放环境，使他们可以提出新点子和新方法，并对员工的创新意见给予足够的重视，从中选择可行性较强的创新项目落实，让员工积极参与创新计划和工程，使他们充分感受自己的美妙设想转化成现实的喜悦。

3. 发挥绩效奖励的激励作用，调动员工创新的积极性

培养员工的创新精神，除了必要的鼓励和引导外，有效的激励制度也是不可或缺的一种手段。在绩效考核方面，可以把员工的创新成果和薪资相挂钩，重奖对公司创新领域做出突出贡献的员工，并为员工的职业晋升搭建平台，为创新型人才提供更广阔的舞台和更好的职业发展空间。

4. 指导纠正员工阻碍创新思维的弊习

以下八种弊习都会影响创新思维：

(1) 常常不记录脑海中突然闪现的灵感；

(2) 忽略对熟悉的老思路的修订，错过改良创新的机会；

(3) 不喜欢表达自己的构思，埋没了自身的创新才华；

(4) 喜欢用固定的思维方式来考虑问题，不习惯用新眼光来审视问题；

(5) 安于现状，缺乏进取心，没有创新热情；

(6) 不想尝试去充当创新者；

(7) 做事虎头蛇尾、半途而废，不能把创新工作坚持到底，反而怀疑创新思路的正确性，难以拓展和深化创新思维；

(8) 对任何冒险和创新的行为抱有偏见，固执地认为偏离日常轨道的行为无法容忍，不赞成他人创新，也束缚了自己的创新思维。

准则 100. 核心价值观：情商时代的源泉

人的思维、情绪、情感和行为均受到核心价值观的支配，可以毫不夸张地说，核心价值观决定情商高低。众所周知，人与人在智力上只存在微小差异，绝大多数人智商均在 90～110，所以决定人成就大小的因素关键在于情商上的差异。

培养员工情商的重要性是不言而喻的，在企业与企业的竞争中，情商扮演了举足轻重的角色，商业竞争已步入情商竞争时代。员工情商高才能更好地处理好与企业、客户和同事的关系，同时形成强大的凝聚力，充分发挥在日常工作中的协同作用。提升员工情商的方法有许多种，最不能忽略的是对员工核心价值观的培养，因为它是情商时代的源泉，培养员工统一的价值观念，可以有效提升其协调工作关系的能力，并能促使他们形成强大的执行力。

团队建设离不开对员工的情商培育，因为任何一个高效的团队往往都是高情商的团队。提高团队素质和核心竞争力，需要在团队内部形成被广大员工完全认可的价值理念，促使大家在共同追求的影响下，自发地提升自己的情商水平，默契地和其他团队成员开展愉快的合作。

日本政府在归纳明治维新取得经济成效的重要因素时，把促使日本经济迅猛发展的原因归结为三点，按照重要程度和所产生的影响力排序依次为精神、法规、资本，其中精神对于促成日本经济发展所占的比例为50%，法规占40%，资本仅占10%，可见精神力量对于经济发展具有重大推动作用。

美国哥伦比亚大学商学院进行有关跨国公司竞争力课题研究时，通过研究世界500强的企业吃惊地发现，这些商业巨头所倡导的核心理念大部分都与商业利润无关，这说明不急功近利的价值理念更有益于企业发展。美国的兰德公司、麦肯锡公司和国际其他管理咨询公司经研究得出的结论

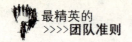
是：世界 500 强公司之所以能让其他企业望尘莫及，主要原因在于这些企业注重为自己的企业文化注入新鲜的活力，尤其重视团队协作精神、为客户提供优质服务、尊重员工、鼓励创新等核心价值观念的培育。英籍美国学者查尔斯·汉普顿和阿尔方斯·特龙佩纳对美、英、德、意、瑞典、日本、新加坡等 12 个国家的 1.5 万名企业经理做过调查研究，得出的结论是不同的企业独特的价值体系对其利润创造都具有重要影响。

以上案例说明核心价值观在团队建设中占据核心地位，一个企业想要立于不败之地、保持永恒的竞争力，必须依托先进的价值理念。鲁迅曾经说过："人是要有一点精神的。"当然企业和团队也是需要有精神的，因为它们是由人构成的，所谓的精神指的就是企业的核心价值观，它对每位员工的情商都具有潜移默化的影响。那么作为领导者该怎样为员工树立统一的价值观，帮助员工提高情商指数呢？

1. 为员工提供合乎公司发展理念的情商教育

不少企业只注重对员工进行职业技能的培训，却忽视了对员工综合素质的培养，尤其对员工情商教育投入太少，这是企业管理的一个重大缺陷。作为领导者，应该在企业内部对广大员工进行情商教育，把企业的核心理念灌输到员工的头脑中，教会员工如何正确处理人际关系，并增强他们抗压抗挫折的能力，让全体员工从思想上认识到情商的重要性，教育员工成为有责任感、有自律性、积极进取、乐观上进，并富有团队精神的优秀劳动者。企业还可以通过一些经典的事例来引导员工思考，促使他们妥善梳理好自己的情绪，长期保持良好的工作状态。

2. 创建"情商化"企业文化

"情商化"企业文化最为显著的特点是把提高员工情商作为企业文化的重点，以培养员工先进价值观为工作核心，将对员工的情商管理引入企业文化建设，充分体现出对团队情商的高度重视。"情商化"企业文化是一种新型的文化理念，它对提高员工整体情商水平有着重要意义。

3. 构建符合员工期望的核心价值观

企业的核心价值观只有符合全体员工心目中的期望，才能被团队中的每位成员所接受，使得公司全面推进企业核心价值观建设畅通无阻。古语云"上下同欲者胜"，企业的核心价值观只有与全体员工达成共识，才能引起他们内心深处的共鸣，使其自发地参与到企业核心价值观建设的过程中来。

4. 通过开展有特殊意义的活动，使企业的核心价值观在员工心目中根深蒂固

不要生硬刻板地向员工推行企业的核心价值观，而要通过各种潜移默化的方式使企业的核心价值观慢慢在员工心中生根发芽，直至根深蒂固、不可移除。领导者可以通过在团队内部充分开展具有特殊意义的活动来固化和加深员工对于企业核心价值观的理解，比如企业核心价值观之中有一项内容是快乐工作，而整个团队的氛围却异常沉闷，领导者可以定期策划"快乐比赛"，广泛搜集员工增加工作乐趣的建议，从中挑选出切实可行的建议。实施之后测试效果，评选出"快乐员工"，员工们会发现其实快乐是一件非常简单的事，就会改变原来苦闷的工作状态。